PRÉCIS DE L'HISTOIRE
DE
LA VILLE DE GAP,

Suivi

DE NOTES ET ÉCLAIRCISSEMENTS

ET

DE NOTICES BIOGRAPHIQUES SUR LES ÉVÊQUES DE CETTE VILLE.

Par M. Théodore GAUTIER.

GAP.

CHEZ ALFRED ALLIER, IMPRIMEUR-LIBRAIRE,

PLACE SAINT-ÉTIENNE ET RUE DE FRANCE, N° 1.

1844.

AVANT-PROPOS.

Ce Précis de l'histoire de la ville de Gap est le résumé d'un long ouvrage sur la même ville, à la rédaction duquel l'auteur s'est livré pendant ces dernières années, après les plus minutieuses recherches[1]. Enumérer ici les écrits qu'il a consultés, ce serait par trop fastidieux ; il suffira de dire que, dès le XII° siècle, son travail repose principalement sur le grand nombre de documents manuscrits

[1] Le Précis historique publié aujourd'hui est assez semblable dans quelques-unes de ses parties à un Abrégé de moindre étendue dont l'auteur s'était occupé en 1830, Abrégé qu'il communiqua alors à quelques personnes, et qu'il envoya l'année suivante à M. Augustin Thierry avec une copie de la grande charte du 7 mai 1378. L'illustre auteur des Epoques Mérovingiennes fera-t-il quelque usage de ce curieux document dans le grand ouvrage qu'il prépare sur l'histoire de la bourgeoisie en France? On ose l'espérer. — On saisit cette occasion pour signaler une erreur commise dans le texte, pag. 40 et 44, sur la date de cette même charte de 1378, erreur qui s'est reproduite dans la note 3, pag. 219 et 223 ; au lieu de 7 *mars* 1378, lisez 7 *mai* 1378.

qui se trouvent dans nos archives, documents précieux sauvés de bien des naufrages[1], et dont une partie avait échappé aux recherches de nos infatigables chroniqueurs Raymond Juvenis et Joseph-Dominique de Rochas. Ceux de l'évêché n'étaient nullement à leur disposition, et même eussent-ils obtenu la permission de les compulser, ils se seraient arrêtés peut-être devant les titres insignifiants que présentaient les dossiers des

---

[1] Lors de l'occupation de la ville par les protestants, en 1577, les vainqueurs livrèrent aux flammes, sur la place Saint-Arnoux, plusieurs papiers de la maison épiscopale; mais les titres et documents de la maison consulaire furent respectés. Ces mêmes documents échappèrent à l'incendie de 1693 par la sage prévoyance des consuls. Quelque temps avant l'invasion de l'armée alliée, ils avaient eu le soin d'en envoyer une partie à Aix et l'autre à Sisteron. Nos chartes municipales coururent de plus grands dangers en 1793, alors qu'il fut de mode de réduire en cendres les papiers féodaux ou prétendus tels. En compagnie du précieux Livre rouge, elles auraient servi d'aliment à un auto-da-fé soi-disant patriotique, si les larmes du vénérable M. Paul, notaire et secrétaire de la ville, et père de M. Jean Paul, III° du nom, secrétaire actuel, n'eussent attendri les exécuteurs de l'inepte sentence qui les avait condamnés au feu. Ils voulurent bien se contenter de papiers insignifiants, et ceux-ci représentèrent les chartes municipales sur la place publique. Le plus grand nombre des documents de l'évêché échappés à la fureur des religionnaires, et alors déposés au district, furent oubliés dans le galetas où ils étaient relégués. En 1692, le palais épiscopal n'avait pas été atteint par les flammes.

procès soutenus par la ville contre ses évêques, et par l'un de nos prélats contre un gouverneur et de *mauvais catholiques* qu'il accusait de félonie et d'attentat sur sa personne ; et pourtant c'est dans ces dossiers exactement feuilletés et décomposés que l'auteur a découvert les originaux ou les copies des vieux titres invoqués de part et d'autre, et, sur les guerres de religion, divers mémoires dont Artus de Lionne lui-même, qui les avait sous la main, n'a fait aucune mention dans le *Rolle des évesques de Gap* qu'il composa pour les auteurs du *Gallia Christiana*. Du reste, on trouvera au bas de chaque page l'indication de la source où ont été puisés les faits rapportés dans cet essai sur notre histoire locale et dans les notes qui l'accompagnent.

Parvenu à ce XIIe siècle où la féodalité s'appesantit sur nos ancêtres, à ce point de départ de nos dissensions intestines, l'auteur n'a eu malheureusement à présenter qu'une lutte incessante entre des prélats devenus seigneurs temporels et le pouvoir municipal défendant les libertés et les priviléges dont il avait joui sous la lance romaine comme sous la framée des Barbares ; lutte dans laquelle la ville de Gap est constamment soutenue par les souverains pontifes : ce qui prouve l'injustice des prétentions comme la légalité de la résistance. Forcé alors, pour ne pas mentir à l'histoire, de signaler l'ambition de nos seigneurs évêques, sera-t-il accusé d'outrage envers la religion parce qu'il aura mis au jour les torts de quelques-uns de ses ministres? Mais les historiens les plus religieux lui en ont donné l'exemple. A l'appui de cette assertion il peut citer Sulpice Sévère, saint Bernard, Gerson, Baronius et spécialement saint Grégoire de Tours qui écrivit la vie cruelle et dissolue des deux évêques des Alpes Salonius et Sagittaire.

La crainte d'un reproche non mérité n'a pas dû le retenir, et d'ailleurs,

« . . . . Un front que l'art déguise
« Plait moins au Ciel qu'une *rude* franchise. »

Il publie donc, sans les outrer ni les

excuser, les violences d'Othon II et les guerres cruelles qu'il suscita à nos ancêtres, les vengeances d'Henri de Poitiers, les desseins ambitieux de Jacques Artaud, les tracasseries de Léger d'Eyrargues, les cruautés de Gaucher de Forcalquier, et les excès commis par quelques autres *seigneurs temporels* qui ont occupé le siège de Gap; mais aussi, quelle que fut la légitimité des droits que la fière et turbulente jeunesse de la cité avait à défendre, il s'est gardé d'atténuer les actes répréhensibles auxquels elle se livra à diverses époques. Loin de lui cette maxime impie que la fin sanctifie les moyens.

Que l'on consulte Juvenis et Rochas. Ont-ils hésité à s'élever hautement contre la vanité, l'orgueil ou l'ambition de nos prélats, lorsque ces défauts leur sont apparus? Et cependant (leurs écrits en font foi) jamais la ville de Gap n'a possédé des citoyens plus respectables, plus instruits, d'une piété plus solide et plus éclairée que Rochas et Juvenis. Entraîné par la force de la vérité, l'auteur n'a fait que répéter ce qu'on lit à toutes les pages de leurs chroniques et de nos chartes. Pouvait-il admirer en Charles-Salomon du Serre, le plus processif de nos seigneurs, ce que l'on reproche à Richelieu qui, comme lui, (c'est Juvenis qui nous l'apprend), ne parvint à l'épiscopat qu'en trompant le souverain pontife sur son âge?

Les guerres de religion, pendant lesquelles il y eut suspension d'hostilités entre la ville et ses évêques, virent se consommer la ruine de tous nos monuments. A cette époque les Calvinistes se livrèrent dans nos contrées aux excès les plus violents : l'auteur les a signalés également et peut-être avec trop d'amertume. Pour accorder la louange ou déverser le blâme, il n'a dissimulé aucun fait à l'avantage ou à la confusion des protestants comme des catholiques, et pour l'appréciation morale de leur conduite il n'a eu d'autre guide que la religion, la justice, l'humanité. S'il a reproché à Gabriel de Clermont son apostasie, il n'a applaudi ni aux massacres de la Saint-Barthélemy, ni aux dragonnades des Cevennes, ni à la révocation de l'édit de Nantes. Pouvait-il passer sous silence que cet apostat vendit l'évêché de Gap au guerrier Paparin moyennant une pension viagère? Ce marché sentait trop la simonie si souvent anathématisée par l'Eglise primitive à laquelle les dissidents prétendaient nous ramener.

L'auteur de ce faible essai se serait consummé en efforts impuissants pour trouver la pureté, l'élégance ou l'éclat du style ; il a tâché seulement de résumer avec clarté les principaux événements dans lesquels nos aïeux et parfois tous les habitants des Hautes-Alpes figurèrent comme acteurs, ou dont ils furent les témoins. Y est-il parvenu en pressant dans un si petit nombre de pages, ce qu'il a surabondamment développé ailleurs dans plus de douze cents?

S'il a consenti à la publication de ce Précis qui avait d'abord une tout autre destination, c'est que la ville de Gap était la seule de l'ancienne province de Dauphiné et des villes de Provence à proximité qui n'eut pas son histoire locale[1]. Embrun possède la sienne depuis soixante ans. Grenoble, Vienne, Valence et Sisteron ont rencontré naguère de savants et de dignes interprètes de leurs annales ; et Gap, le centre du mouvement intellectuel des Hautes-Alpes, resterait seul en arrière !

Il est vrai que pour faire goûter notre histoire dans une contrée où l'on ne pousse pas jusqu'à l'idolâtrie le culte des ancêtres, il eût fallu que l'un de ces hommes de talent qui ne lui ont pas manqué eût bien voulu s'en occuper. Les faits en sont assez intéressants, quelquefois assez dramatiques pour qu'elle fût devenue saisissante d'intérêt sous la plume d'un Jules Ollivier et surtout d'un Edouard

---

[1] Aucun travail de quelque étendue n'a été publié jusqu'à présent sur la ville de Gap ; il faut en excepter cependant les pages que M. le baron de Ladoucette a consacrées à cette ville dans son intéressant ouvrage sur les Hautes-Alpes, et le résumé si remarquable que M. Théodore Massot, avocat général à la Cour royale de Lyon, fit insérer dans l'Album du Dauphiné, tom. I, p. 159, et tom. II, p. 21.

de Laplane[1]; aussi l'auteur de cet écrit n'ose pas trop espérer de reveiller chez ses jeunes compatriotes le désir de connaître avec plus de détail les annales paternelles, d'apprendre ce que firent leurs ancêtres et ce qu'ils ont été, et de les faire vivre ainsi dans ce passé qui nous a transmis les mœurs, le langage, les croyances et les vicissitudes de la terre natale, comme ils vivent dans cet avenir que leur imagination embellit de perfections infinies et d'illusions si décevantes.

Afin d'élever son travail à la valeur matérielle d'un volume et le rendre moins imparfait, il a développé dans des Notes les traits les plus saillants de l'histoire locale, et divers événements dont les Hautes-Alpes tout entières furent le théâtre; il l'a terminé par les Notices biographiques des évêques de

---

[1] M. de Laplane, dont l'*Essai sur l'Histoire municipale de la ville de Sisteron* fut couronné en 1838 par l'Académie des Inscriptions et Belles-Lettres, vient de publier une Histoire générale de la même ville, en 2 vol. in-8°. Au concours, cet ouvrage supérieur obtiendrait une double couronne.

Gap et la nomenclature des citoyens cités dans les Lettres *inédites* sur l'histoire de cette ville, qui administrèrent la cité à diverses époques.

Les habitants de ce département et même ceux des contrées où *la langue d'Oc* est encore en usage lui pardonneront sans doute les incorrections qui lui sont échappées et les idiotismes de notre langue maternelle qu'il n'a pas su éviter. Trouvera-t-il la même indulgence auprès des beaux esprits *de la langue d'Oïl*, cette superbe usurpatrice du doux parler des troubadours? Il n'a peut-être pas trop à s'en inquiéter, car il est peu présumable que ce livre arrive jusqu'à eux. Quel que soit le sort qui lui est réservé, il a définitivement livré son manuscrit à notre jeune et laborieux typographe, avec licence de l'imprimer à ses risque, péril et fortune, sans trop redouter le repentir promis aux imprudents par le grand sultan Mahmoud II, chef des croyants de l'une et l'autre rive du Bosphore, lequel pendant sa vie mortelle, répétait souvent une maxime qui, toute turque qu'elle est, ne doit pas moins donner à réfléchir : *Songe à ce que tu vas faire pour ne pas te repentir de ce que tu auras fait.*

PRÉCIS DE L'HISTOIRE

DE LA

VILLE DE GAP.

« Parmi les villes les plus obscures, il n'en est peut-être
« pas une qui n'ait eu ses jours d'énergie ».
(Aug. Thierry, XXI° Lettre sur l'histoire de France.)

Au centre d'une vallée traversée par la Luye ou l'Alluye, petite rivière qui a sa source dans les marais de La Bâtie-Neuve et va se perdre dans la Durance après un cours de deux myriamètres, se montre la ville de Gap, chef-lieu du département des Hautes-Alpes, entre les monticules de Saint-Main et de Puy-Maure, et à égale distance des torrents de Bonne et du Turelet, affluents de la Luye. La vallée présente un tableau assez pittoresque, vue du point élevé où se termine une belle avenue bordée, sur une longueur de 5,000 mètres, de peupliers d'Italie, d'ormes et de saules de Babylone[1], et alors que les premières neiges de l'automne ont paré d'une couronne éclatante la cime des hautes montagnes qui la bordent à l'horizon, tandis qu'elle étale encore toute sa verdure et que la campagne est toujours ombragée par les noyers plus que séculaires qui la couvrent de toutes parts. Mais, en entrant dans la ville et en la parcourant, l'enchantement a cessé, car les rues en sont étroites et tortueuses, les maisons fort irrégulières, et la plupart des édifices publics peu remarquables.

Toutefois on peut citer un beau corps de caserne, une lourde cathédrale, un élégant hôtel de ville, un vaste séminaire, le riant hôpital civil et militaire, le palais de justice en deux volumes, le palais épiscopal pour lequel je ne saurais trouver d'épithète, la salle de spectacle pour laquelle je n'en trouverais que trop, et surtout le nouvel hôtel de la préfecture, où l'on

---

[1] Cette belle avenue ou plutôt les arbres qui la bordent sont dus aux soins de M. le baron de Ladoucette, pendant son administration dans les Hautes-Alpes.

voit, dans la salle du conseil général, le mausolée du connétable de Lesdiguières.

Je vais essayer de reproduire les traits saillants de l'histoire de cette ville, qui, autant et peut-être plus qu'une autre, eut aussi *ses jours d'énergie*, ses jours de triomphe et ses jours de défaite, ses longues tribulations et ses courts moments de paix et de tranquillité.

Les auteurs ne sont pas d'accord sur le nom donné par les Romains à la ville de Gap; mais celui de *Vapincum*, consacré par Grégoire de Tours, par nos anciens titres et par nos cartulaires, a prévalu. Un savant, né dans ses murs et qui florissait dans la dernière moitié du xvii° siècle, Raymond Juvenis, emprunte tour-à-tour la langue de Rome, d'Athènes et de Jérusalem pour se livrer à de profondes recherches sur l'étymologie de ce nom et sur la transformation qu'il a subie. Il parvient à démontrer que *Vap*, en langue celtique, signifie un fond, une ouverture, un abîme et même une vallée grasse, ce qui convient singulièrement à la position de la ville et de son territoire; de plus, il ajoute qu'un savant médecin de cette même ville s'est étrangement fourvoyé lorsqu'il a soutenu que Gap n'est autre que la grande

Cæsarée, parce que l'on trouve au quartier de Saint-Main une ferme qui porte le nom de Capadoce[1].

Voilà où en étaient nos savants sur l'origine, la situation et le nom de la ville de Gap, lorsque un numismate distingué, un profond linguiste vint naguère débrouiller le cahos de nos antiquités : M. Pierquin de Gembloux a pensé que le fils d'Esculape dont s'est moqué Juvenis n'était pas digne de risée autant que l'a supposé cet auteur; car, si la ville de Gap n'est pas la grande Cæsarée, elle avait du moins été civilisée par les Grecs venus de l'Asie-mineure ou de Rhodes, ou peut-être même par ces Tyriens, compagnons d'Hercule, qui vinrent châtier l'insolence d'Alpyon et de Brigion et les punir de leurs cruautés, quinze ou seize cents ans avant l'ère chrétienne[2]. Gap, capitale de la république des Tricoriens, alors placardée au *Mont-Kapados*, que vulgairement nous appelons Saint-Main, partagea le sort des huit cents villes qui tombèrent au pouvoir du *gallicide* César, bien qu'il n'ait pas daigné la mentionner dans ses commentaires.

---

[1] Raymond Juvenis, *Histoire inédite du Dauphiné*, Ms. de la bibliothèque de Grenoble, pag. 93 et suiv.

[2] VOIR LA NOTE A, A LA FIN.

M. Pierquin suit avec dextérité les transformations subies par son nom primitif, fait preuve d'une grande érudition en exposant son système, et croit avoir parfaitement démontré : 1° que la ville de Gap est de beaucoup antérieure à la première mention qu'en fait l'histoire ; 2° qu'elle existait mille ans au moins avant Jésus-Christ ; 3° qu'elle eut deux noms, l'un mystérieux et sacré, *Tricorium*; l'autre profane, *Kapodunum*; 4° qu'elle fut la capitale d'une république celtique, puis gallo-grecque, et enfin des *Tricorii*; 5° que ses armoiries étaient une lionne représentée sur la statuette par lui possédée et trouvée sur le Mont-Kapados ; 6° que son nom de *Kapodunum* voulait dire *sommet fortifié*, ou bien *sommet heureux et fortifié des Tricoriens*; 7° qu'elle était située sur le *Mont-Kapados* qui, au vi° siècle, prit le nom de Saint-Main, Saint-Méhen ou Saint-Mein ; 8° enfin, qu'on y battait monnaie neuf cents ans au moins avant la venue du Messie [1].

Je me suis permis ailleurs de hasarder quelques observations sur les résultats qui viennent

---

[1] *Lettre à M. Gautier, conseiller de préfecture des Hautes-Alpes, sur les antiquités de Gap*, par M. Pierquin de Gembloux ; Broch. in-8°, Grenoble 1837.

d'être exposés ; elles tiennent plus à des faits contestables et à la connaissance des localités, qu'à celle de l'antiquité si familière à M. de Gembloux; mais ce n'est pas dans un abrégé tel que celui-ci que l'on peut suivre notre auteur dans la discussion des preuves qu'il apporte à l'appui de son système.

[218 av. J. C.] Quoi qu'il en soit, il est certain que l'origine de la ville de Gap se perd dans la nuit des temps ; que l'armée d'Annibal campa sous ses murs, et que ce héros lui-même et son état-major s'établirent sur les flancs du Mont-Kapados, où ils furent nourris trois jours durant avant de se rendre en Italie par le Mont-Genèvre. Sous peine de lèse-département, nous ne saurions soutenir une opinion contraire. Si on nous parle de Polybe, nous montrons aussitôt Tite-Live; à de Luc nous opposons d'abord le président de Thou à qui les habitants de Freissinières ou de l'Argentière montrèrent dans le xvi° siècle le chemin encore intact tenu par le grand capitaine, et qui crut dès-lors la question résolue[1] ; ensuite M. de Fortia qui a suivi Annibal à la piste le long de l'Eygues et à travers nos montagnes; Chorier, Juvenis, le P. Fournier et M. le baron de Ladoucette, qui lui font suivre la même route à

---

[1] *Histoire du président de Thou*, ch. 27.

quelques différences près, et enfin feu M. Dongois d'Embrun, qui a traité la matière *ex-professo*, et qui, à l'exemple du héros de Carthage, est parvenu, avec du vinaigre, à fondre le plus dur rocher des Alpes. Il est donc démontré qu'à cette époque la ville de Gap, ou plutôt de *Kapodunum*, était fort considérable, qu'elle était la capitale des Tricoriens, si ce n'est des Siconiens ou des Tricoloriens, et que divers passages des anciens auteurs ne peuvent s'appliquer qu'au chef-lieu des Hautes-Alpes [1].

Nous verrons bientôt cette ville sous la domination des Romains, d'où elle passa successivement sous celle des Burgondes, des Franks de la première et de la seconde race, de Bozon et des rois de Bourgogne ses successeurs, des empereurs d'Allemagne, des comtes de Forcalquier et de Provence, et des dauphins de Viennois. Dès le XIIe siècle, ses évêques prétendirent à une souveraineté immédiate, et si jamais ils l'ont pleinement exercée, ce n'a pas été sans une vive et constante opposition de la part de tous ses habitants à qui aucun sacrifice n'a jamais coûté pour la leur disputer, alors même que les dauphins leur rendaient hommage pour les terres qu'ils possédaient dans l'étendue du diocèse.

[1] Voir la note B.

C'est fort tard que les habitants des Alpes furent réunis à la province romaine dont Narbonne fut la capitale. Les *Brigances*, les *Ebroduniens*, les *Caturiges* et les *Tricoriens* ne furent pas si faciles à dompter que les autres peuples de la Gaule méridionale. César ne parvint pas même à les soumettre, et ce ne fut que sous Auguste et même sous Néron qu'ils subirent le joug des Romains. Gap fit d'abord partie de la Narbonnaise, et, lors du changement opéré au temps de Constantin dans l'administration de l'empire, elle devint l'une des sept cités comprises dans la Narbonnaise seconde sous la suprématie de la ville d'Aix (*Metropolis civitas Aquensium*). Alors la juridiction de la ville de Gap (*Civitas Vapincensium*) devait s'étendre sur tout le diocèse, car l'administration ecclésiastique fut exactement calquée sur l'administration civile.

Nous n'étions pas encore passés sous le joug, lorsque douze hommes aussi ignorants dans les sciences que dans les lettres, partirent d'une province soumise à Rome pour tenter, eux aussi, la conquête du monde. Le mystère de la Rédemption venait de s'accomplir sur le Calvaire, et ces apôtres du Christ allaient dans toutes les directions annoncer la bonne nouvelle aux hommes civilisés comme aux barbares.

Dans le premier, le second, le troisième, ou même le quatrième siècle, saint Demetrius, disciple de l'apôtre saint Jean, selon les uns, compagnon de saint Auspice, évêque d'Apt, selon les autres, ou disciple de saint Marcellin, premier évêque d'Embrun, selon une troisième opinion, vint prêcher l'Évangile dans le diocèse de Gap, et souffrit le martyre dans cette ville. Tigide, Remedius, Eredius et Territus, qui lui succédèrent, y reçurent également la palme du martyre. Ensuite dans le ve et le vi^e siècles, saint Constantin et saint Constance brillèrent dans les conciles et illustrèrent l'Église de Gap par leur science et leurs rares vertus.

Mais déjà l'empire romain touchait à sa ruine dans la Gaule. Des nations féroces et innombrables envahirent tous les pays entre les Alpes et les Pyrénées, entre l'Océan et le Rhin. Trois de ces nations parvinrent à y fonder des monarchies : les Franks dans le nord, les Visigoths dans le midi, et les Burgondes à l'orient. C'est sous la domination de ces derniers que tombèrent les Alpes, et ce fut heureux pour les habitants de cette contrée, puisqu'ils partagèrent sans trop de violence avec eux, ne prenant que les deux tiers de leurs terres et le tiers de leurs esclaves, respectant d'ailleurs les droits et les usages des habitants romains et la foi de nos évêques, bien que les conquérants eussent embrassé l'arianisme. Toutefois la délicatesse romaine dut supporter avec dégoût ces grands corps hauts de sept pieds, leur langage rude, leurs chansons bruyantes, leurs cheveux luisants et assaisonnés d'un beurre aigre, et surtout leur voracité *à laquelle aurait suffi à peine la cuisine d'Alcinoüs*, selon Sidoine Apollinaire qui les avait vus de près.

Tels furent nos ancêtres les Burgondes qui, en 534, furent vaincus par les rois franks. Leur royaume devint le partage des vainqueurs et leur paya tribut; mais les lois et les institutions qui les régissaient furent conservées. En l'année 562, la Burgondie tomba en partage au bon roi Gontram, qui réunit ce royaume à celui d'Orléans, entré également dans le lot qui lui était échu. Pendant le règne de ce roi frank eurent lieu des événements de la plus haute importance, dont les Hautes-Alpes furent le principal théâtre, et dans lesquels figurent avec audace les deux évêques de cette contrée.

Sagittarius occupait alors le siège de Gap et le déshonorait par ses excès, ses débauches et ses violences. Ce prélat et Salonius, son frère, évêque d'Embrun, quittant le bâton pastoral pour la framée des Franks, la mitre orientale pour le

casque des Burgondes, prirent la part la plus
active à la défaite des Lombards qui, en 572,
avaient franchi le Mont-Genèvre et ravagé leurs
diocèses. Ce furent, dit Grégoire de Tours, les
premiers évêques que la Gaule eût vus couverts
de casques et de cuirasses. Avant cette expédition,
un concile tenu à Lyon et présidé par saint Nizier
dont ils avaient été les disciples, les avait dé-
possédés de leurs évêchés. Le pape Jean III les
avait rétablis; mais cette violation des lois canoniques et les désordres auxquels ils continuèrent de se livrer les firent dépouiller de leur
dignité une seconde fois par un synode tenu à
Châlon-sur-Saône : ils furent même enfermés
dans la basilique de Saint-Marcel d'où ils parvinrent à s'échapper. Ces deux indignes prélats
passèrent ensuite le reste de leurs jours dans le
vagabondage, et Sagittaire, après avoir combattu
vaillamment vers les Monts-Pyrénées, fut trai-
treusement frappé d'un glaive qui lui abattit la
tête avec le capuchon dont elle était enveloppée[1].

Arigius de cette même ville de Châlon-sur-
Saône parut alors dans le diocèse de Gap pour
en être le plus bel ornement et pour effacer les

---

[1] Grégoire de Tours. liv. V, chap. 21 et 28. — Liv. VII, ch. 28, 34, 37, 38 et 39. — VOIR LA NOTE C.

traces de la tyrannie de son cruel et dissolu prédécesseur. C'est l'évêque qui nous est connu sous le nom de saint Arey. Saint Grégoire-le-Grand l'honora de son estime et de son affection, et lui recommanda les moines qu'il envoyait dans la Grande-Bretagne pour y prêcher de nouveau l'Évangile. Notre prélat assista à divers conciles, entre autres au 2ᵉ de Mâcon ; et c'est à lui que se rapporte l'une des plus singulières légendes de ces temps reculés.—Voici comment un savant archevêque d'Embrun résume le miraculeux voyage de saint Arey dans la capitale du monde chrétien : *Legitur in vitâ B. Arigii, episcopi Vapincensis, quia ascendit super diabolum et fecit se deportare in vigiliâ cœnæ Domini à Vapinco usque ad Romam, cum papa qui tunc temporis præerat graviter pecasset, ut nunciaret ei ne chrastinâ die chrisma conficeret;* ce qui ne paraîtra pas incroyable à ceux qui ont lu la vie de saint Antide, évêque de Besançon, à qui pareille chose arriva la veille de Pâques, ajoute le docte Juvenis, qui rapporte fort au long le voyage de notre saint évêque, ainsi que son retour à Gap, semé d'aventures plus merveilleuses encore que son voyage aérien sur les épaules de l'esprit de ténèbres [1].

[1] Juvenis, *Histoire du Dauphiné*, p. 329 à 339.
Pour la vie de Saint-Arey, voir aussi les Bollandistes, 1ᵉʳ mai : *de sancto*

L'histoire locale est muette sur l'état politique et l'administration de la ville de Gap au temps de saint Arey ; mais nous devons croire que, malgré les fréquentes incursions des barbares et leur domination dans ces contrées, elle avait continué, comme sous les Romains, d'élire ses magistrats et d'être administrée par eux sans l'intervention des délégués du prince ou de l'évêque. Rien n'annonçait encore la révolution qui fut consommée quelques siècles plus tard, lorsque nos prélats obtinrent des empereurs une souveraineté temporelle qui donna lieu à ces débats souvent ensanglantés qui se perpétuèrent jusqu'au delà du xvii° siècle. Alors les châteaux épiscopaux se comptèrent par douzaine, tandis que saint Arey ne possédait, lui, que quelques prairies autour de sa ville épiscopale, ainsi qu'on le voit par l'épisode de son histoire relative à la guérison miraculeuse d'un faucheur. Mais ces terres que l'Eglise de Gap tenait, sans doute, de la munificence ou du repentir des princes Burgondes ou des rois Franks, ne lui donnaient aucun

---

Arigio, vita auctore coævo.—Celle écrite par un auteur contemporain, a également été publiée par le P. Labbe.—Henri-Barthélemy de Suze, *Summa Ostiensis*, nomb. 2 du tit. *de Probat.* Cet archevêque d'Embrun, placé par Dante dans son *Paradis*, était cardinal : il avait été auparavant évêque de Sisteron et ensuite d'Ostie, d'où lui vient le surnom d'*Ostiensis*. — VOIR LA NOTE D.

droit sur les personnes, celles-ci n'étant soumises qu'à son autorité spirituelle.

Après le pontificat des trois successeurs d'Arigius, les Sarrasins, à la poursuite des populations qui s'étaient réfugiées dans les Alpes, pénétrèrent pour la première fois dans les diocèses de Gap et d'Embrun, saccagèrent, dit-on, ces deux villes et en passèrent les habitants au fil de l'épée. Vingt-ans après, en 739, l'Embrunais et le Gapençais furent délivrés de leur présence, et ces deux pays tombèrent sous l'obéissance du vainqueur d'Abd-el-Rahman [1]. Ici, nos annales présentent une grande lacune dans la succession de nos prélats : ce n'est que sous le règne glorieux de Charlemagne que nous apparait Donadeus qui, en 788, assiste au concile de Narbonne. Puis, nouveau silence de près de cent ans. Mais, en l'année 879, nous voyons Birico ou Birago concourir, avec seize autres évêques, à l'élection de Bozon, qui prend le titre de Roi de Vienne ou d'Arles, et dont la domination s'étend sur la Provence, le Dauphiné et toute la

---

[1] Le P. Fournier, *Histoire des Alpes Maritimes*, non plus que Juvenis ne parlent nullement du massacre des habitants de Gap et d'Embrun vers l'an 719. Ce fait est rapporté par l'auteur anonyme de l'*Abrégé historique de l'Église et des évêques de Gap*, qui peut-être s'est trompé de plus d'un siècle.

partie de l'ancienne Burgondie située en deçà du Rhône et de la Saône.

Vers l'an 876, des pirates musulmans débarquent sur les côtes de Provence, couvrent peu à peu le pays de châteaux et de forteresses, et s'avancent jusqu'à l'extrémité des Hautes-Alpes, malgré les efforts des populations de ces contrées.

En l'année 916, les Eglises de Gap et de Sisteron sont en proie aux plus grands ravages; Embrun voit massacrer son archevêque et les habitants des contrées voisines qui s'étaient réfugiés dans cette ville. De nouveaux Sarrasins s'emparent de Toulon et de Fréjus en 940; les chrétiens placés entre la mer et les Alpes fuient vers nos montagnes; les Maures les poursuivent, et alors les villes sont renversées, les châteaux détruits, les églises et les couvents réduits en cendres, et l'heure de la délivrance n'est pas près de sonner.—Trente-deux ans après, saint Mayeul, abbé de Cluny, revenant de Rome avec plusieurs pèlerins, quitte, pour les éviter, la vallée de la Durance, franchit les montagnes qui la séparent de celle du Drac, et arrive dans le territoire d'Orcières où les Maures, au nombre de mille, lancent une grêle de traits sur les pèlerins, qui cherchent en vain une issue pour échapper. La plupart sont pris; le saint abbé de Cluny, blessé à la main, tombe lui-même au pouvoir des Musulmans, et sa vie est mise à rançon. La veille du jour fixé pour la délivrance ou la mort de saint Mayeul, le moine qu'il avait dépêché à son couvent arrive avec les mille livres d'argent qui doivent le racheter lui et ses compagnons; la somme est livrée, et ils recouvrent leur liberté.

La captivité de saint Mayeul causa une sensation extraordinaire dans le royaume de Bourgogne; les chrétiens se levèrent de toutes parts et tombèrent sur les Musulmans. Guillaume, comte de Provence ou du Gapençais et les guerriers du pays les attaquèrent dans toutes les positions qu'ils occupaient et particulièrement dans celle de Puy-Maure, et les exterminèrent. Mais ces guerriers, peu généreux, disposèrent de la ville de Gap et des terres qui en dépendaient; ils s'en approprièrent une moitié et donnèrent l'autre à l'évêque et aux églises. Cependant, ce même comte Guillaume poursuivit les Mulsumans répandus dans la Provence, renversa tous les obstacles, et finit, en 975, par s'emparer de leur grand et dernier repaire de *Fraxinetum*. Alors les débris des infidèles se dispersèrent et allèrent cacher leur honte dans les lieux les plus élevés des Alpes, sans doute à Freissinières et à la Val-Pute, ces deux vallées de l'erreur, où ils trouvent le reste des Lombards vaincus par Sagittaire, et où ils accueillirent successivement les Pétrobrusiens, les Vaudois et les Calvinistes avec lesquels ils finirent par se confondre[1].

Pendant la première moitié du xi° siècle, le royaume de Bourgogne passa aux empereurs d'Allemagne qui n'y exercèrent pourtant qu'une souveraineté nominale. Il n'est pas douteux qu'à cette époque le Gapençais n'eût des comtes ou des vicomtes particuliers, descendant peut-être de ce comte Guillaume qui chassa les Sarrasins; car, on 1045, nous voyons Léonce, comte de Die, ajouter à ce titre celui de vicomte de Gap, et Izoard, son fils, lui succéder en 1048.

La paix régnait dans cette ville lorsque Ripert vint en occuper le siège épiscopal vers l'année 1050. Cet évêque, profitant des abus qui s'étaient introduits dans les élections épiscopales, ne l'avait obtenu qu'en usant de

---

[1] M. Reinaud, *Invasion des Sarrasins en France*, p. 201 et suiv.— Le P. Fournier, *Histoire des Alpes Maritimes ou Cottiennes*, X° siècle, sect. Ire.—Juvenis, *Mémoires inédits*. Ce dernier auteur, s'appuyant sur la légende de saint Demetrius, fixe à l'année 992 l'expulsion des Sarrasins de la ville de Gap et du fort de Puy-Maure. D'un autre côté, selon une consultation délibérée à Turin en 1460, Guillaume, l'exterminateur des infidèles, aurait été comte du Gapençais et non de Provence ou de Forcalquier.

VOIR LA NOTE E.

simonie ; sa conduite ne fut rien moins que régulière : aussi les habitants de cette ville, réunis en assemblée générale, nommèrent-ils des députés pour se rendre à Rome avec ceux du clergé et y exposer leurs plaintes. Le vice de son élection et le peu de soin qu'il prenait de son troupeau firent prononcer sa dépossession par le pape Alexandre II[1]. Ce pontife donna alors aux habitants de Gap pour souverain spirituel, le vertueux Arnoux, moine du couvent de la Sainte-Trinité de Vendôme, qui en ce moment se trouvait à Rome, et qui fut sacré dans cette ville en 1065. La sainteté de ce nouveau pasteur lui attira le don des miracles ; il mourut plein de jours et de mérites en 1075, et devint le patron du diocèse[2].

Pendant que Grégoire VII abaissait devant la thiare l'orgueil des princes de la terre, qu'il réformait les énormes abus qui s'étaient in-

---

[1] L'évêque Ripert assista au concile d'Embrun tenu en 1053, et présidé par le fameux Hildebrand, qui depuis.... Mais alors il était simple cardinal et légat du Saint-Siège. Divers auteurs cités par les Bollandistes assurent que notre évêque fut déposé par le légat : le Pape Alexandre II n'aurait fait que confirmer cette sentence.

[2] *Acta sanctorum*, 19 sept. *De sancto Arnulpho, vita auctore anonymo.* — *Vie de saint Arnoul*, par messire René Benoist, curé de Saint-Eustache. — Artus de Lionne, *Rolle des évesques de Gap.*

VOIR LA NOTE F.

troduits dans l'administration de l'Eglise, que saint Arnoux faisait l'admiration de ses diocésains, l'ermite Pierre visitait les lieux saints et y éprouvait toutes sortes d'avanies. A son retour, il racontait la profanation du tombeau de J. C. par les ennemis de sa religion, et les rigueurs inouïes dont les pèlerins et les chrétiens de la Palestine étaient accablés. Alors Urbain II, successeur d'Hildebrand, convoqua un concile à Clermont. A sa voix éloquente, un cri unanime s'élève : en Palestine ! DIEU LE VOLT ! — Une bouche resta muette au milieu de l'enthousiasme universel, et cette bouche fut celle de Hugues, comte du Gapençais !

Saisi d'indignation, le souverain pontife excommunie ce lâche successeur du comte Guillaume, met ses terres en interdit, et délie ses vassaux du serment de fidélité.

L'excommunication du comte de Gapençais fut une bonne aubaine pour les comtes de Forcalquier. Pendant qu'en Asie le duel entre le christianisme et l'islamisme se prolonge, ces comtes s'emparent des terres de Hugues, l'ennemi de Dieu, comme déjà ils avaient succédé aux comtes de l'Embrunais ; et en l'année 1110, nous trouvons Guillaume V, de la maison d'Urgel, en possession des deux comtés, ainsi que de celui d'Avignon.

Durant ce siècle, les chartreux s'établissent à Durbon, les pères de Saint-Antoine fondent un couvent à Gap, les Pétrobrusiens sont expulsés du diocèse, et notre évêque Grégoire devient souverain temporel par la grâce de Frédéric Barberousse, sans trop s'inquiéter de la souveraineté des comtes de Forcalquier. Avant d'aller se noyer en terre sainte, cet empereur s'avisa de donner en fief aux grands et aux prélats du ci-devant royaume d'Arles ou de Bourgogne ce qu'il n'osait leur enlever par la voie des armes, ainsi que l'avait essayé en 1147 son oncle Conrad II qui, « inspiré du Saint-Esprit, fut poussé par un « mesme mouvement et presque tout à la fois, « d'accorder les regales impériales aux arche- « vesques de Vienne, d'Arles et d'Ambrun, par « les bulles d'or qu'il leur fit expédier[1]. »

Or, ce fut dans la cité d'Arles, le 2 des calendes d'août (31 juillet) de l'année 1178, que l'auguste Frédéric I*er* investit son cher et vénérable *prince* Grégoire, évêque de Gap, de toutes les régales, et qu'il lui donna et lui confirma

---

[1] Le P. Fournier, *Histoire des Alpes Maritimes ou Cottiennes*, pag. 260 de la traduction de Juvenis.

tout ce qu'il possédait ou pourrait posséder légitimement dans le diocèse. L'acte établit en même-temps que le nouveau prince du Saint-Empire rendit hommage à l'empereur et lui prêta serment de fidélité[1]. Cette investiture dut un peu consoler notre évêque du privilège énorme que le souverain pontife Alexandre III avait accordé, deux années auparavant, au chapitre de Gap. Par une bulle de 1176, ce pape avait soustrait les chanoines de la juridiction de l'ordinaire pour les assujettir à celle de leur doyen[2]. Cet acte, souvent argué de faux par les successeurs de Grégoire Ier, devint un ferment de discorde entre les évêques de Gap et leur chapitre, comme l'investiture féodale de ces prélats, entre eux et le pouvoir municipal.

Guillaume II, successeur de Grégoire, ne trouvant pas assez explicites les prérogatives accordées aux évêques de Gap, obtint du même empereur, en 1184 et 1186, des lettres-patentes qui le maintenaient en la jouissance des privilèges et des droits royaux dans l'étendue de son évêché, et notamment de ceux qu'il possédait dans la ville de Gap et dans les commu-

---

[1] Archives de l'hôtel-de-ville, *Livre rouge*, et Rochas, *Mémoires inédits*.

[2] Artus de Lionne, *Rolle des évesques de Gap*.

nautés de Rambaud et de Rabou. Il était dit de plus dans le second acte impérial que nul ne pouvait acquérir de fief dans l'étendue des terres de l'Eglise sans le consentement de l'évêque [1].

Pour en finir avec ces investitures, j'ajouterai qu'en 1238, l'évêque Robert obtint de Frédéric II, qui ne lui donna pas la qualité de prince, la confirmation des privilèges de l'Eglise de Gap, et notamment ceux inhérents aux châteaux épiscopaux de La Bâtie-Neuve, de La Bâtie-Vieille, de Tournefort, de Tallard-le-Vieux et autres qui nous apparaissent pour la première fois. Robert rendit de nouveau hommage à l'empereur et lui prêta serment de fidélité, bien que Guillaume de Gibelin, l'un de ses prédécesseurs, eût rendu le même hommage en 1212 au roi de Sicile, comte de Provence et de Forcalquier, sur l'ordre que lui en avait donné le pape Innocent III [2]. — Les consuls de Gap ne s'avisèrent que deux ans après, c'est-à-dire en 1240, de solliciter du même empereur la confirmation de leurs libertés gravement compromises

---

[1] Archives de la préfecture, *Acte d'investiture du 3 des calendes d'octobre 1184*, Ms. — Celui de 1186 est cité dans un mémoire de l'évêque Charles-Salomon du Serre, contre les consuls et la communauté de Gap (vers 1613).

[2] Artus de Lionne, *Rolle des évesques de Gap*.

par les investitures accordées aux évêques : ils l'obtinrent en s'engageant à un service en faveur de Frédéric II, qui, de son côté, promit son assistance à la ville. L'empereur ajouta même gracieusement qu'il ne souffrirait jamais qu'elle fut privée de ses terres et de ses juridictions[1].

Je suis forcé de revenir sur mes pas afin de signaler quelques faits importants du commencement de ce siècle.

En l'année 1202, les comtés de l'Embrunais et du Gapençais passèrent au dauphin Guigues-André, par son mariage avec Béatrix de Claustral, petite-fille de Guillaume VI, comte de Forcalquier, sous des conditions qui ne purent être accomplies, car ce mariage fut dans la suite déclaré nul par le pape ; mais Béatrix, en se retirant dans un couvent, donna tous ses biens au dauphin qui avait été son époux, et malgré les comtes de Provence, devenus comtes de Forcalquier, Guigues-André se crut légitime souverain du Gapençais. Toutefois, ce prince reconnaissant la suzeraineté de nos prélats, rendit hommage, en 1232, à Guillaume d'Esclapon pour tout ce qu'il possédait ou pouvait posséder dans

---

[1] Archives de l'hôtel-de-ville, *Livre rouge*, p. 177.

l'évêché de Gap¹, ce qui prouve que nos évêques tenaient alors d'une main ferme le glaive spirituel et le glaive temporel.

C'est avec le glaive de la parole et sous les haillons de la pauvreté que saint François d'Assise était allé combattre, en 1206, l'erreur des Albigeois. En passant à Gap, il y fonda un couvent des frères de son ordre, qui pourtant ne furent définitivement établis qu'en l'année 1232, sous l'épiscopat de ce même Guillaume IV à qui le dauphin venait de rendre hommage. Mais voici venir le moment où nos ancêtres vont tenter de ressaisir des libertés et des franchises municipales qui pourtant ne leur avaient été enlevées qu'à demi.

Vers le milieu du XIII° siècle, quoique le dauphin eût bien ou mal ajouté le Gapençais à ses anciennes possessions, la ville de Gap, qui à elle seule formait un état particulier, était loin de reconnaître ce prince pour son seigneur et maître. Malgré son évêque dont les prétentions paraissaient mieux fondées, elle tâchait d'être indépendante, et jouissait encore d'une espèce de liberté. Son consulat qui entraînait, outre le droit

---

¹ *Mémoire pour Ch. Sal. du Serre*, déjà cité.— Artus de Lionne, *Loco citato*.— Juvenis, *Mémoires inédits*.

perçu au marché sur les grains, une juridiction de police, ne dépendait ni du prélat, ni du comte de Forcalquier, ni du dauphin de Viennois. La communauté possédait des terres, des moulins, des fours banaux, dont elle percevait les revenus; elle avait encore d'autres droits qui ne relevaient d'aucun prince de ce monde; elle élisait ses magistrats, et levait des impôts sur les citoyens de la ville et de la banlieue sans le contrôle d'aucune puissance supérieure. Donnez-lui la justice qui, bien avant cette époque, était exercée au nom de l'évêque, et vous avez une république municipale presque indépendante des liens de la féodalité.

Ici, nous trouvons la première trace de ces dissensions qui s'élevèrent si souvent dans la suite entre la maison consulaire et le château épiscopal. Othon II siégeait dans Gap depuis l'année 1251, et l'année même de son entrée dans la ville épiscopale, une grande division se montra entre lui et les habitants. — Dans la suite la querelle s'envenime. L'évêque veut exercer l'autorité presque souveraine que ses prédécesseurs avaient obtenue des deux Frédéric. Les citoyens de Gap, non moins jaloux de soutenir les droits de la cité que le dernier avait mis sous sa protection, prennent les armes, et

Othon va mendier le secours de son grand vassal le dauphin Guigues XI, qui lui avait fait hommage et prêté serment de fidélité en 1265. Un traité d'alliance contre nos ancêtres est signé à Corp le jour de sainte Luce de l'an 1267. La résistance eut été alors plus que audacieuse, et pendant quelques années la soumission devint une nécessité. Mais en 1271, les habitants de Gap recherchent la protection des enfants de Guigues et l'obtiennent en leur cédant les droits du consolat ainsi que les terres de Montalquier[1] et de Furmeyer, et en s'obligeant à fournir au dauphin, en temps de guerre, cent hommes de pied armés et équipés à leurs frais. Othon, irrité de cet hommage, fait exercer mille violences contre ses *rebelles sujets*, et cède de son côté au comte de Provence, Charles d'Anjou, les mêmes droits sur le consolat, se reconnait son vassal, lui prête serment de fidélité, et déchire ainsi le pacte qui

---

[1] La terre et le château de Montalquier situés dans la banlieue de Gap avaient déjà appartenu au dauphin. L'on ne sait par quel motif les habitants de cette ville en avaient détruit le château en 1257 : *Castrum Montalquieri violenter ceperunt et ipsum destruxerunt*. Bertrand de Monfort, bailli de Gap, arbitre et amiable compositeur entre le dauphin et Guillaume de Saint-Jacques, syndic ou consul de Gap, condamna les habitants de cette ville à payer au dauphin 50 mille sols viennois, au moyen de quoi la terre de Montalquier appartiendrait à la ville. (Archives de la préfecture, *Acte de* 1257, Ms. sur parchemin.)

l'unissait aux empereurs d'Allemagne. Les citoyens de Gap indignés se lèvent, courent à la maison épiscopale, se saisissent du prélat, le traînent en prison et l'y retiennent long-temps[1]! De là, une guerre meurtrière dans laquelle s'engage la noblesse du Dauphiné et à laquelle met un terme le traité de 1274, qui soumet la ville à recevoir parmi ses officiers municipaux un chanoine et un chevalier. L'évêque ne tarde pas à rompre le traité; il se retire dans son château de Rambaud, d'où il lance, le 8 décembre 1278, l'excommunication contre les agents de la dauphine Béatrix, chargés du régime du consolat et de l'administration des terres cédées à ses enfants. Ce puissant levier soulève de nouveau les populations d'alentour: l'évêque sollicite l'assistance du comte de Provence; une nouvelle prise d'armes a lieu et ne se termine que par le siège et la capitulation de Gap en 1282. Alors les habitants de cette malheureuse cité se voient contraints de remettre à Charles d'Anjou et à son fils, le prince de Salerne, qui venait de soumettre la ville, tout ce

---

[1] L'époque de cette voie de fait ou plutôt de cet attentat est incertaine. Peut-être l'emprisonnement d'Othon n'eut-il lieu qu'en l'année 1278, où cet évêque lança l'excommunication contre Guillaume de Montorcier, dit le Noir, et les autres agents de la dauphine Béatrix.

que possède la communauté, même le consolat et les terres précédemment cédées au dauphin [1].

Cet essai d'indépendance, d'une issue si malheureuse, fut suivi d'un acte de justice de la part du souverain pontife qui déclara nul tout ce qui avait été stipulé dans la crainte du prince de Salerne et de ses armes. Ce prince lui-même, étant prisonnier à Barcelonne, ordonna, en 1283, à Raymond de Mévouillon, successeur d'Othon, de rendre aux habitants de Gap les droits que le sort des armes avait mis en son pouvoir, à charge de ne les en investir que lorsqu'ils auraient remboursé les dommages causés à l'Église par leur soulèvement. — Point n'y faillit le pieux évêque, car en exécutant cet ordre dans le courant de l'année 1286, il exigea deux mille livres turons de la ville et s'adjugea les quatre fours municipaux pour tenir lieu desdits dommages : il promit même d'en faire établir deux nouveaux pour l'usage des habitants, et se réserva, en sa qualité

---

[1] *Traité de 1267* cité par Juvenis, *Mémoires inédits*. — *Traité du 12 décembre 1271*, dans Valbonnays, tom. 2, p. 92. — *Traité du 19 du même mois entre Othon et Charles Ier*, aux archives de la préfecture. — *Traité du 29 janvier 1274*, aux archives de l'hôtel de ville. — *Traité entre le prince de Salerne et les habitants de Gap*, de l'année 1282, cité au Livre rouge, p. 24 et 80. — « Un peu auparavant, dit César Nostradamus, un merveilleux et bien grand *tremble-terre* ayant ébranlé tout le territoire voisin ».

VOIR LES NOTES G ET H.

de souverain temporel, le droit de battre monnaie à son effigie. Déjà il avait obtenu du prince de Salerne, en 1284, la restitution de la moitié de la juridiction temporelle cédée à son père par Othon, d'après l'accord intervenu entre eux, le 1er mars 1281[1].

Geoffroy de Lioncel qui succéda à Raymond de Mévouillon sur le trône épiscopal de Gap, n'eut d'abord d'autres démêlés avec cette ville qu'à raison des fours devenus épiscopaux. Une transaction de 1291 régla les droits de fournage et de *fournille* à la cote 28e ; mais de plus graves différends s'élevèrent entre ce prélat et le comte de Provence au sujet du traité de 1271. L'évêque l'arguait de nullité ; Charles II soutenait qu'il était valable. Le Pape intervint, et les commissaires par lui délégués rendirent, en 1297, un jugement qui homologuait une convention du même jour par laquelle l'évêque Geoffroy se reconnaissait vassal des comtes de Provence ou plutôt de Forcalquier, et se soumettait à l'hommage. Le comte-roi s'obligeait à contraindre les habitants

---

[1] *Sentence des commissaires du Pape rendue à Carpentras*, Livre rouge, p. 175. — Juvenis, *Mémoires inédits*. — *Transaction du 2 janvier 1286*, Livre rouge, pag. 81. — *Traité du 1er mars 1281*, Bouche, *Hist. de Provence*, tom. 2, liv. 9. — *Lettres-patentes du 7 août 1284*, Livre rouge, p. 42.

de Gap, toutes les fois qu'il en serait requis, de reconnaître l'évêque pour leur souverain spirituel et temporel, et cédait à celui-ci ses droits sur la cosse ou le consolat, si la comtesse-dauphine voulait bien s'en dessaisir. Pour marque de majeur domaine sur le Gapençais, le comte-roi pourrait faire élever son drapeau sur la tour de la maison épiscopale, un jour de l'année. Le drapeau de Forcalquier devait également flotter lors de l'avénement de chaque comte et de l'élection de chaque nouvel évêque de Gap[1].

Parvenu à cette époque de notre histoire, l'on se demande quel est le véritable suzerain de Gap et du Gapençais. Était-ce l'empereur ? Était-ce le roi de Sicile, comte de Provence et de Forcalquier ? Était-ce le dauphin de Viennois ? — Déjà nous avons vu nos évêques rendre foi et hommage aux deux premiers, et le dauphin se reconnaître vassal de l'évêché pour les terres par lui possédées dans l'étendue du diocèse. Mais dans les dernières années du XIII° siècle, Jean, fils aîné du dauphin Humbert Ier, prenait le titre de comte du Gapençais, avait des intérêts à débattre

---

[1] *Transaction du 7 juillet* 1291, Livre rouge, p. 84.—*Bulle du 8 des ides de juillet* 1296, aux archives de la préfecture.—*Convention et jugement du 25 mars* 1297, Livre rouge; p. 28 et suiv.

avec l'évêque Geoffroy et son chapitre, et surtout avec la ville de Gap au sujet de ce consolat tant convoité, et de la moitié de la terre de Montalquier qui d'après lui en était une dépendance. Le prince Jean demandait encore, pour la non exécution du traité de 1271, une indemnité de dix mille marcs d'argent, faute par la ville de n'avoir pas fait les calvacates annuelles auxquelles elle s'était obligée; il soutenait en outre que plusieurs terres de la banlieue et diverses maisons situées dans Gap étaient de sa directe, que la troisième partie de la juridiction de la ville lui appartenait, et enfin que le château épiscopal de Lazer était de son fief.

Une sentence arbitrale rendue le 5 septembre 1300, régla définitivement les droits du dauphin, de l'évêque et de la cité. Le consolat et la moitié des terres de Montalquier furent donnés au comte Jean; la garde des clefs de la ville fut dévolue à l'évêque, ainsi que la police et le *costeil* ou carcan, qui auparavant était dans la dépendance des consuls; la ville fut tenue de fournir aux nouveaux comtes du Gapençais cent hommes de pied bien armés et entretenus à ses frais, lorsque des chevauchées auraient lieu dans le Dauphiné; enfin le comte Jean fut débouté de ses prétentions sur le château et le péage de

Lazer et de sa demande des dix mille marcs d'argent. Ce qui étonne dans cet acte, c'est que dans le cas où le service militaire serait à la fois requis par le comte de Forcalquier et par le dauphin, le premier devrait être servi de préférence[1].

Ainsi, sans compter l'évêque, voilà deux seigneurs suzerains en plein exercice dans la ville et le comté de Gap. Voilà cette malheureuse cité définitivement dépouillée du consulat, de ses fours banaux, de sa terre de Montalquier, de sa juridiction de police, de la surveillance qu'elle exerçait sur la sûreté de la place, du droit de nommer ses mandeurs, et de plus soumise à un double service militaire envers les comtes de Provence et les comtes de Gapençais.

De nouveaux différends entre la ville et son évêque ne tardèrent pas à s'élever : la transaction du 1ᵉʳ février 1303 y mit un terme. Les condamnations prononcées par les procureurs fiscaux de Geoffroy contre des citoyens de Gap qui s'étaient, disait-on, assemblés illicitement, et contre des jeunes gens qui avaient parcouru la campagne avec des armes, furent annulées.

---

[1] *Sentence arbitrale rendue le 5 septembre 1300, par Guillaume de Mandagot, archevêque d'Embrun, et Jacques de Ossa, évêque de Fréjus*, dans Valbonnays, tom. 1, p. 53 et 252.

L'évêque approuvait la rémission faite aux consuls par Raymond de Mévouillon, des fouages, gabelles, poids, fossés et palègues, cédés par capitulation au prince de Salerne, et confirmait un règlement de 1265, qui défendait d'importer et de boire du vin étranger dans la ville. En cas de contravention, les vins confisqués et 60 sols d'amende devaient entrer dans la cave et dans la bours du prélat. De son côté, la ville confirmait l'abandon fait précédemment des quatre fours municipaux [1].

L'année suivante [1304], il plut au dauphin Humbert, malgré les stipulations du traité de 1300, et les réclamations du comte de Provence, d'établir un juge dans la ville de Gap; mais à peine Gantelme, successeur de Geoffroy, avait-il pris possession du siège épiscopal qu'il fit assigner son fils, le comte Jean, pour qu'il eût à rendre hommage des terres par lui possédées dans le diocèse. Le prieur de Romette et le juge du comte comparurent pour lui et prêtèrent ou éludèrent le serment demandé : l'issue de cette affaire est restée incertaine [2].

[1] *Transaction du 1ᵉʳ février 1303*, aux archives de la préfecture et de l'hôtel de ville, *Livre rouge*, pag. 66 à 71.
VOIR LA NOTE I.
[2] Juvenis, *Mémoires inédits*.

Sous l'empire de quel sentiment se trouvaient donc les libres citoyens de Gap, lorsque, au mois de juin 1305, au nombre de treize cents, ils eurent la lâcheté de se reconnaître hommes-liges du seigneur évêque et de son Eglise, et après cette inconcevable déclaration, de lui prêter serment de fidélité sur les SS.-Evangiles[1]?.. Cet acte fut souvent argué de faux par les consuls de Gap, et surtout lors du malheureux procès qu'ils eurent à soutenir dans les premières années du xvii° siècle; mais le président Expilly qui, en 1622, vint à Gap pour y mettre un terme, sembla en reconnaître l'authenticité, puisqu'il décida que l'hommage était dû à l'évêque par tous les habitants, *more nobilium*.—Geoffroy II, qui reçut le serment des treize cents chefs de famille de la ville de Gap, était l'homme aux hommages; il en recueillit dans toutes les parties de son diocèse : le seigneur de Manteyer lui-même fut condamné à le reconnaître pour son suzerain, et à voir les armes épiscopales briller aux portes de son manoir[2]. Or, comme douze châteaux épiscopaux ne

---

[1] *Acte de reconnaissance et d'hommage du 10 juin 1305*, Ms. aux archives de la préfecture.

[2] Artus de Lionne, *Rolle des évesques de Gap*.

suffisaient pas à un si grand seigneur temporel, il en acquit un treizième, le 13 novembre 1309, de Lantelme de Saint-Marcel, noble citoyen de Gap. C'est celui de Charance, qui ne lui coûta que dix mille florins, et où il put se reposer durant la belle saison des fatigues de la souveraineté[1].

Quelques années plus tard, Béral de Baux, premier commandeur à Gap de l'ordre de Saint-Jean-de-Jérusalem, vint prendre possession des biens qu'y possédaient les chevaliers du Temple, et dont ils avaient été dépouillés par le concile de Vienne, en 1311. Geoffroy II siégeait toujours, et permettait aux frères prêcheurs de s'établir [1313] dans sa résidence épiscopale[2].

A Geoffroy II [1315—1318] succéda Olivier de Laye que l'un des ancêtres du connétable de Lesdiguières jeta par les fenêtres de son château patrimonial, s'il faut s'en rapporter à Louis Videl qui ne nomme pas ce terrible seigneur féodal, soumis cependant à l'évêque pour sa terre des Diguières. Après Olivier, nous trouvons Bertrand de Lorincello qui, à l'encontre de ses prédéces-

---

[1] Artus de Lionne, *Rolle des évesques de Gap.*
[2] Juvenis, *Mémoires inédits.*

seurs, loin de ravir leurs privilèges aux habitants de Gap, leur en accorda un des plus singuliers en 1317, sur lequel nous reviendrons dans la suite.

Sous l'épiscopat de Guillaume d'Estienne, un procès s'éleva entre la ville de Gap et la communauté de Romette, au sujet de la propriété de la montagne de Bayard, et fut terminé par une sentence arbitrale du 17 juin 1319[1].

Nous ne nous arrêterons pas davantage sur Dragonet de Montauban [1328—1346] qui vit s'accomplir le transport du Dauphiné au royaume de France, et qui fut témoin des violences exercées contre les habitants du Monêtier-Allemond, par Arnaud Flotte, le chevalier le plus félon de nos contrées, pour arriver à Henri de Poitiers, successeur de Dragonet, dont la famille portait une haine héréditaire à celle de Montauban.

Tout dormait sur la foi des traités; mais voilà qu'en 1350, Ismidon de Montauban, parent de Dragonet, est traîtreusement assassiné par Hault-de-Cœur, bâtard de Poitiers, de la famille de Henri, fils d'Aymar IV, comte de Valentinois.

---

[1] *Sentence arbitrale du 17 juin 1319, rendue par l'évêque Guillaume d'Estienne, le chevalier Pierre des Églises et Rodulphe de la Fare, avocat*; aux archives de l'hôtel de ville.

Les habitants de Gap, plus indignés que si on leur avait enlevé de nouveau quelques-uns de leurs droits et de leurs privilèges, se lèvent, s'arment, courent aux maisons des partisans de l'évêque et les pillent: le palais épiscopal lui-même n'échappe pas à leur fureur, et Henri de Poitiers est contraint de sortir de la ville. Ils ont bientôt à lutter contre le comte de Valentinois et les parents de cette illustre famille : la milice urbaine les repousse ; mais plus heureux dans une seconde attaque, les Valentinois rentrent dans le diocèse : l'évêque y reparaît lui-même l'épée d'une main et le bâton pastoral de l'autre, et de cruelles vengeances sont exercées. Enfin, après divers combats, l'on en vient à un accommodement qui permet au prélat de siéger dans sa ville épiscopale jusqu'au moment où il passe à l'évêché de Troyes [1].

Jacques de Déoncio, successeur de Henri [1352], fut l'ennemi d'Arnaud de Trian, neveu du pape Jean XXII, et depuis peu souverain de la vicomté de Tallard. Cette inimitié leur fit prendre les armes : Gap et Tallard se levèrent en masse ; leurs troupes se livrèrent des combats sanglants ; des incendies et des dégats épouvantables furent

---
[1] Chorier, *Histoire du Dauphiné*, tom. Ier.

commis sur les bords de la Luye comme sur ceux de la Durance ; et ces funestes dissentiments eussent duré peut-être jusqu'à l'extinction de l'une des deux races, si Rodolphe de Commiers, seigneur de La Bâtie-de-Champrond, ne fut venu y mettre un terme en offrant sa médiation qui fut acceptée [1].

A la paix survenue entre les deux cités rivales, succédèrent bientôt des divisions intestines. Jacques Artaud, de l'illustre famille de Montauban, était à peine monté sur le trône épiscopal de Gap, que de graves différends s'élevèrent entre lui et les habitants de cette ville. D'abord il les fit citer, ainsi que ceux de La Bâtie-Neuve, de La Bâtie-Vieille, de Rambaud, de Poligni, de la Fare, du Noyer et du Glaizil, tous ses sujets immédiats, pour qu'ils eussent à lui rembourser trente mille florins qu'il disait avoir donnés afin d'éloigner du diocèse des troupes armées qui voulaient le traverser pour se rendre en Provence. Les habitants des communautés citées soutinrent que jamais les florins demandés n'étaient sortis de la bourse de leur seigneur et maître ; et l'official du prélat,

---

[1] Chorier, *loco citato*.—Si le traité de paix entre Gap et Tallard porte la date du 28 avril 1369, comme l'avance cet auteur, il a dû être signé par Jacques Artaud, successeur de Déoncio, puisque celui-ci cessa de régner en 1353.

qui n'osa comparaître devant les commissaires délégués par le pape, fut condamné par défaut le 13 mars 1367[1].

Les débats entre l'évêque et la ville allaient toujours croissant, lorsqu'un incident qui paraît de peu d'importance vint déterminer l'explosion et rendre nécessaire le recours à la médiation de toutes les notabilités du pays et des envoyés du souverain pontife, et entre autres du fameux François Borelli, frère mineur et grand inquisiteur de la foi dans les provinces d'Arles, d'Aix, d'Embrun et de Vienne, si connu par ses expéditions contre les Vaudois de Freissinières, de l'Argentière et de la Val-Pute (Val-Louise). C'est principalement par l'insistance et la fermeté de ce terrible inquisiteur, né à Gap, que cette ville fut maintenue dans ses libertés et ses privilèges, recueillis tant des anciens titres que de l'usage et de la possession. J'ai déjà dit qu'elle avait le droit de s'imposer, sans être tenue de soumettre les rôles à l'homologation d'aucune autorité supérieure. Or, Jacques d'Artaud s'était permis d'accorder à dame Françoise, femme de noble Pierre-Rodulphe de la Bréoule, la décharge

---

[1] Archives de l'hôte de ville, sac coté B.

de sa cotisation sur une taille dressée pour les fortifications de la ville. Les consuls persistèrent à demander le paiement de cette contribution. De là surgirent des débats où les vieilles prétentions de la ville et de l'évêché furent mises en question ; toutes les puissances de l'époque intervinrent, et on rédigea alors la transaction ou plutôt le traité de paix du 7 mars 1378, en vertu duquel le seigneur évêque fut obligé de retirer ses lettres d'exemption, et la noble dame de la Bréoule de payer le montant de sa cote, comme les autres nobles, bourgeois et manants de la cité de Gap, tous citoyens égaux devant la loi municipale.

Cette grande charte des habitants de Gap, non octroyée, mais consentie par les parties contractantes, règle le serment que les évêques doivent prêter avant d'entrer dans la ville, et l'hommage qui leur est dû ; mais il ne peut être exigé qu'après qu'ils ont approuvé les libertés, les franchises et les immunités de la ville, et donné un dîner honorable à tous les mâles qu'elle renferme, *omnibus maribus ipsius civitatis*. Elle s'occupe également des droits utiles du prélat, de l'administration de sa justice, des droits politiques de la cité, du service féodal auquel elle est tenue, de son administration financière, de la police municipale et de la police rurale, des droits de propriété des habitants, et de la sûreté de la place. Jacques d'Artaud jura sur les SS. Evangiles, tant pour lui que pour ses successeurs, de respecter et d'observer inviolablement toutes les conditions de ce traité, lequel prouve que la prétendue souveraineté de nos seigneurs temporels était alors fort limitée[1].

Toutefois, malgré la clarté de cet acte fameux dans nos annales, de nouvelles difficultés ne tardèrent pas à s'élever entre les hautes parties contractantes. Les officiers de Jacques d'Artaud n'en exécutèrent pas toujours les dispositions; aussi vit-on un jour d'hiver le peuple de Gap prendre les armes et chasser hors des murs de la ville ces officiers déloyaux.—Le prélat les suit, transfère à Lazer sa cour de justice, et fait citer plusieurs citoyens avec défense aux sergents de leur donner copie des citations. Les consuls en réfèrent aux envoyés du pape, et quelques mois après, l'évêque est cité à son tour pour se voir condamner à fournir aux portiers de la ville

---

[1] *Transaction du 7 mars 1378*, Ms. aux archives de l'hôtel de ville. Elle est précédée de la bulle de Clément VII, qui en approuve les dispositions, et transcrite en entier dans le Livre rouge, p. 310 et suiv., ainsi qu'à la suite d'une bulle de Pie II.
VOIR LA NOTE J.

le pain et le vin qui leur sont dus. Le Pape permet ensuite à nos magistrats de lever une taille de mille florins d'or pour suivre le procès contre l'évêque, qui voulait au surplus se faire relever du serment par lui prêté en 1378, et faire annuler la grande charte comme préjudiciable à son Église. Enfin, avec l'assistance de F. Borelli, un traité est signé au château de Tallard-le-Vieux, le 15 mai 1383. Jacques d'Artaud jure de nouveau le maintien de toutes les libertés contenues dans la transaction de 1378, pardonne les injures proférées contre lui par les habitants de Gap, s'engage à rétablir dans cette ville le siège de sa juridiction, casse les officiers qui avaient suscité le désordre, se soumet à contribuer pour l'entretien des murailles de la ville; et de cette manière, grâce à la protection du souverain pontife Clément VII, la ville de Gap sort triomphante de la lutte[1].

Cependant nous n'avons pas fini avec messire Jacques Artaud de Montauban, car un nouveau traité de l'année 1392 nous apprend qu'un ancien différend élevé au sujet de la dîme du vin, fut repris et vidé à cette époque. Ce traité fut moins favorable aux habitants que celui de 1383, bien

[1] *Transaction du 15 mai* 1383, Livre rouge, p. 143 et suiv.

que l'inquisiteur François Borelli eût encore employé ses bons offices : indépendamment de la 18e partie des raisins perçue pour la dîme, la ville dut encore fournir sept cuves d'une grande dimension à l'évêque et à ses chanoines [1].

Sept ans après [1399], messire Raymond de Baro, successeur de Jacques d'Artaud, s'avançait vers sa ville épiscopale, après avoir fait hommage-lige à Louis II, roi de Sicile et comte de Provence, pour tous les biens qu'il possédait dans le comté de Forcalquier ; mais arrivé près de la porte Colombe, il la trouva fermée à double tour : ainsi le voulait la charte jurée pour lui en 1378. Comme il en ignorait les dispositions, un colloque s'établit entre le prélat et le consul Justet de Bardonesche, perché sur le rempart avec bon nombre de conseillers. Après maintes explications, les officiers municipaux s'approchèrent de l'évêque et lui présentèrent, ouvert à la page 310, le précieux *Livre des Libertez*, autrement dit *Livre rouge*. Le nouveau seigneur temporel prêta le serment en tel cas requis ; l'acte en fut dressé près du ravelin de Porte-Colombe, *Ravellium januæ Columbæ*, et alors il lui fut permis

---

[1] *Transaction du 11 juin 1392*, aux archives de la préfecture.— *Livre rouge*, p. 142 et suiv.—A la suite de la bulle de Pie II.
VOIR LA NOTE K.

d'entrer dans la ville[1]. Pour l'entière exécution du traité, le nouvel arrivant s'empressa-t-il de donner à dîner *à tous les masles de la dicte cité?* Le Livre rouge est muet à cet égard.

Ainsi se termina ce siècle orageux.

Le suivant s'ouvre par l'épiscopat de Jean des Saints qui, au mois de février 1405, sur la requisition des consuls, dota la ville d'un règlement de police dont nous nous occuperons dans la suite. La plus parfaite harmonie existait alors entre cet évêque et les consuls; aussi les vit-on s'unir contre le chapitre à l'occasion des droits exhorbitants qu'il exigeait pour les obsèques.

Mais cet état de paix entre les deux pouvoirs fut de peu de durée, car, sous Léger d'Eyrargues qui prit possession de l'évêché de Gap en 1412, les querelles se renouvellent et durent trois années entières. Les syndics de cette ville font plusieurs voyages à Rome et à Constance où le concile était assemblé; ils obtiennent, en 1413, de Jean XXIII des lettres conservatoires de leurs privilèges, avec commission à l'archevêque d'Embrun, à l'évêque de Grenoble et au doyen de Gap

---

[1] *Acte du 7 octobre 1399*, Livre rouge, p. 155-156.

de les faire rentrer en possession de leurs biens injustement usurpés par divers seigneurs ecclésiastiques et temporels ; l'évêque parvient à obtenir la révocation de ces lettres ; la ville recourt de nouveau au souverain pontife pour les faire confirmer, gagne sa cause en 1415 ; et l'harmonie se rétablit[1].

Dans la suite, le prélat et la ville marchèrent tellement d'accord que Léger y perdit sa seigneurie d'Eyrargues. Il paraît qu'à cette époque les habitants de Gap avaient refusé de reconnaître la suzeraineté de Louis III, roi de Sicile et comte de Provence, dont notre évêque était chancelier. Celui-ci retiré dans son château patrimonial fut accusé de félonie pour avoir été secrètement d'intelligence avec eux. Le comte-roi déclara l'évêque félon et lui enleva sa terre d'Eyrargues pour la donner à Charles de Chastillon, et somma la ville de Gap d'envoyer, à ses frais et à ceux du prélat, cent hommes d'armes à Marseille pour la garde de cette ville qui, malgré nos cent soudards, ne fut pas moins prise et pillée par le roi d'Aragon[2]. — N'était-ce pas à l'instigation du dauphin

---

[1] Juvenis, *Mémoires inédits et notes autographes.*

[2] Nostradamus, *Histoire de Provence*, année 1425, p. 565. — Chorier, *Histoire du Dauphiné*, tom. 2, liv. 13, sect. 2. — Juvenis, *Loco citato.*

Charles IV que les habitants de Gap avaient méconnu les droits de souveraineté du comte de Provence? Quoi qu'il en soit, Henri de Sassenage, gouverneur du Dauphiné, avait également requis la ville, en 1419, de fournir cent piétons armés pour aller guerroyer du côté de Nyons, ce qui prouve que nos ancêtres furent *Armagnacs* et non *Bourguignons*[1]. Peut-être que nos cent hommes combattirent quelques années plus tard en faveur du dauphin, devenu roi de France, sous l'étendard de *Jehanne-la-Pucelle*, si indignement outragée par le patriarche de Ferney, et si noblement vengée de nos jours par le ciseau de l'infortunée princesse Marie d'Orléans!

La ville de Gap jouit ensuite d'une paix profonde jusqu'en l'année 1441, où l'on voit le peuple se lever en masse, courir en tumulte à la maison épiscopale, et demander à Guillaume VIII la déposition de son official, à cause de ses extravagances et des divisions qu'il fomentait entre l'évêque et les habitants. L'official est déposé, mais bientôt rétabli dans sa charge. Le peuple se lève de nouveau, n'obtient aucune satisfaction, et les consuls s'adressent au légat du pape à Avignon pour en obtenir justice[2]. L'obtinrent-ils?

---

[1] Chorier, tom. 2, liv. 12, section dernière.
[2] Juvenis, *Mémoires inédits*.

On l'ignore ; mais ce prélat peu aimé durant sa sa vie, et peut-être bien regretté après sa mort, eut pour successeur le plus hautain et le plus cruel de nos seigneurs temporels; celui sous lequel nos ancêtres eurent à souffrir les plus violentes persécutions.

Gaucher de Folcalquier, seigneur de Céreste, issu en droite ligne de nos vieux suzerains les comtes de Forcalquier, fut élu évêque de Gap en 1442, et prit possession de l'évêché l'année suivante, après que ses fondés de pouvoirs eurent juré dans l'église des Cordeliers de respecter et de maintenir les privilèges et les libertés de la ville. Nous verrons bientôt comment les habitants de Gap résistèrent aux exigences de ce prélat, et les désordres qui furent la suite de leur résistance. Je vais d'abord rapporter succinctement les événements politiques auxquels Gaucher et les habitants de Gap prirent une part active, avant que les liens qui les unissaient eussent été rompus.

Vers l'époque où cet évêque faisait son entrée dans la ville, le dauphin Louis II, qui régna en France sous le nom de Louis XI, transféra près du torrent du Turelet la foire de Saint-Martin qui se tenait auparavant dans le territoire de

Montalquier, près de la Tourronde, céda à la ville la leyde et les gabelles du sel, réduisit à cinquante les cent hommes d'armes qu'elle était tenue de fournir par les anciens traités, n'exigea pour tant de libéralités que mille écus d'or et une rente annuelle de cinquante écus [1], et dans le courant de la même année, diminua généreusement les droits de lods des maisons de la rue droite, qui relevaient de lui depuis la porte Lignole jusqu'au quartier des *Embaloses* [2].

Mais, quelques années plus tard, les habitants de Gap s'attirèrent le courroux de ce prince en refusant de recevoir et de loger les troupes que le bon roi Charles, son père, envoyait au secours du duc de Milan. On dit même qu'à l'instigation de Gaucher, ils avaient tué un des capitaines et plusieurs soldats de la troupe royale. *La tendresse filiale* de Louis II ne tarda pas à se manifester: il fit saisir le temporel de l'évêque et mit garnison dans les châteaux et les places de ce terrible vassal. Gaucher fut obligé de sortir du diocèse; les habitants de Gap et des terres épiscopales furent contraints de prêter serment au dauphin,

---

[1] Archives de l'hôtel de ville, *Lettres-patentes du 21 mai 1444*, annexées à la bulle de *Pie II*. La leyde était le droit de place aux foires et marchés.

[2] *Lettres-patentes* du 28 août 1444, Livre rouge, p. 169-171.

et les plus zélés partisans de l'évêque, et entre autres Pierre Gruel, son favori, furent traités en criminels. Cependant, par la médiation du souverain pontife, près de qui Gaucher s'était réfugié, la réconciliation s'opéra, et tout rentra dans l'état normal, après que le seigneur évêque de Gap eut demandé *en toute humilité* pardon à ce dauphin, dont les prédécesseurs se reconnaissaient *en toute humilité* les vassaux de nos prélats, pour les terres qu'ils possédaient dans leur diocèse [1].

Nous étions tout-à-fait rentrés en grâce en 1448, alors que Louis II demandait humblement (aucuns diraient cauteleusement) *à ses très chers et bien amés hommes et citoyens de Gap* de vouloir lui octroyer deux florins par feu, ainsi que l'avaient fait les autres allodiaux de son pays de Dauphiné en l'assemblée des trois états tenue à Bourgoin [2].—Il paraît que les deux florins furent votés et octroyés par le Conseil de la communauté, car dans la suite le rusé chanoine de Notre-Dame d'Embrun favorisa constamment la ville de Gap contre les exactions et les violences

---

[1] Chorier, *Histoire du Dauphiné*, tom. 2, liv. 13, sect. II.—*Traité du 5 avril 1452*, aux archives de la préfecture.

[2] Juvenis, *Mémoires inédits*, où la lettre de Louis XI est reproduite textuellement.

de son évêque et les prétentions du bon René, comte de Provence et de Forcalquier, et roi de Sicile *in partibus*.

Deux ans après, ce bien amé dauphin permit aux habitants de Gap, moyennant 200 florins, de puiser dans le torrent d'Ancelle autant d'eau qu'ils le voudraient pour arroser leurs terres déclives et brûlées par le soleil d'été. Puis, en 1452, Gaucher de Forcalquier, rétabli dans sa juridiction, exigea d'eux une reconnaissance générale dont le titre existe encore et qui fut argué de faux et reconnu tel, lors du grand procès avec Charles-Salomon du Serre[1].

Deux autres prétendants à la souveraineté de la ville se faisaient alors une guerre sourde qui finit par tourner à l'avantage du dauphin. En 1455, Louis XI nous envoyait le fameux Gui-Pape avec une mission secrète; des troubles éclataient dans la ville, le roi René y accourrait, et voyait avec amertume le panonceau delphinal flotter sur la flèche de la cathédrale et sur la tour de la maison épiscopale. A peine le bon René a-t-il

---

[1] *Traité du 11 juillet 1450 entre les communautés d'Ancelle et de la Rochette et la ville de Gap*, dans lequel intervient le procureur général du Dauphiné; aux archives de l'hôtel de ville.—*Reconnaissance du 19 avril 1452*, aux archives de la préfecture.

paru dans la ville avec une faible escorte qu'aux cris de vive le dauphin, succèdent spontanément les cris de vivent Forcalquier et la Provence ! Des jeunes gens découvrent la bannière du roi de Sicile, et au nombre de cent cinquante, ils la promènent dans la ville, en criant : *Voilà notre roi et non le dauphin.* Saint-Arey, la rue Souveraine, la rue Peyrolière, la rue du Fraïsse, toute la ville enfin, sauf la Rue-Droite, se lève en masse et répète ce cri avec enthousiasme ; alors Gui-Pape, honteux et confus, remonte sur son âne, et prend la route de Grenoble l'oreille basse, ne sachant comment résoudre à l'avantage de son seigneur et maître cette question de fait et de droit [1].

Malgré ces touchantes démonstrations, le roi René essuya un refus formel de nos consuls, lorsque, en 1459, il eut à implorer leur assistance pour conquérir son royaume de Sicile ; il ne put obtenir ni la somme d'argent qu'il leur demandait pour équiper une flotte, ni les hommes de la ville en état de porter les armes, qu'il destinait à garder les côtes de Provence. Sur ce refus, les

---

[1] Gui-Pape, *question* 560.—Villeneuve de Bargemont, *Histoire de René d'Anjou*, tom. 2, p. 100.

officiers du bon roi s'emparent des marchandises et des effets que les habitants de Gap avaient dans ce comté ; les consuls recourent au parlement nouvellement institué à Grenoble, qui envoie un commissaire en Provence, où il est emprisonné avec un citoyen de Gap qui l'accompagnait. Le dauphin, dont nous avions relevé la bannière, accorde à nos consuls des lettres de représailles contre les sujets immédiats du roi René[1] ; mais l'on ignore quelles furent les suites de ce conflit entre nos deux prétendants à la souveraineté sur la ville de Gap. L'année suivante commencèrent les troubles suscités par les prétentions exorbitantes du troisième et qui ne finirent qu'à la mort du prélat.

Les documents que j'ai pu consulter ne déterminent pas d'une manière bien précise quelles étaient les exigences de Gaucher de Forcalquier ; mais, vers l'année 1460, les habitants de Gap les repoussèrent, et en vinrent même aux propos outrageants envers leur seigneur évêque. De part et d'autre on prit les armes, et après des combats sans résultat définitif, les parties belligérantes

---

[1] Archives de l'hôtel de ville, *sac coté C.* — Gui-Pape, *Questions* 151 et 560.

convinrent d'arbitres pour terminer leurs différends. L'évêque fit choix du sénéchal de Provence, et les consuls de Jean d'Armagnac, gouverneur du Dauphiné. La résistance des habitants de Gap fut par eux traitée de rebellion ; ils les condamnèrent à une amende de douze mille florins d'or payables par la saisie de leurs biens et de leurs personnes ; et quinze des principaux citoyens furent mis au pouvoir de l'évêque, à vie ou à mort selon sa volonté !

Alors ce mauvais pasteur fait dresser des potences aux cinq portes de la ville et élever un échafaud devant l'église de Saint-Jean-de-Jérusalem, où le brave Jean de Montorcier, chevalier, docteur ès-lois et citoyen de Gap, s'était réfugié avec plusieurs autres nobles personnages condamnés à mort par l'évêque. La femme de Montorcier est accablée d'outrages par les gens de Gaucher et les soldats qu'il avait fait venir de Provence. « L'on vit ces soldats dissolus, s'écrie « Juvenis, fouiller mesme, par un excès de « cruauté inouïe, les parties honteuses des fem- « mes ! ». Un rôle est dressé pour le paiement des 12,000 florins auxquels la ville avait été condamnée; les habitants sont poursuivis malgré leur recours au Saint-Siège. Excédés des désordres et des dissolutions des soldats provençaux, la plupart quittent la ville, où il ne reste que les malheureux retenus dans les prisons ou qui ont trouvé un refuge dans les immunités des églises; et l'on voit, pendant les rigueurs de l'hiver, sept cents familles errer misérablement dans la vallée du Champsaur où plusieurs de ces fugitifs périrent dans les neiges.—Jean de Montorcier trouve enfin le moyen de faire parvenir ses plaintes au parlement de Dauphiné, qui fait défense à Gaucher de suivre l'exécution de l'inique sentence. Un commissaire député par le parlement entre ensuite dans la ville avec les fugitifs. Gaucher décline ses pouvoirs et lui dit fièrement qu'il ne reconnait d'autre suzerain que le roi René, comte de Provence. Le temporel de l'évêché est mis aussitôt sous la main delphinale, l'évêque est assigné à comparaître devant la cour, et les habitants de Gap recouvrent leur liberté, excepté leur vaillant défenseur, Jean de Montorcier, qui se réfugie dans l'église des Cordeliers. Gaucher fait aussitôt élever un échafaud devant cette église; mais le commissaire du parlement, Jean de Marcoux, parvient à enlever Montorcier et l'emmène avec lui à Grenoble. A peine ont-ils quitté la ville que l'évêque exige de nouveau le paiement des 12,000 florins; alors Louis XI met les habitants de Gap sous sa protection et commet le bailli des montagnes pour examiner la fameuse sentence. Malgré les protestations de Gaucher, le bailli fait ouvrir les portes de la ville et abattre les potences et les échafauds; cependant en 1564, nous voyons encore la ville et l'évêque s'adresser de mutuels reproches au sujet des troubles qui continuent d'agiter la cité, bien que les parties contendantes eussent consenti à prendre le pape pour arbitre de leurs différends.—Enfin, comme *il n'est pas de mal dont la Providence ou la mort n'aient le remède*, la mort et la Providence mirent un terme à tant de calamités. Gaucher de Forcalquier décéda en l'année 1484, et fut enseveli dans la chapelle qu'il avait fait élever près de la petite porte de l'église cathédrale, à l'endroit où l'on voit encore aujourd'hui les trois écussons qui reproduisaient ses triples armoiries, lesquelles ont été gratées en 1793 par les ennemis de la science héraldique[1].

Tels furent les rapports de l'évêque Gaucher avec les habitants de sa ville épiscopale, où, malgré ses déportements, il avait trouvé une

---

[1] Chorier, *Histoire du Dauphiné*, tom. 2, liv. 14, sect. 10.—Juvenis et Rochas, *Mémoires inédits*. — *Abrégé historique de l'Église et des évêques de Gap*. — Archive de l'hôtel de ville, sac coté C.— *Livre des Annales des Capucins de Gap*, p. 53.

trentaine de flatteurs, exemptés par lui des rigueurs de la sentence arbitrale et de leur quote-part dans la répartition des 12,000 florins d'or.

Les troubles étaient à leur paroxisme lorsque le souverain pontife Pie II (Eneas Sylvius), par sa bulle du 15 mai 1461, nommée bulle d'or par nos pères, voulut bien confirmer les libertés et les franchises de la ville. L'année suivante, ce même pape nomma des commissaires pour connaître des plaintes portées par les habitants de Gap contre des clercs et des laïques qui leur avaient causé des dommages et les avaient accablés d'injures [1]. Et néanmoins, malgré cette protection de l'autorité la plus respectée comme la plus respectable de ce temps éloigné, le seigneur temporel qui régnait plus immédiatement sur la ville, n'en continua pas moins d'attenter à ses franchises et à ses libertés.

D'un autre côté, en 1465, le dauphin cédait au comte de Provence ses droits sur la ville et sur Montalquier, en échange de la terre de Vandolle; puis il rompait le traité, faisait arborer son étendard sur la plus haute tour épiscopale, et Claude du Suau, seigneur de La Croix, le

---

[1] *Bulle de Pie II*, du 15 mai 1461, aux archives de l'hôtel de ville.— *Bulle du mois d'août* 1462, ibid.

portait triomphalement dans la ville aux acclamations des habitants, malgré les droits du roi René et l'opposition de l'évêque, à qui indépendamment des droits utiles, il ne restait guère, (et c'était beaucoup sous Louis XI), que la haute, la moyenne et la basse justice [1].

Toutefois, lorsque le roi de Sicile eut trépassé, Gaucher de Forcalquier, sans s'inquiéter de la vengeance qu'en pourrait tirer le roi-dauphin, s'empressa de faire hommage à Charles d'Anjou, comte du Maine et successeur du roi René, pour toutes les terres possédées par l'Eglise de Gap dans l'étendue du vieux comté de Forcalquier. Louis XI n'eut pas le temps de se fâcher, car il succéda l'année suivante au comte du Maine, et la Provence fut ainsi réunie à la couronne de France [2].

Enfin le testament de Gaucher nous apprend que la peste avait régné pendant trois ans dans la ville de Gap et les pays circonvoisins, et qu'au moment où cet acte fut rédigé, le fléau frappait encore les habitants de la contrée. Ainsi cette malheureuse génération, indépendamment des

---

[1] Chorier, *Histoire du Dauphiné*, tom. 2, liv. 14, sect. II.
[2] Rochas, *Mémoires inédits*, p. 159, Ire série.

persécutions de son seigneur spirituel et temporel, eut encore à supporter les fléaux du ciel !

En vertu de la pragmatique-sanction, le clergé de l'église cathédrale s'empressa de donner un successeur à Gaucher de Forcalquier. Son choix tomba sur Thibaud de la Tour ; mais Innocent VIII, malgré la pragmatique, en nommait un de son côté et nous l'envoyait avec deux lettres de recommandation, l'une de sa part, l'autre de celle des cardinaux, adressées *à leurs très chers amis les magnifiques consuls et habitants de la cité de Gap.* L'une et l'autre exaltaient fort les mérites de ce prélat, *viri singularis doctrinæ et integritatis,* lequel était issu d'une noble famille de Milan et se nommait Gabriel de Sclafanatis. Malgré de si puissantes protections, il ne put prendre possession de l'évêché de Gap qu'en 1493, époque à laquelle Thibaud de la Tour, soutenu par le chapitre et par le sénéchal de Provence, fut pourvu de l'évêché de Sisteron[1].

N'ayant fait son entrée dans la ville qu'en

---

[1] Juvenis, *Mémoires inédits et notes autographes.* Cet auteur nous a conservé le texte des deux lettres : l'une est du 3 des ides d'octobre 1484, l'autre du 22 décembre suivant.— Nostradamus, *Histoire de Provence,* année 1486, parle d'un arrêt du Conseil de Provence qui déclara nulles les bulles d'Innocent VIII, fulminées contre le compétiteur.

l'année 1495, Gabriel de Sclafanatis n'eut pas l'honneur de recevoir dans la maison épiscopale, où il s'établit à son arrivée à Gap, le jeune roi Charles VIII, qui, en qualité d'héritier des comtes de Provence, s'en allait, en 1494, à la conquête du royaume de Naples[1].

Ce nouveau prélat, reconnu pour premier pasteur du diocèse et bien accueilli par les habitants de Gap, loin de chercher à restreindre leurs libertés et leurs privilèges, en augmenta l'étendue, lorsque, *sur la réquisition des consuls*, il traita avec eux, le 24 mars 1496. Ce pacte est assez semblable à la grande charte de 1378; seulement depuis cette époque l'élément aristocratique semble avoir prévalu sur l'élément démocratique, puisque les clercs, les nobles, les notaires, les officiers de la ville, les marchands et les autres citoyens n'exerçant aucun art mécanique, sont exempts des patrouilles. Du reste, tous les articles soumis au prélat furent par lui sanctionnés, à l'exception de celui qui interdisait à l'évêque

---

de Gabriel de Sclafanatis et qui avaient été affichées à Avignon ; « lequel
« arrest fut bien et beau exécuté en Avignon, avec contre-affiches et
« anti-placards, emplastrés aux mesmes cantons qui en avaient été
« tappissez, par les officiers de Provence et de Charles, en barbe de ceulx
« du Pape et de la cité ».

[1] Juvenis, *Mémoires inédits*.

d'acheter du poisson pour sa table à plus bas prix que les autres habitants, et d'un second article bien plus important, par lequel nos consuls, par trop *utilitaires*, demandaient qu'il fût permis aux boutiquiers de tenir leurs magasins ouverts les jours de fête, à l'exception des annuelles et des quatre fêtes de la Vierge. Au surplus les droits de leyde furent réglés par ce traité, et les produits partagés entre la ville et son seigneur[1].

Mais si Gabriel de Sclafanatis vécut en bonne intelligence avec les habitants de sa ville épiscopale, il n'en fut pas de même avec les officiers du roi-dauphin, qui, dès le commencement du xvi° siècle, avaient empiété sur sa juridiction. Au mois de février 1511, des membres du parlement firent apposer les panonceaux delphinaux aux portes de la ville, et publier que le siège du baillage serait tranféré de Serres à Gap, avec ordre aux habitants de recourir de leurs appels devant le parlement de Grenoble. Deux neveux du prélat furent arrêtés et conduits dans les prisons de cette ville, il fut lui-même accusé de trahison, et obligé de se réfugier au château de Tallard. Ces

---

[1] *Traité du 24 mars 1496* ; Livre rouge, p. 179 et suiv.

persécutions n'avaient d'autre but que d'amener notre évêque à consentir à la réunion de la ville de Gap au Dauphiné, réunion à laquelle il s'opposait vivement.

Le 8 septembre de cette même année 1511, les députés de la ville traitèrent avec le roi Louis XII, représenté par le procureur général de Grenoble. Le roi-dauphin fut reconnu pour souverain seigneur, et le parlement de Dauphiné pour juge en dernier ressort dans les causes d'appel. Le roi promettait protection à la ville de Gap envers et contre tous, maintenait ses libertés et ses privilèges, et déclarait que nul citoyen ne serait tenu de contribuer aux tailles et fouages delphinaux, ni de se rendre aux Etats de la province, où l'on délibérait sur la levée des impôts; disposition, soit dit en passant, qui fut très mal observée dans la suite. Enfin, le siège du baillage était transféré à Gap, sans préjudice de la juridiction ordinaire de l'évêque. — Ce traité, qui enlevait aux *juges d'appeaux* de nos évêques le droit de prononcer en dernier ressort sur les causes à eux soumises; qui, à côté de leur juge ordinaire, établissait une juridiction qui devait bientôt empiéter sur la leur; qui semblait délier les habitants de Gap du serment de fidélité auquel ils avaient droit d'après les anciens titres; ce traité, dis-je, fut confirmé par un édit de Louis XII, du mois de février de l'année suivante[1].

Il fut un temps où nos prélats sommaient les dauphins de venir leur rendre hommage dans la cité épiscopale; mais Louis XI avait changé tout cela. Aussi le successeur des Othon et des Gantelme se vit-il assigné lui-même pour comparaître à Grenoble et y prêter foi et hommage au roi-dauphin. Malgré l'appui du procureur général de Provence, Gabriel de Sclafanatis consentit enfin à traiter avec celui de Dauphiné, Jean Matheron, qui se rendit à Gap au mois d'août 1513. Notre évêque reconnut le roi-dauphin pour son seigneur suzerain et lui rendit hommage; celui-ci le délia du serment qu'il avait prêté au roi-comte de Provence; lui céda les vieux droits de cosse ou de consolat perçus sur les blés et les légumes; lui laissa la haute, la moyenne et la basse justice ès villes et terres dont il était seigneur; lui permit d'avoir des juges d'appel devant lesquels seraient d'abord portées

---

[1] *Traité du 8 septembre* 1511, aux archives de la préfecture, et de l'hôtel de ville, *Livre rouge*, p. 228 et suiv. Les consuls de cette époque étaient Pierre de Montjeu, Claude Olier, avocat, et Antoine de Saint-Germain. — *Édit du 11 février* 1512, aux archives de la Préfecture, et de l'hôtel de ville, *Livre rouge*, p. 251 et suiv.

les causes en seconde instance ; mais leurs décisions pouvaient être attaquées devant le parlement de Grenoble, qui jugeait en dernier ressort. De cette manière, l'évêque obtint la main-levée de son temporel, et la paix fut rétablie entre lui et le roi-dauphin, malgré le roi-comte de Provence ou son représentant[1].

En la même année, Bernardin de Clermont, vicomte de Tallard, déserta également la bannière de Provence pour marcher sous celle du Dauphiné, et obtint les mêmes avantages que l'évêque de Gap en fait de juridiction[2].

Deux ans après, un jeune et brillant monarque, successeur de Louis XII, François Ier, partant pour l'Italie, évitait de passer par notre ville en suivant le chemin de traverse de Saint-Bonnet à La Bâtie-Neuve ; mais il ne put éviter la harangue de messire Claude Olier, devenu vi-bailli de Gap, qui le complimenta à La Rochette au nom de tous les ordres de la ville[3]. François Ier promit

---

[1] *Traité du 19 juillet 1513*, aux archives de la préfecture, et de l'hôtel de ville, *Livre rouge*, p. 288 et suiv. L'acte est reçu par Antoine Farel, notaire. Était-ce le père ou le frère de notre hérésiarque ?

[2] Chorier, *Histoire du Dauphiné*, tom. 2, liv. 15, sect. 15.

[3] Juvenis, *Mémoires inédits*.

d'entrer dans nos murs à son retour de Milan, et il tint parole.

Le bon Gabriel de Sclafanatis ne voulut pas terminer sa longue et honorable carrière sans avoir eu, crainte de prescription, quelque chose à démêler avec les habitants de sa ville épiscopale, il refusa de contribuer aux dépenses faites par les consuls pour les réparations des portes de la ville, et de fournir aux portiers d'icelles le pain et le vin dont ils avaient le plus pressant besoin. En 1525 un arrêt du parlement termina cette mince difficulté, en condamnant l'évêque[1].

Il mourut l'année suivante, chargé d'ans et d'ennuis, bien que dans le bréviaire qu'il fit imprimer en 1499, il eût ajouté à son titre de seigneur de Gap celui de *comte de Charance*, et qu'il eût mis une épée dans ses armoiries; double innovation qui a fortement remué la bile de notre chroniqueur Raymond Juvenis[2].

Nous touchons à une époque où les parties contendantes auraient dû s'unir pour faire face à l'ennemi commun qui, peu à peu et l'on ne sait comment, s'introduisait dans la ville de Gap par

---

[1] *Arrêt du parlement du 23 juin 1525. Livre rouge*, pag. 237.

[2] Artus de Lionne, *Rolle des évesques de Gap*.— Juvenis, *Mémoires inédits*.

les cinq portes débarassées depuis long-temps des potences élevées par Gaucher de Forcalquier : je veux parler de l'hérésie prêchée par Farel et par Calvin, que le successeur de Sclafanatis protégea d'abord furtivement et ensuite avec le plus grand scandale.

Gabriel de Clermont, des vicomtes de Tallard, fut pourvu du siège épiscopal en l'année 1527. Jusqu'en 1531, il vécut en bonne intelligence avec les habitants de Gap; mais à cette époque, ses officiers s'étant permis d'attenter aux privilèges de la cité, un nouveau traité devint nécessaire pour régler quelques points controversés. Le 10 octobre de ladite année, les consuls et les députés de la ville s'étant rendus à La Bâtie-Neuve où l'évêque se trouvait[1], il fut convenu, entre autres dispositions, que Gabriel de Clermont, selon la vieille coutume, ferait l'aumône aux pauvres de Gap et de sa banlieue, le dimanche et le jeudi de chaque semaine ; que ses officiers

---

[1] *Traité du 10 octobre* 1531, aux archives de l'hôtel de ville, *sac coté* C, et *Livre rouge*, p. 198 et suiv.

Parmi les députés de la ville, l'on remarque le vi-bailli Claude Olier, Jean-André de Flandria et Bernard de Cazeneufve, docteurs ès-arts et en médecine; Jacques Gautier; Georges de Saint-Marcel; et Jean Fabre, 1er consul. Ces députés souffrirent que dans cet acte Gabriel de Clermont prit le titre de comte de Charance.

ne pourraient faire emprisonner aucun citoyen qu'après information et pour des crimes capitaux, et que ni lui ni ces mêmes officiers ne pourraient imposer aucune taille aux habitants.

Ce n'était là qu'une réminiscence de la grande charte, trop oubliée de part et d'autre, et surtout par l'université de l'église cathédrale qui prétendait à l'exemption des impôts votés par la ville, en vertu des canons et des indults des souverains-pontifes; une seconde transaction du 20 même mois déclara les canons sans force et les indults sans valeur : seulement, d'après les dispositions d'une sentence arbitrale de 1477, il fut permis à deux ecclésiastiques d'assister aux assemblées de la communauté. Mais, le débat se renouvela dans la suite, car le 22 décembre 1544, une nouvelle sentence condamna l'université au paiement de sa cotisation pour les biens-fonds qu'elle possédait dans le territoire de Gap[1].

Nous voyons ensuite [1548] des inquisiteurs intenter des procès aux habitants de la contrée, qui peut-être avaient ouvert leurs oreilles aux

---

[1] *Transaction du 20 octobre 1531*, Livre rouge, p. 212 et suivantes. — *Sentence arbitrale du 22 décembre 1544*, aux arch^{ves} de l'hôtel de ville, sac coté D.

doctrines des novateurs; le roi Henri II déclarer de nouveau les citoyens de Gap sujets et vassaux du Dauphiné; les officiers du baillage être tenus par un traité de 1552, intervenu entre le roi-dauphin et nos consuls, de jurer, comme ceux de l'évêque, l'observation des libertés et des privilèges de la ville, ce qui était incontinent mis à exécution à l'égard de messires Gaspard Gautier, lieutenant particulier, et Benoît Olier, vi-bailli au siège de Gap. Dans la suite [1558] ce vi-bailli se joignait au procureur du roi pour intenter à l'évêque et aux habitants de cette ville, unis cette fois dans la défense, un grand procès relativement à certains cas royaux du ressort du baillage, que le prélat évoquait pour sa juridiction ordinaire[1].

En cette même année 1558, la ville de Gap fut comprise, malgré les traités, au rôle des tailles et autres charges ordinaires et extraordinaires de la province. Au bruit de cette insultante innovation le peuple s'émeut; le conseil général de la communauté se réunit en la maison consulaire, proteste et se pourvoit au roi contre la décision des États de Dauphiné qui soumettait la ville aux impôts. En vain a-t-on invoqué la grande charte

---

[1] Juvenis, *Mémoires inédits et Notes autographes.*—En 1542, Eynard Gautier était juge de la ville.

de 1378, la lettre de Louis XI à ses amés citoyens de Gap, le traité si explicite de 1511, et les lettres patentes de 1513, par lesquelles Louis XII, le père du peuple, avait ordonné que la ville de Gap serait rayée du rôle delphinal où elle avait été portée une première fois en ladite année, Sa Majesté passa outre, et dès-lors nous fûmes contraints de contribuer aux charges de l'État, nonobstant les remontrances du grand conseil de la communauté[1].

Deux années plus tard, des hommes du mouvement, au nombre desquels figurent deux chanoines et deux citoyens du nom de Farel, se plaignirent de l'administration des consuls et demandèrent à grands cris la réforme électorale. Au lieu de s'arranger en famille, l'affaire fut portée au parlement qui, le 1er février 1560, rédigea pour la ville une nouvelle constitution en cinquante articles : elle fut approuvée sans amendement, et tous les citoyens jurèrent de la maintenir et observer jusqu'à la fin des siècles. Par le premier article, les manants et habitants de Gap et de son territoire étaient admis à voter pour l'élection des consuls, des conseillers et des autres officiers de la communauté. Les suivants

[1] Juvenis, *Mémoires inédits*.

déterminaient l'ordre des séances, les peines encourues par les électeurs qui n'assisteraient pas aux réunions, le mode de convocation du conseil général, la manière dont les votes devaient être exprimés, le nombre des consuls et des conseillers municipaux, et enfin tout ce qui peut se rapporter au gouvernement et à l'administration de la cité. Mais dans ce règlement aucune mention n'est faite des rapports de la ville avec son seigneur évêque [1].

C'est encore en 1560 que la cour de parlement rendit un arrêt qui prescrivait aux docteurs ès-arts et en médecine Bernard de Cazeneufve, Jehan Jube et Bernard de Flandria, de guérir leurs malades à un taux plus modéré que par le passé [2]; et que les huguenots commencèrent les hostilités, en brûlant les croix et les autres signes religieux du Mont-Calvaire situé à quelques pas de la ville [3]. Telle est l'origine des longues dissensions qu'excita dans Gap, comme dans le reste de la chrétienté, la diversité des croyances.

---

[1] *Règlement politique du 15 février 1560*, aux archives de la préfecture, et de l'hôtel de ville, *Livre rouge*, p. 279 et suivantes.

VOIR LA NOTE L.

[2] *Arrêt de* 1560, aux archives de l'hôtel de ville, *coffre coté* A.

[3] Juvenis, *Mémoires inédits*. Samedi 20 juin 1560.

Dès le commencement de l'année suivante, un grand nombre d'habitants refusèrent de payer un impôt voté pour solder les dettes de la ville. Les poursuites amenèrent une émeute, et les consuls eurent la faiblesse de recourir de nouveau au parlement, bien que par les traités et la dernière constitution municipale, il n'eût point à s'occuper des charges locales. Par son arrêt du 30 juillet, la respectable compagnie sanctionna l'impôt extraordinaire voté par les représentants de la ville, et, sous ce rapport, tout rentra dans l'ordre [1].

Le 1er février, la ville et son seigneur, d'accord pour la dernière fois, transigeaient sur la propriété des fours banaux, et Gabriel de Clermont consentait à les rendre aux légitimes propriétaires [2]. Ainsi nous parvenons à cette époque d'exaltation, de fureur et de prosélytisme qui n'eut pour terme que la lassitude des partis et la tolérance religieuse de l'un de nos plus grands monarques.

Depuis bien des années la voix de Luther avait remué l'Europe; le grand édifice social élevé par le catholicisme était attaqué par sa base; le libre

---

[1] *Arrêt du 31 juillet* 1561, aux archives de la préfecture.
[2] *Transaction du 1er février* 1561, aux archives de la préfecture.

examen cherchait à s'élever sur les ruines de l'autorité ; l'époque critique sous laquelle nous nous débattons encore avait commencé, lorsque parut dans les lieux qui l'avaient vu naître, deux jours après l'immense désastre causé dans la ville et dans la campagne par le déluge de Sainte-Marthe[1], le plus fougueux des novateurs, le plus violent des iconoclastes, celui qui *infatigable de corps, ardent d'esprit, intrépide de cœur et doué d'une volonté indomptable*, avait déjà consommé la révolution religieuse et politique dans la Suisse française et dans la ville de Genève, où il avait contraint le célèbre Calvin de se fixer : c'était Guillaume Farel ! Il fit d'abord retentir sa voix stridente dans le moulin de Burle situé près de la ville, sur le torrent de Bonne, le 31 juillet 1561, et continua pendant quelque temps de vociférer contre les *papolâtres* et les *théophages* de la cité, (ainsi désignait-il les

---

[1] « J'ai vu dans les registres de Mathieu Amat, notaire à Lazer, que le 29 juillet, jour de sainte Marthe, de l'an 1561, entre 5 à 6 heures après midi, il estoit entré une si grande quantité d'eau par une des portes de la ville, appelée Lignole, par le débordement de la rivière de Bonne, que toute la ville en avait presque été inondée, particulièrement la grande rue de ce quartier qui resta remplie de sable, de mesme que les maisons, caves, boutiques et écuries voisines ; ce qui fut un présage des maux que cette ville souffrit bientost après par la rage des hérétiques ». (Juvenis, *Mémoires inédits.*)

catholiques), malgré les murmures des principaux habitants, et les pierres que les enfants lançaient chaque jour sur le toit du moulin. Des menaces furent proférées par les Farélistes, et ils osèrent même s'emparer de la maison d'école le 8 octobre suivant. Alors une assemblée convoquée par le vi-bailli devant le vicaire de l'évêque, protesta et résolut de porter ses plaintes au parlement si les réunions des novateurs continuaient d'avoir lieu. On signala en même temps dans l'assemblée catholique une espèce de fête des fous que les chanoines célébraient indécemment dans les rues, sur les places publiques et dans le sein des églises, depuis la veille de Noël jusqu'aux Rois. Cette fête qui sans doute avait excité les sarcasmes de Farel et contribué au succès de ses prédications dans la ville plus que ses innovations sur le dogme, fut dans la suite interdite par un arrêt du parlement. Mais notre entraînant réformateur, bravant les plaintes et les menaces de la majorité des habitants, aussi intrépide qu'il l'avait été à Genève dans les plus graves circonstances, porta l'audace jusqu'à prêcher publiquement dans l'église de Sainte-Colombe d'où il avait chassé les catholiques. Cependant il fut arrêté par le vi-bailli, à qui la ville prêta main-forte d'après les ordres de La Motte-Gondrin, lieutenant-général de la province en l'absence du duc de Guise[1].

La détention de Guillaume Farel ne fut pas de longue durée. La prison où il était enfermé donnait sur les murailles de la ville : ses partisans parvinrent à l'en tirer en le faisant placer dans une corbeille qui glissa le long d'une corde attachée à la fenêtre et fixée en dehors des remparts. Peu de temps après, le lieutenant général est tué à Valence et son corps est pendu aux fenêtres de son hôtel ; les protestants du Dauphiné s'emparent des principales villes de la province et se rendent maîtres de Gap le 1er mai 1562. Farel rentre alors dans la ville, chante de sa voix rauque le triomphe des huguenots, insulte par des imprécations ridicules et sacrilèges le vi-bailli mourant des suites d'une blessure, acquiert une grande créance parmi le peuple, et l'évêque lui-même, l'évêque de Gap, le premier et l'unique renégat que le diocèse ait eu à rejeter de son sein, se rend en habits pontificaux au prêche de Sainte-Colombe et y consomme son apostasie!— Cependant les Calvinistes abandonnent la ville le

---

[1] Mignet, *Mémoire sur la réforme de Genève*, p. 9.—Juvenis, *Mémoires inédits*. Cet auteur rapporte textuellement la lettre adressée aux consuls de Gap par La Motte-Gondrin, le 24 novembre 1561.

2 septembre ; Gabriel de Clermont la quitte également et n'ose plus y reparaître, et Farel s'en retourne à Neufchâtel où il trépasse le 13 septembre 1565 [1].

[1563] Le jeune François de Bonne, sieur des Diguières, commençait à faire parler de lui dans le Dauphiné, lorsque Antoine Rambaud de Gap, plus connu sous le nom de Furmeyer, à la tête de quatre cents huguenots bannis comme lui de cette ville, se rendit maître du bourg de Romette alors entouré de remparts, en usant d'un grossier stratagème [2]. Le commandant de la place, retiré dans le clocher du couvent, sonna toutes les cloches, et avertit ainsi les habitants de la ville

---

[1] Juvenis, *Mémoires inédits*. Ce chroniqueur et le *Livre des Annales des Capucins* sont les seuls, à ma connaissance, qui aient parlé des prédications de Farel dans sa ville natale. Il n'y a aucun doute que ce précurseur de Calvin ne soit né en 1494 dans le sein même de la cité, ou au hameau des Farreaux, qui en tout temps a fait partie de la communauté de Gap.

L'église de Sainte-Colombe était située près de la porte de ce nom ; elle resta au pouvoir des protestants jusqu'à la révocation de l'édit de Nantes ; alors, elle fut cédée au bailliage. Aujourd'hui, c'est une maison élégante et confortable appartenant à M. Élisée Roubaud, maire de Gap.

[2] Furmeyer, feignant d'avoir été envoyé par Chaudan, lieutenant de Laborel, gouverneur de Gap, s'approcha des habitants de Romette et les avertit que l'ennemi n'était pas éloigné. Tandis qu'il leur parlait, ses soldats se saisirent des armes déposées au corps de garde établi près de la porte, tuèrent quelques-uns de ceux qui la défendaient, et mirent les autres en fuite.

voisine de venir à son secours. Les jeunes catholiques de Gap se lèvent, courent à Romette et enveloppent Furmeyer qui était sorti de ce bourg. C'en était fait de ce capitaine et des traîtres qui se battaient contre leur ville natale, si quinze gentilshommes bardés de fer, au nombre desquels se trouvait Lesdiguières, n'étaient inopinément venus à son secours. Deux jours après, la milice gapençaise commandée par ce Cadet de Charance qui depuis..... mais alors il était catholique fervent, la milice gapençaise, dis-je, revint à la charge, se battit vaillamment, fut vaincue, et Romette resta au pouvoir des huguenots jusqu'à l'exécution de l'édit d'Amboise[1].

Tel est le commencement de la lutte qui s'engagea entre les catholiques de Gap et les protestants de la contrée et dans laquelle le panégiriste de Lesdiguières nous fait presque toujours succomber. Cependant la vive résistance de nos ancêtres lui arrache un aveu que je ne saurais omettre dans cette notice : « Il n'y avait point de « ville qui lui résistât avec plus de vigueur que « faisoit celle-là, et c'estoit une pierre d'achop- « pement à la pluspart de ses entreprises[2] ».

[1] Videl, *Histoire du connétable de Lesdiguières*, liv. 1, chap. 5.— De Thou, liv. 29.
[2] Videl, *ibid.* Liv. 3, ch. 5.

L'édit d'Amboise du mois de mars 1563, qui sans doute ne fut connu dans le Gapençais que postérieurement à la prise de Romette, rendit pour peu de temps la paix à nos contrées. Des commissaires envoyés à Gap par le maréchal de Vieille-Ville, parvinrent à faire signer aux deux partis, le 16 septembre, une espèce de transaction qui, tant bien que mal, fut observée de part et d'autre jusqu'au mois d'avril de l'année suivante, époque à laquelle un nouveau règlement vint apporter des changements notables à la loi municipale de 1560 ; car les protestants, malgré leur faible minorité, obtinrent le droit de siéger au conseil et à l'administration de la ville en nombre égal à celui des catholiques. A cet effet, le pouvoir exécutif fut confié à quatre consuls ; mais le nombre des conseillers municipaux resta fixé à 24, non compris les deux ecclésiastiques qui avaient le droit de siéger au conseil [1].

---

[1] *Règlement du 23 avril* 1564, aux archives de la préfecture, et de l'hôtel de ville, *Livre rouge*, p. 295.—Il est dit dans ce règlement que le nombre des catholiques pouvait être de six à sept mille, et celui des protestants de deux ou trois cents seulement. La copie des archives de la préfecture comme le Livre rouge de l'hôtel de ville sont d'accord sur ces nombres. L'un et l'autre ne renfermeraient-ils pas une erreur, et au lieu de deux ou trois cents protestants, ne faudrait-il pas lire deux ou trois mille? On pourrait dire alors qu'en 1564, la population de Gap s'élevait à dix mille âmes environ.

Malgré la paix d'Amboise et le règlement politique que je viens de citer, le capitaine Furmeyer fut mis à mort, et sa maison rasée jusqu'en ses fondements, dans le courant de l'année suivante ; et de plus, s'il faut en croire Chorier, la peste vint se joindre aux horreurs de la guerre civile[1]. De son côté, Lesdiguières qui s'était emparé du commandement dans le Champsaur, faisait rendre la justice en son nom et en celui d'Albert de Champoléon, s'emparait des biens d'église situés dans cette contrée, et n'avait garde d'oublier les quatre châteaux épiscopaux de la Fare, de Poligni, du Noyer et même du Glaizil, sous la dépendance duquel se trouvait sa terre des Diguières, sujette à hommage envers l'évêque de Gap[2].

Ainsi s'élevait peu à peu la fortune du petit gentillâtre de Saint-Bonnet, qui venait d'épouser Claudine de Bérenger.

Lesdiguières avait invité plusieurs amis à venir célébrer la fête de son mariage, sans y convier les jeunes gens de Gap; ceux-ci prennent la résolution

---

[1] Chorier, *Histoire du Dauphiné*, liv. 18, sect, 9 et 10.

[2] Juvenis, *Mémoires inédits.*—*Hommage rendu à l'évêque de Gap, en 1542, par Jean de Bonne, père du connétable*, cité par Artus de Lionne.

de troubler la fête. Ils partent de nuit au nombre de deux cents et arrivent sans encombre jusques aux confins de la communauté. Le rusé gentilhomme qui avait eu vent de leur entreprise et s'était embusqué dans les taillis qui bordent le torrent de Laye, tombe sur nos jeunes gens, en défait une grande partie, éparpille le reste, enlève le butin qu'ils avaient fait en venant, et rentre à Saint-Bonnet en se félicitant de son heureuse *courvée*[1].

La paix jurée à Moulins au commencement de 1566 fut sans doute observée dans nos montagnes puisque, en cette année, rien n'annonce qu'elle y ait été troublée; mais au mois de novembre de l'année suivante, Gordes, lieutenant général de la province, ayant ordonné aux catholiques de porter une croix blanche sur leurs habits pour se distinguer des huguenots, ceux-ci, en vrais disciples de Farel, tombèrent sur les *croisés* en criant *à bas les idolâtres!* et malgré Vinay envoyé à Gap pour y commander, les troubles prirent une telle intensité dans cette ville que le vi-bailli fut obligé de se retirer à Serres où le siège de sa juridiction fut momentanément rétabli[2].

---

[1] Videl, *Histoire du connétable de Lesdiguières*, Liv. 1, ch. 6.
[2] Chorier, *Histoire du Dauphiné*, liv. 18, sect. 18 et 19.

Si notre conscience l'avait permis, nous aurions passé sous silence, pour l'honneur de notre cité, un événement à jamais déplorable, auquel nous refuserions d'ajouter foi si Videl l'avait rapporté, mais qui malheureusement est attesté par un historien que nous devons croire impartial : c'est la prise de Gap par les huguenots de Tallard !

Les magistrats de cette dernière ville avaient chassé de leurs maisons les habitants qui, infidèles à saint Grégoire d'Amnice, leur patron, avaient embrassé la doctrine de Farel et de Calvin. Ces bannis, après avoir erré long-temps dans le diocèse, se joignirent à quelques protestants provençaux qui s'y étaient retirés, et au bruit des troubles suscités par le prince de Condé en 1568, ils se présentèrent en bataille devant la ville de Gap, la forcèrent, et sans pitié ni miséricorde, nos implacables voisins égorgèrent près de cent catholiques qu'ils trouvèrent en armes sous l'enclos des murailles. Cependant, le 10 novembre, après s'être emparés *des biens, fruits et meubles, et avoir laissé les maisons toutes vides et si mal pourvues qu'il n'y en avait aucune de logeable,* ils quittèrent la ville et se retirèrent du côté de Veynes. Gorges, qui venait au secours des habitants de Gap avec sept compagnies, fut prié de s'en retourner pour ne pas augmenter leur misère; les consuls écrivirent à messire Etienne d'Estienne, chanoine d'Aix et nommé par le roi à l'évêché de Gap, pour l'inviter à se rendre dans cette ville; ce bon chanoine ne vint pas et leur fit espérer le secours tardif du comte de Tende, gouverneur de Provence; cependant Rosset, nouveau gouverneur de la ville, put y rétablir dans leurs charges les anciens officiers, en vertu d'un arrêt du parlement[1].

L'année suivante se passa en nouveaux préparatifs de guerre et en pourparlers entre le gouverneur de la ville, qui voulait permettre aux huguenots bannis d'y rentrer, et les consuls Benoît de Flandria et Raymond Juvenis (1er du nom), qui les repoussaient de toutes leurs forces, dans la crainte qu'ils n'y dominassent de nouveau. Toutefois, ces bannis étaient rentrés dans leurs foyers en 1570; mais le peuple de Gap, *toujours fier et turbulent*[2], ne laissa pas s'écouler l'année

---

[1] Juvenis, *Mémoires inédits et Notes autographes.* — Pour la prise de Gap par les huguenots de Tallard, cet auteur s'appuie sur l'*Histoire des troubles depuis 1563*, liv. 4. — Quant à la rivalité qui a toujours existé entre Gap et Tallard, voir le charmant poëme de *La Tallardiade*, par M. Faure, de Chabottes Gap;—1818 et 1839. Il est dédié à M. le baron de Ladoucette, ancien Préfet des Hautes-Alpes.

[2] Expression de Chorier, *ibid.* tom. 2, liv. 20, sect. 6.

1571 sans exciter des troubles et se livrer à des excès que les cruautés commises dans la dernière guerre ne sauraient justifier. Des querelles particulières, on en vint à une sédition ouverte; les catholiques attaquèrent les huguenots dans leurs maisons, en égorgèrent plusieurs et chassèrent le reste. Le gouverneur de la province, qui se rendit à Gap quelque temps après, punit les catholiques exaltés qui avaient renversé la maison du capitaine Furmeyer, et parvint à calmer quelque peu les esprits; *mais il eut beau faire*, ajoute l'historien du Dauphiné, *le désordre était au comble*[1].

Hélas! il ne dut pas cesser l'année suivante lorsque l'affreux massacre de la Saint-Barthélemy fut connu dans notre ville! J'aime à croire cependant qu'il n'y trouva aucun apologiste, qu'il n'y fut invoqué aucune de ces maximes à l'usage de toutes les tyrannies, qui justifient les crimes par la *nécessité*, et que l'horreur dont furent saisis les protestants fut partagée par les catholiques. A cette époque, la ville de Gap n'eut à déplorer aucun excès; mais on y prit les armes, comme dans tout le royaume, dès le commencement de 1573.

[1] Chorier, *Histoire du Dauphiné*, tom. 2, liv. 19 et 20, sect. 6, 19 et 20.

Étienne d'Estienne, nommé à l'évêché de Gap après la fuite de Gabriel de Clermont, ne put jamais obtenir l'institution canonique; il s'était pourtant rendu à Gap en 1569, et y avait reçu tant d'affronts de la part des hérétiques qu'il avait été obligé de s'en retourner à Aix, où, comme je l'ai déjà dit, il occupait une des stalles de l'église cathédrale[1]. Pierre Paparin de Chaumont qui venait de quitter le casque pour la mitre, de déposer la lance pour s'armer du bâton pastoral, fut plus heureux dans ses démarches que ne l'avait été Étienne d'Estienne. Après avoir obtenu, au moyen d'une pension, le désistement de l'évêque apostat[2], il arriva dans le diocèse vers la Toussaint de l'année 1572. Jamais prélat n'y subit tant d'outrages et d'humiliations que Paparin, même de la part de ses

---

[1] Juvenis, *Mémoires inédits.*

[2] *Traité du 11 novembre 1571, entre Gabriel de Clermont et Paparin de Chaumont;* Ms. aux archives de la préfecture.

Cet acte n'était pas connu de nos chroniqueurs, bien que Rochas eut ouï dire que Clermont avait vendu son évêché moyennant une pension viagère. Paparin en fit l'acquisition au prix de deux mille livres tournois payables chaque année en deux termes. Dans la suite un différend s'élève entre les deux contractants, car Paparin qui avait perdu 25 mille livres de revenu aux guerres de religion, ne voulait plus servir la pension stipulée et en demandait la diminution. C'est dans les dossiers de ce procès que j'ai trouvé une expédition du contrat en bonne et due forme.

co-religionaires. Il est facile d'en entrevoir la cause dans les plaintes qu'il adressa aux divers pouvoirs de cette époque et qui sont écrites du ton mâle et fier de l'homme de guerre, plutôt qu'avec l'onction et la charité du pasteur des hommes, ainsi que dans les mémoires non moins acerbes de ses antagonistes. La guerre étant allumée dans le diocèse au moment de son arrivée, il s'établit d'abord dans son château de La Bâtie-Neuve, et ne fit son entrée dans la ville épiscopale que le 15 décembre, après avoir juré d'en observer les libertés et les franchises[1].

Malgré la vigilance de ce prélat, les huguenots s'emparèrent du château d'Avançon. Aussitôt il en informa le lieutenant général du Dauphiné, qui lui conseilla d'établir une forte garnison dans son château et sa *ville* de La Bâtie-Neuve, afin d'empêcher les entreprises de l'ennemi sur cette place. C'est ce que fit notre évêque, et jusqu'au printemps de 1573, les succès et les revers furent à peu près balancés de part et d'autre[2].

En cette année mémorable, les catholiques de

---

[1] *Mémoires manuscrits de Paparin de Chaumont*, aux archives de la préfecture.—Juvenis, *Notes autographes*, p. 13.

[2] *Mémoires de Paparin de Chaumont*, ibid.

Gap parcouraient le Champsaur sans trop d'obstacles ; ils allaient même jusque dans Saint-Bonnet, alors la Genève des Hautes-Alpes, et y faisaient toujours quelques prisonniers. Lesdiguières l'apprend au retour de sa brillante expédition de Freissinières ; soudain, il envoie le capitaine Anthoine d'Embrun, commandant à la tour de Laye, se saisir de notre bétail qui paissait paisiblement à l'entour de la ville. Nous n'étions pas gens à laisser impunie une telle insolence. La brillante jeunesse de Gap, commandée par Étienne Comte et le chanoine Lapalu, s'arme et court après le ravisseur qui fuyait du côté de Lara : tout promet une vengeance éclatante ; nos jeunes gens, bouillants d'ardeur et de courage, sont sur le point d'atteindre le capitaine Anthoine, de l'écraser et de ramener en triomphe les moutons dans leurs étables, quand tout-à-coup, Lesdiguières qui se trouvait sur ce point avec le chevalier La Croix de Tallard, marche à leur rencontre et s'écrie, d'après son fade historien : *Messieurs de Gap, n'attendes plus vos gens ; ils sont à nous.* Bastien, un de ses capitaines, s'avance derrière un coteau qui le protège, et cherche à tourner les gapençais : ceux-ci voient le danger, s'arrêtent, font une courte oraison, reçoivent la bénédiction du valeureux chanoine, et fondent sur l'ennemi. Hélas ! le ciel, resté sourd à leur prière, ne seconde pas de si nobles efforts! L'homme le plus robuste de ce temps, le Suisse avait désarçonné La Croix d'un coup de sa pique redoutable; mais le chevalier de Tallard, se relevant promptement, le terrasse à son tour et finit par lui ôter la vie. Sur un autre point, Lapalu et Étienne Comte avaient succombé sous la lance de Lesdiguières ou de ses hommes d'armes! Toutefois, pas de déroute : tous combattent vaillamment jusqu'à la mort, et leur sang précieux se mêle aux eaux limpides du Buzon, ruisseau vers lequel ils s'étaient repliés, et où finit le combat faute de combattants du côté des catholiques de Gap....! Le véridique Videl ose assurer que les huguenots ne perdirent qu'un seul homme dans cette fatale rencontre.....

C'était le jour de la Pentecôte de l'année 1573 que les jeunes gapençais, vêtus de neuf, ayant le pourpoint blanc et le haut-de-chausses rouge, moururent pour la défense de leur religion et de leurs libertés municipales[1].

Dans le courant de l'année suivante, Laborel, gouverneur de Gap, à la tête de 1,500 hommes,

---

[1] Videl, *Histoire du connétable de Lesdiguières*, liv. 1, ch. 9.

alla au secours de la ville de Serres assiégée par Montbrun et défendue par les nobles capitaines Beauregard et Cadet de Charance ; il fut défait dans cette même plaine de *Mons-Seleucus*, où douze siècles auparavant avait succombé l'usurpateur Magnence. Bientôt après les assiégés furent contraints de se rendre, et Lesdiguières s'empara, en s'en retournant, du château de la Roche-des-Arnauds. Cette prise importante termina la malheureuse campagne de 1574 dans les environs de Gap[1].

Cependant vers la Saint-Jean, l'évêque, sur les instances de nos consuls, ayant quitté son château de La Bâtie-Neuve, se rendit à Gap où il trouva installé Balthasar de Combourcier, sieur du Monestier, nouveau gouverneur de la ville et des montagnes, avec lequel il ne put jamais s'entendre. Paparin qui l'accusait de favoriser les hérétiques, était soutenu par les consuls et les habitants de la ville; mais les officiers royaux et surtout le vi-bailli avaient embrassé le parti du gouverneur. Or, le jour de saint Luc (18 octobre), le prélat est accablé d'injures *dans la dicte ville de Gap, et il lui est tiré proditoirement un coup de pistolet qui luy donne près la*

---

[1] Videl, *Histoire du connétable de Lesdiguières*, liv. 1, ch. 9.

joincture du genoul, pensant bien tirer en un aultre endroit[1]. Paparin, dans les plaintes qu'il porta de cet attentat, en accusa non seulement le vi-bailli Benoît Olier, mais encore Étienne de Bonne, sieur d'Auriac, qui, quelques années plus tard, défendit si brutalement le château de Tallard contre les entreprises de son cousin François de Bonne ; il en accusa enfin le gouverneur de la ville, bien qu'il se trouvât à Lyon au moment où le coup de pistolet fut tiré par un assassin subalterne. Celui-ci fut arrêté avec quelques autres personnes, et renfermé dans les prisons de Gap ; mais, à son retour de Lyon, Balthasar de Combourcier embrassa cette querelle ; les prisons furent violées et forcées la nuit par ses gens ; les assassins en furent tirés, et bientôt après l'évêque encore souffrant de sa blessure se retira en Provence, moins exaspéré contre ses assassins que d'avoir vu le gouverneur s'emparer, au nom du roi, de son château de la Bâtie-Neuve, en chasser les hommes de guerre qu'il y avait établis[2], et

---

[1] *Mémoires Ms. de Paparin de Chaumont*, aux archives de la préfecture.

[2] Selon Balthazar de Combourcier, dans un de ses mémoires, ces hommes de guerre *étoient non pas des soldats, mais des voleurs et violateurs de femmes et de filles*.

laisser les protestants s'en rendre maîtres; et pourtant *si ledict sieur évesque eut esté dedans avec ses gens et douze de ses amys, ils n'y feussent jamais entrés qu'il ne leur eust cousté la moitié de leur armée*[1].

Ce qui dut blesser les susceptibilités des citoyens de Gap autant que celles de l'évêque, ce fut de voir, au mois de mai 1576, époque de l'élection annuelle des consuls et des conseillers, le gouverneur et le vi-bailli se rendre en armes au sein de l'assemblée électorale pour intimider le peuple et faire nommer des officiers municipaux à leur convenance. Ainsi, pour la première fois depuis l'existence de la république municipale, fut violée la liberté des votes, et cela, ajoute Paparin de Chaumont, dans le but de l'empêcher de revenir dans sa ville épiscopale[2].

Il s'y trouvait pourtant dans la fatale nuit du 2 au 3 janvier de l'année suivante [1577] où Lesdiguières, trop bien servi par Cadet de Charance

---

[1] *Pièces du procès intenté par Paparin de Chaumont contre Balthazar de Combourcier, sieur du Monestier, Étienne de Bonne, sieur d'Aurtac, et Benoît Oller, vi-bailli de Gap*, aux archives de la préfecture.

[2] *Mémoire adressé au roi par l'évêque*, sans date. Il y est dit que le gouverneur fit élire *ung sien compère et ung aultre qu'est créature dudict vibaillif*. Ms. aux arch. de la préfecture.

qui s'était voué à sa fortune après avoir renié son Dieu et abandonné sa ville natale, parvenait à pénétrer furtivement dans Gap par la porte Saint-Arey, tandis qu'une partie de ses gens s'y introduisait par l'auberge des Trois-Rois. Aux cris des huguenots, *tue! tue!* Paparin de Chaumont revêt à la hâte l'ancienne armure qu'il portait à Montcontour, sort de la maison épiscopale à la tête de ses gens, combat dans les rues, et ne pouvant résister au grand nombre de huguenots qui fondent sur lui de toutes parts, il se retire à la porte Colombe où il élève une barricade. Les habitants effrayés sont bientôt debout : les uns restent dans leurs maisons et se cachent dans leurs caves, les autres prennent leurs piques et leurs hallebardes et à demi-vêtus cherchent à seconder et à secourir leur pontife ; quelques traîtres passent à l'ennemi, la maison épiscopale et celles des ecclésiastiques sont bientôt forcées et pillées, les chanoines qui n'avaient pas eu le temps d'en sortir sont faits prisonniers ; des combats partiels sont livrés en plusieurs endroits de la ville et les catholiques sont vaincus. Alors Lesdiguières se dirige vers la porte Colombe où Paparin faisait une noble résistance ; l'assaut est livré à la barricade, et le héros de la Rochelle et de Montcontour, le noble Paparin de Chaumont, ne met bas les armes qu'après avoir vu quelques chanoines tomber à ses côtés, et avoir reçu lui-même une blessure dangereuse de la main de Lesdiguières ! Le vainqueur lui permet de se retirer à Jarjayes, village à deux lieues de Gap, que l'évêque quitte bientôt pour se rendre à Sisteron. De cette ville, il porte ses plaintes au lieutenant-général de Forcalquier sur la trahison des mauvais catholiques qui avaient livré la ville aux huguenots. Une information faite devant le juge de Sisteron reste sans résultat en ce temps de trouble et de désordre, et le malheureux Paparin, ne trouvant aucun refuge dans la partie de son diocèse située en Dauphiné, se retire à la Baume-lès-Sisteron qui devient, durant plusieurs années, le siège de l'évêché de Gap ; ainsi le seigneur suzerain de douze châteaux épiscopaux se voit réduit pour tout revenu aux dîmes de cette chétive paroisse [1].

[1] *Mémoires de Paparin de Chaumont*, aux archives de la préfecture; entre autres celui qui a pour titre : *Faicts et briefs intendus véritables proposés pour estre sur iceulx informé, suivant la commission taxée par M. le lieutenant général au siège de Forcalquier, sur l'obcidion, trahison, violances, mulctes, saccagements perpétrés à la ville de Gap, contre les coupables, leurs associés, alliés et adhérens.* Signé P. évesque de Gap.

Les événements qui ont précédé et suivi la surprise de Gap par Lesdiguières au mois de janvier 1577, et qui sont confirmés par l'enquête qui eut lieu à Sisteron, ne s'accordent nullement avec le récit de Videl que je me suis bien gardé de suivre en cette circonstance.

Cependant les huguenots, maîtres de la ville de Gap veuve d'un grand nombre de ses habitants qui avaient suivi leur évêque, les huguenots qui déjà avaient réduit en cendres la plupart des châteaux épiscopaux situés dans le diocèse, se livrèrent dans cette ville aux plus honteux excès, et détruisirent tous les monuments que nous avait légués la puissance romaine ou qui avaient été élevés par la piété de nos ancêtres. Ainsi furent ruinés de fond en comble la maison épiscopale et celle du chapitre, les couvents de Saint-Dominique, de Saint-François, de Saint-Antoine, de Saint-André, de Saint-Arey, la commanderie de Saint-Jean-de-Jérusalem et, ce qui est à jamais regrettable, cette superbe cathédrale d'ordre gothique, et ce temple romain *d'une structure merveilleuse* devenu l'église paroissiale de Saint-Jean-le-Rond, sur la perte desquels notre savant Raymond Juvenis a fait entendre ses tristes lamentations[1] !

Lesdiguières régna pendant trois ans sur ces décombres et sur tout le Gapençais, à l'exception de la ville et du château de Tallard où commandait cet Étienne de Bonne, seigneur d'Auriac,

---

[1] *Documents Ms.* aux archives de la préfecture.
Voir la note H.

signalé bien des fois comme mauvais catholique par l'évêque Paparin. C'est durant cette période que fut commis un de ces actes de cruauté trop communs dans les temps d'anarchie et d'exaltation religieuse ou politique, que la nécessité la plus impérieuse ne saurait jamais justifier; je veux parler du guet-apens du château de Tallard, de l'affaire de la muscadelière, lorsque les soldats de Lesdiguières furent inhumainement égorgés à mesure qu'ils pénétraient dans le château où, d'après l'assurance de deux citoyens de Gap qui s'y étaient réfugiés, ils croyaient trouver des traîtres prêts à les seconder[1].

Malgré la paix de Poitiers qui assurait aux protestants l'exercice de leur culte et approuvait leurs prises d'armes, les habitants de Gap, sortis de la ville en 1577, ne purent rentrer dans leurs foyers, et Lesdiguières, proclamé chef des gentilshommes du Bas-Dauphiné par le prince de Condé qui s'était rendu à Gap en la même année, continua de guerroyer contre son cousin d'Auriac, et chercha à se venger du cruel affront que celui-ci lui avait fait subir à Tallard. Après divers combats le *Pompée* de la Rochette

---

[1] Videl, *Histoire du connétable de Lesdiguières*, liv. 3, ch. 7.

tomba au pouvoir du *César* de Saint-Bonnet[1]; mais la paix de Nérac lui fit recouvrer sa liberté, et fit changer de face à toutes choses.

Néanmoins ce fut pour peu de temps, puisque en 1580 les hostilités étaient reprises en Dauphiné. Le duc de Mayenne qui s'y était rendu avec une puissante armée, put secourir Tallard bloqué par Lesdiguières, et l'année suivante, imposer la paix aux protestants du Dauphiné[2].

Pendant ce temps, l'évêque toujours domicilié à la Baume demandait aux états de la province le libre exercice du culte catholique dans le sein de sa ville épiscopale; il rédigeait de superbes statuts synodaux où la louange n'était épargnée ni à la reine-mère, *estant telle qu'elle n'est pas seulement digne de commander en tout grand et ample royaume, mais en toute la terre*, ni à son fils Henri III°, *qui est prince magnanime, vertueux, dévot et plein de piété et bon zèle en la religion catholique, comme nous l'avons veu estant auprez de sa Majesté dès sa jeunesse;* il formulait des plaintes contre les mauvais catholiques de Gap,

---

[1] Videl dit quelque part, en opposant Étienne de Bonne à Lesdiguières, *le Pompée de cet autre César*.

[2] Videl, *Hist. du connétable de Lesdiguières*, liv. 2, ch. 3.

et obtenait du grand-prieur de France la permission de contraindre les personnes qui s'étaient saisies de ses revenus à les lui restituer ; mais le spoliateur Lesdiguières à qui la paix de Mayenne avait assuré les places de Nyons et de Sevres, ne s'émut guère, je pense, des ordonnances de M. le grand-prieur. Au mois d'octobre 1581, notre évêque rentrait dans Gap, à la suite du prince lorrain, avec les habitants qui en avaient été expulsés quatre ans auparavant ; il bénissait le duc de Mayenne qui le délivrait de la tyrannie du *renard des montagnes*, et qui, par l'entremise de Saint-Jullin, nouveau gouverneur de Gap, faisait détruire le fort que Lesdiguières avait élevé sur Puy-Maure ; et ensuite le prince partait pour Grenoble après avoir été éloquemment harangué par les consuls de la ville de Tallard. A peine avait-il quitté nos contrées que les huguenots s'emparaient de nouveau des revenus de l'évêché, et qu'ils formaient le dessein d'enlever notre évêque. Il parvint cependant à se soustraire à leurs embûches en s'évadant la nuit par l'aqueduc de Porte-Colombe [1].

---

[1] *Remontrance aux trois estats à Grenoble*, Ms. aux archives de la préfecture. — *Statuts synodaux du 7 mai 1579*, Ms. ibid. — *Requeste*

Au mois de février de l'année suivante, les catholiques de Gap résolurent de chasser à leur tour les protestants de leurs maisons, et peut-être eût-on vu dans cette ville une parodie de la Saint-Barthélemy, si Crussilieu qui y commandait en l'absence du gouverneur, n'eût déjoué ce complot[1].

L'évêque, retiré de nouveau à la Baume-lès-Sisteron, y dressait des remontrances pour justifier le retard qu'il apportait au paiement des décimes imposés au clergé de son diocèse; il entamait contre la ville de Gap un procès qui devait avoir une durée de quarante ans; il subissait la dernière des humiliations en se voyant condamné à reconnaître l'ancien gouverneur Balthazar de Combourcier, *le plus mauvais des mauvais catholiques*, pour chevalier d'honneur et sans reproche; il convoquait ensuite à la Baume une assemblée du clergé pour délibérer sur les décimes, et dans la délibération, il usurpait le titre de *comte de Gap* qu'alors, moins que

---

de *l'évesque de Gap au grand-prieur de France*, Ms. *ibid.*—Chorier, *Histoire du Dauphiné*, tom. 2, liv. 20, sect. 5.— *Livre des annales des Capucins de Gap*, p. 58.—Videl, *Histoire de Lesdiguières*, liv. 2, ch. 4.

[1] Chorier, *Histoire du Dauphiné*, tom. 2, liv. 20, sect. 6.

jamais, nos magistrats municipaux étaient disposés à reconnaître, et contre lequel a fulminé notre docte et pieux Juvenis[1].

En l'année 1584, tandis que trois gentilshommes de Gap, qui, comme beaucoup d'autres, *aboyaient* peut-être après les richesses du clergé, Lavillette-Saint-Germain, Beauregard et Cadet de Charance combattaient pour la réforme; la ville et son évêque écrivaient mémoires sur mémoires pour défendre sur le procès énormissime dont je viens de parler, ou pour en soutenir les conclusions.—En 1585, Gap se déclara pour la ligue et les hostilités furent reprises et suivies avec acharnement dans les Hautes-Alpes. — L'année suivante, Lesdiguières soumit l'Embrunais et le Briançonnais; et la ville de Gap, plus que jamais prononcée pour *la sainte union catholique*, eut pour gouverneur le fameux Bonne d'Auriac,

---

[1] *Requeste au parlement*, présentée par l'évêque le 14 juillet 1582.— *Exploit notifié à la ville de Gap le 30 du même mois*.— *Déclaration de Paparin de Chaumont en faveur de Balthazar de Combourcier, sieur du Monestier*, du 28 avril 1583.— *Procès-verbal de l'assemblée du clergé réunie à la Baume le 31 août 1583*. MMss. aux archives de la préfecture.

L'acte du 31 août 1583 est le premier où un évêque de Gap ait osé prendre le titre de comte de cette ville. Dans les ordonnances synodales de 1579, Paparin s'était borné à se dire *comte de Charance*.

remplacé ensuite par Tajan, cousin de Lavalette, lieutenant-général de Provence. Celui-ci vint l'installer, après avoir tenté vainement de forcer le pont de Brion défendu par Cadet de Charance[1].

Nous touchons au moment où nos ancêtres eurent à subir les plus rudes épreuves. Lesdiguières, vainqueur de toutes parts, cherchait depuis long-temps un moyen d'imposer à la ville de Gap un joug qu'il lui fût impossible de briser: il le trouva en reconstruisant la forteresse de Puy-Maure qui la domine vers le nord-ouest. Les travaux, commencés au printemps de l'année 1588, furent terminés en dix jours, malgré les fréquentes sorties des habitants et les escarmouches journalières qui commençaient dès l'aurore et ne finissaient qu'au crépuscule. — Saint-Jullin que nous voyons de rechef gouverneur de la ville, se trouvait alors en Provence. Informé de ce qui se passe, il s'empresse d'accourir. Attaqué à Curban par Lesdiguières et repoussé jusqu'à Claret, il implore le secours de Lavalette qui aussitôt se met en route avec plusieurs compagnies de gens-d'armes, et tous parviennent à s'introduire dans Gap. Les habitants

---

[1] Videl, *Histoire du connétable de Lesdiguières*, liv. 2, ch. 9.

sentent redoubler leur courage, car ils possèdent dans leurs murs l'élite des soldats de la Sainte-Ligue; ils font une sortie, attaquent Lesdiguières, et sont battus. . . . *à leur accoustumée*, ajoute l'insolent historien qui, quelques lignes plus haut, avait été forcé de signaler leur courage, leur constance et leur inébranlable fermeté[1] !— Lavalette passe quelques jours à examiner le fort de Puy-Maure, ne voit ou ne veut voir aucune possibilité de s'en emparer, retourne en Provence, et laisse la ville à ses propres forces. Mais loin des habitants la pensée de livrer au plus cruel ennemi de leur religion une place aussi importante pour l'Union catholique que la vieille capitale des Tricoriens ! Chacun connait le poste que son patriotisme lui assigne et s'y rend exactement chaque matin. Leurs moulins sont détruits par l'ennemi ! N'importe : l'industrieuse nécessité leur suggère un moyen d'échapper à la famine ; ils suppléent à l'insuffisance de deux moulins à bras qui leur restent, en se servant de leurs moutardiers pour broyer le grain : le pain ne leur manque pas, « et Lesdiguières n'en « pouvant deviner la cause y envoie un homme

---

[1] Videl, *Histoire du connétable de Lesdiguières*, liv. 3, ch. 3.—Le passage auquel il est fait allusion est rapporté plus haut, p. 75.

« exprès pour l'apprendre, comme il fit avec
« autant d'admiration que de déplaisir [1]. »

Les combats entre la ville et le fort de Puy-Maure se renouvelèrent fréquemment pendant l'été de 1588 ; mais un échec éprouvé aux barricades du fameux moulin de Burle, premier témoin des prédications de Farel dans sa ville natale, et les ravages causés dans la campagne par les soldats de Lesdiguières, forcèrent les habitants de Gap à convenir d'une trêve pour six mois [2].

Nos consuls montaient à Puy-Maure et M. de Bonne descendait souvent dans la ville pendant la suspension des hostilités. Le délai assigné par la trêve était sur le point d'expirer lorsque le caustique chef des huguenots rencontre nos dames s'ébattant dans un verger et dansant au son de la voix de l'une d'elles. Lesdiguières accuse Messieurs de Gap de peu de galanterie et promet à ces dames ses violons pour le lendemain. En effet, dès l'aurore les violons du galant chevalier sans peur, sinon sans reproche, *tirèrent avec grand bruit et force ruine de cheminées*, car la trêve avait expiré cette nuit même. Les consuls,

---

[1] Videl, *Histoire du connétable de Lesdiguières*, liv. 3, chap. 3.
[2] Videl, *loco citato*.

étonnés de cette brusque incartade, courent en demander raison à Puy-Maure, où Lesdiguières débute par des railleries et termine par des menaces. N'étant pas en état de résister, les consuls consentent à donner des ôtages, et la trêve est prolongée pour un mois[1].

C'était en l'année 1589, *al tems que près florissent*, que les *lionnes* gapençaises du xvie siècle dansaient le rigodon dans les prairies de Camargues ou de la porte Saint-Arey, et que Monseigneur des Diguières abattait les cheminées de la rue Souveraine.

Le 1er août de la même année, frère Jacques Clément, parricide ou martyr, selon l'opinion qui a raconté son action infame, plongeait son couteau dans le flanc d'Henri III, et le roi de Navarre était appelé par sa naissance au trône de France. Alors si le courage de nos ancêtres ne faillit pas, leur intelligence fut prise en défaut. Lesdiguières leur fit entendre que toute querelle de religion avait cessé : ils se soumirent, le gouverneur sortit de la ville, et la garde en fut confiée à la fidélité, de bien fraîche date, des habitants[2]. Dans

---

[1] Videl, *Histoire du connétable de Lesdiguières*, liv. 3, ch. 6.
[2] *Ibid.*, liv. 3, ch. 7. — Juvenis, *Notes autographes*, p. 23.

la suite la ville et le fort de Puy-Maure furent donnés aux protestants comme places de sûreté ; une garnison y fut entretenue aux frais du roi ; et le fameux édit de Nantes fut publié.

Nous respirons enfin sous la charte de la réformation ; chacun rentre dans la plénitude de ses droits ; les protestants font publiquement leur prêche dans le temple de Sainte-Colombe, et Monseigneur Paparin de Chaumont peut, sans obstacle, chanter le *Te Deum* dans sa cathédrale quelque peu restaurée.

Déjà le prélat avait fait sa paix avec Bonne d'Auriac qui, comme son cousin, ne s'était pas retiré les mains vides des guerres de religion. Au mois de janvier 1594, Paparin l'avait tenu pour bon catholique et lui avait vendu sa seigneurie de La Bâtie-Neuve[1] ; mais notre évêque avait tenté vainement de faire rendre gorge à Lesdiguières qui sans façon avait exigé 850 écus de son receveur[2]. Peut-être le héros dauphinois trouvait-il un meilleur emploi de cette somme en la consacrant à parfaire le trousseau de noble damoiselle Madelaine de Bonne, sa fille, qu'il mariait

---

[1] *Acte du 28 janvier 1594, passé à la Baume-lès-Sisteron*, aux archives de la préfecture.

[2] *Procès-verbal du 3 janvier 1594*, ibidem.

l'année suivante avec le marquis de Créqui, et dont les noces furent célébrées au château de Puy-Maure, devenu son séjour ordinaire[1].

Au mois de novembre 1596, le président Fustier, commissaire nommé par le parlement, était venu à Gap pour y expliquer, corriger et augmenter le règlement de 1560 où se trouvaient déterminés les droits des protestants et ceux des catholiques. Il fixait les gages des consuls de l'intérieur à 13 *escus et* 20 *sols*, ceux des consuls de la banlieue à la moitié de cette somme, et le salaire du procureur et du secrétaire de la ville au maximum de 20 francs, *qui font 6 escus deux tiers*. M. le président réformait ensuite quelques points de la loi électorale, et prescrivait à l'abbé de la jeunesse *de ne souffrir d'estre suivy et accompagné, allant à la maison consulaire, d'aucun enfant de famille, puisqu'ils ne peuvent y avoir voix*[2].

A l'époque où Henri IV dressait l'édit de pacification, Paparin de Chaumont qui avait quitté la Baume, transigeait sur les droits de fournage

---

[1] Chorier, *Histoire du Dauphiné*, tom. 2, liv. 20, sect. 24.

[2] *Règlement politique* du 26 novembre 1596, aux archives de la préfecture, et de l'hôtel de ville, *Livre rouge*, p. 305 et suiv.

et de consolat, avec les consuls de sa ville épiscopale où une maladie contagieuse exerçait ses ravages [1]; ensuite, malgré son grand âge, il visitait les églises de son diocèse situées en Dauphiné : il voyait avec douleur les paroisses privées de pasteurs, et les dix onzièmes de la population restés fidèles à la foi catholique, *deslaisses de la pasture spirituelle*, car les bénéfices étaient tombés ès mains des gentilshommes protestants et même des seigneurs catholiques : comme leurs adversaires, ils trouvaient sans doute que ce qui était bon à prendre était bon à garder [2].

Au mois de novembre de l'année suivante, notre évêque adressa ses doléances aux sieurs de Lesdiguières, d'Yllins et de Vic, commissaires nommés pour l'exécution de l'édit de Nantes, et demanda, entre autres chefs, le rétablissement de la religion catholique dans son diocèse. Il obtint la plupart des fins de sa demande ; mais

---

[1] *Transactions des 15 et 22 avril 1598*, aux archives de la préfecture. Au bas du premier de ces traités, on lit en note : *Il y a dans la ville de Gap et son terroir 3,500 âmes*. Combien les guerres civiles en avaient diminué la population, si la note est exacte !

[2] *Requeste de l'évesque de Gap aux commissaires délégués pour l'exécution de l'édit de Nantes*, du 8 novembre 1599, aux archives de la préfecture.

il eut la douleur de voir dire et prononcer qu'il n'y avait pas lieu d'interdire le libre exercice du culte prétendu réformé dans la ville de Gap[1].

Peu satisfait sans doute de cette décision, Paparin retourna à la Baume-lès-Sisteron, où il termina sa longue et orageuse carrière le 1er août 1600, époque à laquelle son assassin vrai ou prétendu, le gentillâtre de la Rochette, Étienne de Bonne d'Auriac, acquérait d'Henri de Clermont-Tonnerre la fameuse vicomté de Tallard[2].

La prise de possession de l'évêché de Gap de la part de Charles-Salomon du Serre, coadjuteur de Paparin, et un règlement politique dressé par les commissaires délégués pour l'exécution de l'édit de Nantes, ouvrent le xviie siècle. Je me borne à extraire de ce règlement qui diffère peu de celui de 1564, les articles relatifs à l'organisation municipale et au mode d'élection des consuls. — Le conseil particulier

---

[1] *Requeste du 8 novembre 1599*, déjà citée, en marge de laquelle se trouve la décision des commissaires.

[2] *Livre des Annales des capucins*, p. 89.— Artus de Lionne, *Rolle des évesques de Gap.*—Juvenis, *Mémoires inédits.*

VOIR LA NOTE N.

de la ville comprenait 24 citoyens. Deux conseillers étaient pris nécessairement parmi les ecclésiastiques, et les vingt-deux autres, choisis par égales portions entre les catholiques et les protestants. Ce conseil formait une liste de douze candidats au consulat, et le peuple procédait sur cette liste à l'élection de deux consuls, dont l'un était catholique et le second de la religion réformée. Le troisième pouvait être de l'une ou de l'autre croyance, et l'élection en était laissée au libre suffrage du peuple. Le règlement s'occupe ensuite de l'administration financière de la ville, de l'instruction publique et de l'observance des fêtes. Les catholiques pouvaient faire des processions en ayant soin de ne pas troubler les protestants dans l'exercice de leur culte. L'abbaye de *Mal-gouvert* était supprimée et les charivaris défendus ; mais les commissaires se gardèrent de prohiber les danses ; seulement les propriétaires des maisons où se tenaient les bals étaient responsables des scandales qui pourraient s'y commettre. Enfin, il était défendu aux religionnaires de tenir des assemblées sans la permission du magistrat[1].

---

[1] *Règlement du 16 avril* 1601, aux archives de la préfecture, et de l'hôtel de ville, *Livre rouge*, p. 315 et suiv.

Ainsi, à la fin comme au commencement de nos discordes civiles, les fonctions municipales étaient départies d'une manière égale entre les protestants et les catholiques, les droits des uns et des autres également garantis, et leurs croyances également respectées. Que ne pouvons-nous effacer de nos annales les trente années de troubles et de dévastations qui séparent les règlements de 1564 et de 1601, dont les dispositions sont presque identiques!

Je dois considérer le successeur de Paparin de Chaumont sous deux aspects différents. Je présenterai d'abord très sommairement le seigneur spirituel travaillant sans relâche à effacer les traces des guerres religieuses, et ensuite *le comte de Gap*, armé de tous les parchemins qui avaient échappé à la fureur des religionnaires, cherchant à ressaisir la plénitude de cette souveraineté tant disputée à ses prédécesseurs dans les siècles qui viennent de s'écouler.

Dès l'année 1603, Charles-Salomon du Serre eut la douleur de voir réunis dans sa ville épiscopale des ministres de la religion prétendue réformée venus de toutes les provinces de France, et même des luthériens sortis du fond de l'Allemagne. — Pendant que le synode protestant, indépendamment de divers articles dogmatiques, déclarait que *le pape était l'antechrist, le fils de perdition, la beste vestue d'écarlate que le Seigneur déconfiroit*, notre évêque faisait réfuter dans la chaire de sa cathédrale les paradoxes des ministres réformés, et assistait à des processions journalières avec tous les curés de son diocèse convoqués à Gap dans cette conjoncture. Il fit même venir des capucins de Provence qui, sur la fin de l'année et au commencement de 1604, par leur parole entraînante, ébranlèrent les croyances des hérétiques et opérèrent plusieurs conversions. Le zèle des vrais croyants fut tellement exalté que la confrérie des pénitents blancs alla processionnellement à Marseille, vers la fin de cette dernière année, pour entendre le plus éloquent de nos capucins qui devait prêcher les Avents dans la ville des Phocéens. Pendant son séjour à Gap, ce prédicateur avait mis un terme aux différends survenus entre l'évêque et son chapitre au sujet de la fameuse bulle d'Alexandre III, par laquelle nos chanoines échappaient à la juridiction du prélat[1].

---

[1] *Livre des Annales des capucins*, p. 60 et 68.— Bossuet, *Histoire des variations.*— *Sentence arbitrale du 5 février 1604*, aux archives de la préfecture.

Les pères de Saint-François parvinrent ensuite en 1613 et 1614, avec la permission de Monseigneur de Lesdiguières, à s'établir dans Gap, malgré les menaces et les voies de fait des protestants, et surtout malgré le sieur du Villar, huguenot invétéré et gouverneur de la ville. Sans le secours des bons catholiques du quartier de Saint-Arey, ce gouverneur eût même percé de son épée le P. Marcel gardien du couvent que les Capucins élevaient près le torrent du Turelet[1].

Au mois de mai 1614, un nouveau règlement fut dressé à Puy-Maure, toujours pour l'entière exécution de l'édit de Nantes. Les dispositions en étaient bienveillantes et tendaient à concilier les droits des deux partis; mais l'évêque déclara qu'il ne pouvait y acquiescer, car il était devenu l'un des chefs les plus ardents de la réaction catholique qui s'opérait à cette époque[2].

Les années suivantes jusqu'à 1618 où un nouveau synode protestant fut convoqué et se réunit à Gap, se passèrent, de la part des capucins, à parcourir le diocèse et à y prêcher la parole divine; ils pénétrèrent jusque dans le Dévoluy

---

[1] *Livre des Annales des capucins*, p. 76 et suiv.
[2] *Règlement du 13 mai 1614*, aux archives de la préfecture.

contrée âpre et sauvage dont les habitants, effrayés à la vue de leur costume bizarre, crurent que le capuchon conique qui s'élevait sur la tête des pères de Saint-François, coiffait des têtes de même forme. D'après les annales de ces pères, le synode de 1618 ne tourna qu'à la honte des huguenots qui, exaspérés du succès de leurs prédications, les menacèrent d'abattre leur couvent avec le canon de Puy-Maure[1].

Quelques années après, le plus acharné de nos anciens ennemis, le maréchal duc de Lesdiguières, abjurait le Calvinisme entre les mains de Guillaume d'Hugues archevêque d'Embrun, et recevait, immédiatement après la cérémonie, l'épée de connétable de France[2]. A son exemple et sur les éloquentes exhortations de nos capucins, les huguenots, gentilshommes et roturiers, revenaient en foule au giron de l'Église; et l'on s'étonne de voir parmi les nobles dames converties dès 1613, la dame du Serre, mère de notre évêque et sœur du très zélé catholique Bonne d'Auriac, ainsi que l'épouse de Daniel du Serre, sa belle-fille[3].

---

[1] *Livre des Annales des capucins*, p. 80 et 82.

[2] *Mémoires chronologiques et dogmatiques*, par le P. d'Avrigni, tom. 1, p. 322.

[3] *Livre des Annales des capucins*, p. 70, 89 et 90.

Le gouverneur de Gap, au contraire, restait fermement attaché au protestantisme. Il défendit de nouveau, *soubs des prétextes malicieux*, à nos pénitents blancs, *sous peine de la vie*, de sortir de leur chapelle avec leurs habits et de faire des processions ; alors l'évêque commanda à M. de Camargues, recteur de la confrérie, de tenir prête sa compagnie pour l'accompagner à Embrun le jour de la Nativité de Notre-Dame. Le 8 septembre 1629, l'on vit défiler en bon ordre devant les huguenots, deux cents pénitents en habits resplendissants de blancheur, ayant à leur tête le pasteur du diocèse revêtu lui-même du sac de la confrérie. La procession put parcourir sans encombre l'espace qui nous sépare de la ville métropolitaine des Alpes-Maritimes, et retourner à Gap sans éprouver le moindre obstacle[1].

Ainsi, à travers les prédications, les conversions, les processions et quelque relâchement dans les mœurs dont les détails ne sauraient trouver place dans cet abrégé, nous parvenons à l'année 1630, et ensuite nous rétrogradons vers 1604 pour considérer Charles-Salomon du Serre sous le rapport temporel.

---

[1] *Livre des Annales des capucins*, p. 63.

La ville de Gap qui, durant les guerres de religion, avait été obligée d'emprunter des sommes énormes, leva, par l'ordre de l'aigle perché sur le rocher de Puy-Maure (c'est de Lesdiguières que je parle), des impôts directs et indirects afin d'en opérer le remboursement; ce qui amena d'abord un premier procès entre elle et le clergé, lequel fut terminé par deux transactions du mois d'avril 1611. L'évêque fut déclaré exempt du paiement de l'impôt indirect appelé *Rêve*; le clergé séculier et régulier ne fut tenu à aucun droit d'entrée pour les comestibles destinés à son usage; l'université de l'église cathédrale céda à la ville, sous la rente annuelle de 500 livres, les fonds par elle possédés aux quartiers de Montalquier et de Colombis; la ville s'engagea à rembourser la valeur de l'argenterie qu'elle avait empruntée à l'église cathédrale et qu'elle n'avait jamais rendue, ainsi que 28 quintaux de métal pour fondre de nouvelles cloches. Ces légers différends se trouvèrent ainsi terminés[1].

Mais déjà à cette époque la communauté était

---

[1] *Ordonnances de Lesdiguières données à Puy-Maure les 26 mars et 26 avril 1611.—Transactions des 26 et 27 avril 1611*, aux archives de l'hôtel de ville.

engagée dans une instance d'une tout autre portée. Charles-Salomon du Serre avait repris, en 1606, les poursuites dirigées jadis contre elle par Paparin de Chaumont : il ne s'agissait de rien moins que de rétablir dans leur ancienne splendeur les droits utiles et honorifiques des seigneurs évêques et, tout récemment, comtes de Gap. Le tremblement de terre qui, le 31 janvier 1612, ébranla toutes les maisons de la ville et ruina une partie de ses murailles vers la Porte Garcine, n'était pas de nature à suspendre le cours de cet énorme procès[1].

J'ai déjà mentionné un règlement dressé en 1614 pour l'exécution de l'édit de Nantes. A la même époque, les consuls de Gap en présentèrent un second aux commissaires La Roche et Lesdiguières pour l'administration des affaires publiques de la ville. Comme il ne modifiait en aucune manière l'ancienne loi électorale de la cité, je ne m'y arrêterai pas davantage[2] et je passerai, sans autre transition, à l'issue des graves différends élevés entre les consuls, manants et habitants de Gap, et leur seigneur spirituel et temporel.

[1] Juvenis, *Notes autographes*, p. 26.
[2] Règlement du 14 mai 1614, aux archives de l'hôtel de ville. VOIR LA NOTE O.

Après avoir fouillé pendant quatorze ans dans tous les coins et recoins de la maison consulaire; après avoir sorti de leurs étuis les parchemins constatant les droits, les franchises et les privilèges de la ville et communauté, et les avoir lus, relus et commentés; après avoir feuilleté cent fois le *Livre des libertes* qu'aucuns nomment le *Livre rouge*; après s'être inscrits en faux contre divers actes produits par Charles-Salomon du Serre, et notamment contre la prétendue reconnaissance de 1305; après avoir combattu victorieusement les arguments délayés dans les immenses mémoires manuscrits et imprimés de l'évêque qui, de son côté, avait tiré de la Baume-lès-Sisteron où Paparin les avait fait porter avec les reliques de saint Demetrius et de saint Arnoux, les titres établissant ses droits à la souveraineté de la ville et de son territoire; après avoir plaidé à outrance devant les cours d'Aix et de Grenoble, nos consuls consentirent enfin, en 1622, à ce que le disciple bien-aimé du grand Cujas, le fameux président Expilli, vînt mettre un terme aux tortures des Saumaises laïques et ecclésiastiques de la cité, en réglant définitivement les droits de l'État et ceux de l'Église.

Le premier article du traité de paix mettait au

néant les injures que, pendant les hostilités, les hautes parties contractantes s'étaient jetées à la tête, à l'exemple des héros d'Homère.—Les suivants réglaient les droits utiles du seigneur *comte*, et les obligations auxquelles il était tenu. Il fut décidé que la dîme sur les agneaux, le chanvre, les aulx et les oignons n'était nullement exigible, et que le pulvérage et la jouissance des tours et des remparts de la ville appartenaient à la communauté. — Et quant à l'hommage résultant de la prétendue directe universelle du prélat, hommage qui répugnait si fort à nos consuls comme à tous les citoyens de Gap, puisqu'il était prouvé jusqu'à l'évidence que nos personnes étaient libres et nos terres allodiales, messire Claude Expilli décida qu'il fallait se soumettre à le rendre, mais à la manière des nobles, *more nobilium*; car tout homme qui s'était donné la peine de naître dans Gap et sa banlieue, était noble *ipso facto*[1].

Après ce traité dont les dispositions furent

---

[1] *Dossiers du procès intenté par Ch.-Sal. du Serre aux consuls, manants et habitants de Gap*, aux archives de la préfecture. — *Transaction du 2 mai 1632*, ibid.

Les commissaires députés par la ville pour traiter avec l'évêque étaient d'abord les trois consuls Jean Latelle, François Léautier-Faure et Pierre Blanc; ensuite nobles Charles de Tartolles, sieur de Sagnon, et Jean

suivies jusqu'à l'époque de la révolution, et qui vint clore les luttes élevées entre la ville et ses prélats dès le xii° siècle, rien de remarquable ne survint dans Gap jusqu'à l'année 1629 où Louis XIII y fit son entrée solennelle, et fut complimenté par les consuls Antoine Buysson, Jean Millon et le capitaine Charles Spic, vêtus de belles robes de velours achetées à Sisteron; car, avait dit, dans une réunion du conseil municipal, le chanoine Paul de Beauvois, ce vieux témoin des guerres civiles: « Il faut que la ville se montre au
« Roy comme ses vrais vassaulx et ses subjets,
« et à cet effet qu'on fasse fère une robbe de ve-
« lours au premier consul, (le conseil décida
« que chacun des trois consuls aurait sa robe
« de velours), qu'il soit faict arcs triomfans
« aux portes de la ville....., et emprunter quel-
« ques pistolles pour secourir ceulx qui en auront
« besoin ». Le bon chanoine n'avait oublié que le cardinal de Richelieu et son Éminence

---

Abon, sieur de Reynier; Raymond Juvenis, procureur du roi, père ou oncle du chroniqueur du même nom; les avocats Jacques Vellin, Jacques Baud, Hélie de Phillibert, et Jean Arnaud; sires Georges Rochas, Claude Phillibert, Henri Combassive, Michel Mutonis et Jean Rochas; les capitaines Paul Bellon et Martin Rolland; et enfin le seigneur de Montalquier.

Voir la note P.

grise le R. P. Joseph de Paris, qui accompagnaient Sa Majesté, et qui furent témoins du désordre survenu à la porte Jaussaude par laquelle le roi entra dans la ville; car Louis-le-Juste ayant refusé de se placer sous le dais que les consuls avaient emprunté de l'évêque, ses valets de pied s'en saisirent et le secouèrent comme ils auraient fait d'un jouet d'enfant : alors les valets de ville tombèrent sur les valets de cour et leur arrachèrent le dais; mais, hélas! dans la lutte les quatre pommes qui l'ornaient furent brisées, et la ville se vit dans la nécessité d'en acheter et d'en faire dorer de nouvelles à ses frais et dépens[1].

Louis XIII fut complimenté de nouveau *sous les arcs triomfans* à son retour de sa brillante expédition du pas de Suze; et tout cela n'eut pour la ville de Gap d'autre résultat que de voir sa dette s'augmenter par les réquisitions énormes dont elle fut frappée pendant cette guerre, à laquelle vint se joindre un fléau bien autrement

---

[1] *Registre des conseils généraux et particuliers de la ville de Gap, années 1628 et 1629*, aux archives de l'hôtel de ville.

C'est le 10 février 1629 que Louis XIII fit son entrée dans Gap. Mais qu'aurait dit Tallard s'il avait su qu'à cette époque sa superbe rivale n'avait ni velours pour habiller ses consuls, ni une pistolle pour faire l'aumône, ni un dais pour recevoir le roi de France!

redoutable, qui n'atteignit ni le P. Joseph, ni le cardinal, ni le roi, bien que celui-ci n'eût pris aucune précaution pour éviter le danger [1].

La peste, puisqu'il faut l'appeler par son nom, régna dans les Alpes dès 1629 ; et malgré les mesures de précaution arrêtées par nos magistrats municipaux, elle pénétra dans la ville le 5 juillet 1630. La charité chrétienne ne recula pas devant la hideuse maladie : les capucins surtout affrontèrent avec courage ce nouveau genre de martyre. La plupart d'entre eux succombèrent et, au mois d'octobre, sur cinq mille personnes qui avaient été atteintes de la peste, trois mille *estoient passées à une meilleure vie, munies des sacremens de l'Eglise et assistées chrestiennement et charitablement de nos religieux*, dit, en terminant ce terrible épisode de notre histoire locale, le rédacteur du livre des Annales des capucins de Gap [2].

L'année 1633 vit se consommer, par ordonnance de monseigneur le cardinal, la destruction

---

[1] *Ibidem.* Délibération du 2 mars 1629.

[2] *Registre des assemblées tenues au bureau établi pour la santé*, en 1629 et 1630, aux archives de l'hôtel de ville.

Le nom des consuls élus pour ces deux années mérite d'être cité, même dans un précis. — 1629 : noble Balthazar d'Abon, 1er consul ; Espérit de Cazeneufve, 2e consul ; Alexandre Villar, consul forestier. —

de la citadelle et du château de Puy-Maure, élevés jadis par Lesdiguières. Charles-Salomon du Serre, qui était devenu paralytique, mourut le 16 mai 1637, et son oraison funèbre fut prononcée par le gardien des capucins. Ce bon père rendit le même office à la mémoire d'Étienne de Bonne d'Auriac qui venait de terminer en Piémont sa brillante carrière; et, en l'année 1640, le célèbre Artus de Lionne, notre nouvel évêque, fit son entrée dans sa ville épiscopale[1].

Il siégeait depuis quatre ans, lorsque les jésuites du collège d'Embrun tâchèrent de s'établir dans Gap, sous le prétexte qu'ils seraient plus à portée de percevoir les rentes et de traiter les autres affaires du prieuré de Saint-André uni par le pape à leur collège. Les *Provinciales*, ces importunes *menteuses*, n'avaient pas encore paru; et néanmoins le conseil municipal, le chapitre de

---

1630 : Gaspard Juvenis, 1er consul ; Jean Bellon, 2e consul ; Jean-Luc Eyraud, 3e consul.

— *Livre des Annales des capucins*, p. 92 et suivantes.— Ce manuscrit contient les détails les plus touchants sur la conduite tenue par ces religieux et par les principaux citoyens de Gap, en cette triste conjoncture. Mais n'y a-t-il pas exagération dans le nombre des personnes atteintes de la peste, et dans celui des habitants qui succombèrent? Le rédacteur du *Livre des Annales* a une singulière propension à enfler ses chiffres : ne dit-il pas, dans un autre endroit, que Tallard a une population de deux à trois mille âmes !

[1] *Livre des Annales des capucins*, p. 63 et 104.

la cathédrale et les religieux des couvents établis dans la ville, consultés par l'évêque, repoussèrent unanimement la demande des pères d'Embrun, malgré le zèle par trop moliniste de quelques dames de la ville, et les prédications éloquentes du R. P. Bertaud qui, dans un dernier sermon prêché à la cathédrale, s'écriait: « Croyez-
« vous, mes frères, que si saint Dominique et
« saint François étoient encore vivants, que l'un
« fut prieur du couvent des PP. dominicains
« de Gap, et l'autre gardien du couvent des cor-
« deliers et des capucins, ils nous eussent rebutés
« comme l'ont fait les religieux de ces couvents ?
« Non, sans doute; ils nous auroient dit agréa-
« blement: *venez, mes frères, travailler avec*
« *nous*, et les auroient reçus à bras ouverts, au
« contraire de leurs enfants qui les rebutent. »
Cette touchante prosopopée n'exerça aucune influence sur l'esprit de nos religieux, et les Pères d'Embrun s'en retournèrent comme ils étaient venus, moins l'espérance de réussir dans leur entreprise[1].

D'après ce qui précède l'on pourrait croire

---

[1] *Livre des Annales des Capucins*, p. 118 et suiv.—*Délibération du 19 mars 1644, prise par le Conseil municipal de la ville de Gap, présidé par Raymond Juvenis, premier consul et procureur du roi au bailliage.* (C'est l'historien.)

Les dames, qui en matière de dévotion ne sont pas les dernières à que, vers le milieu du xvii° siècle, l'on s'occupait dans Gap des querelles du jansénisme plus que de l'hérésie de Farel et de Calvin. Mais les huguenots de cette ville, oubliant que la confrérie des pénitents blancs avait obtenu du roi, en 1616 et 1622, l'autorisation de faire des processions publiques, se livrèrent à un acte de violence inexplicable pour une époque où les querelles religieuses du siècle précédent semblaient entièrement éteintes. Vers l'année 1650, au moment où la procession des pénitents défilait devant le temple protestant, les respectables frères furent assaillis tout-à-coup par M. de Beauregard et par d'autres notables calvinistes qui, l'épée à la main, n'eurent pas beaucoup de peine à les mettre en déroute. Les protestants les poursuivirent jusque dans leur chapelle élevée sur les ruines de Saint-Jean-le-Rond, où ils commirent

---

discourir doctement sur les droits de l'Église, croyant peut-être aussi, selon l'expression du bon père qui a rédigé le *Livre des Annales*, que la ville allait se peupler et s'enrichir par l'arrivée des Jésuites, firent des quêtes dans toutes les maisons, ne demandant que de l'argent, du linge et toutes sortes de meubles pour leurs bons pères de la compagnie de Jésus. « M. de Lionne en témoigna son mécontentement à la demoiselle de Mont-Gardin, à la dame de Manteyer, Anne de Lamaçon, et à la dame du sieur Antoine Rochas, laquelle était de la maison de Pontevès de Riez ». (*Livre des Annales des capucins*, Loco citato.)

les profanations les plus révoltantes. Cet inconcevable délire se montrait sous le pontificat d'Artus de Lionne, alors que Hugues de Lionne, son fils, était ministre d'état du roi très-chrétien, et le confident intime du cardinal Mazarin au faîte de sa puissance ! Le procès auquel il donna lieu fut terminé par des excuses faites à l'évêque, en présence du sacristain et du recteur des pénitents[1]; et depuis lors, protestants et catholiques vécurent en assez bonne intelligence jusqu'à la révocation de l'édit de Nantes, époque à laquelle les premiers sortirent en masse de notre ville, avec leurs femmes, leurs enfants, et, selon la phrase d'obligation, avec leurs capitaux et leur industrie.

La suite du règne de Louis XIV jusqu'à l'année 1692 ne présente pour notre ville aucun fait de nature à trouver place dans cet abrégé. Toutefois, je mentionnerai le vieux procès existant entre nos évêques et leur chapitre, lequel fut repris par Pierre de Marion, successeur d'Artus de Lionne, et suspendu par un arrêt conventionnel de l'année 1673; puis repris de nouveau par Charles-Bénigne d'Hervé, et terminé par une

---

[1] *Registre de la confrérie des pénitents blancs de la ville de Gap.* Relation écrite en 1721 par le F. Roure, *recteur indigne.*

transaction de 1787.—Présenterai-je maintenant la ville de Gap et toute la contrée des Alpes accourant au Laus au récit des merveilles opérées par l'intercession d'une simple bergère de Saint-Étienne-d'Avançon, nommée Benoite Rencurel[1]; les protestants expulsés du consulat et des autres fonctions publiques de la ville par arrêt du conseil du 2 mai 1681, et leur temple, où jadis Guillaume Farel séduisit par sa véhémente éloquence le seul de nos pontifes qui ait erré dans la foi, détruit de fond en comble après l'édit de révocation?... Ces détails nous mèneraient trop loin.

Mais voici le moment où va s'accomplir la ruine de l'antique cité des Alpes. Louis XIV avait à se défendre contre l'Europe coalisée, lorsque les alliés commandés par le duc de Savoie passèrent les monts au mois d'août 1692. Ce prince s'empara de Guillestre et d'Embrun, et une partie de son armée arriva le 29 à Gap où elle entra sans résistance. Le maréchal de Catinat, n'ayant à lui opposer que des forces bien inférieures, s'était placé au Pertuis-Rostan et n'avait laissé pour observer l'ennemi que six mille

[1] VOIR LA NOTE Q.

hommes de cavalerie qui furent contraints de se replier vers Corp ; de sorte que notre ville se trouva à la merci de l'armée alliée. Les généraux du duc usèrent largement du droit de la guerre ; ses soldats portèrent la dévastation dans toute la contrée, et en partant, le 12 septembre, ils brulèrent non seulement la ville de Gap, après l'avoir pillée, mais encore les bourgs et les villages d'alentour qui ne s'étaient pas rachetés par de fortes contributions. Alors fut également incendié et démantelé ce superbe château de Tallard, l'orgueil du Gapençais, possédé à cette époque par Camille d'Hostun moins connu par ses triomphes que par la défaite d'Hochstet[1] !

Nos traditions attribuent l'embrasement de la

---

[1] *Registre journalier commencé en 1690*, aux archives de l'hôtel de ville. — Rochas, *Mémoires inédits.*

La vicomté de Tallard appartenait anciennement à la famille des princes d'Orange, qui en fit don, en 1215, à l'ordre de Saint-Jean de Jérusalem.—Elle relevait du comté de Forcalquier comme l'Embrunais et le Gapençais, et comprenait, indépendamment de la ville chef-lieu, les communautés de la Saulce, Lardier et Valença, Neffes et Pelleautier.— En 1232, l'ordre de Saint-Jean-de-Jérusalem échangea Tallard et ses dépendances contre le comté d'Alife en Sicile, appartenant à Arnaud de Trian, neveu du pape Jean XXII.—Le 29 juin 1350, Louis, roi de Sicile, comte de Provence et de Forcalquier, confirma Arnaud de Trian dans ses droits et ses possessions, lui inféoda toutes les régales de la vicomté, à charge d'hommage et moyennant dix mille florins qui furent employés à lever des troupes pour le service du comte-roi.—Tallard passa ensuite en la possession de Louis de Trian, fils d'Arnaud ; puis, en ville, soit à l'impéritie des consuls qui auraient exigé une quittance de l'imposition offerte et acceptée, soit à l'étourderie des députés qu'elle envoya au-devant de l'armée ennemie. L'on pense qu'en usant de prudence et en montrant quelque fermeté, on eût évité le pillage et l'incendie, comme l'évita le village de la Saulce, en payant sept à huit cents livres de contribution[1].

La misère dans laquelle furent plongés les habitants de Gap ne fut nullement soulagée par l'expédition du maréchal de Catinat qui, l'année suivante, fut vainqueur à la Marsaille et

l'année 1400, en celle d'Antoine de Sassenage, par son mariage avec Anne de Trian, fille de Louis. Celle-ci était dame de la Cour d'Amour de Romanin.—Françoise de Sassenage, fille d'Anne de Trian, s'étant mariée en 1439 avec Antoine de Clermont-Tonnerre, la vicomté de Tallard resta dans cette famille jusqu'en l'année 1600, époque à laquelle elle fut acquise par Etienne de Bonne d'Auriac.—Catherine de Bonne d'Auriac épousa Roger de la Beaume d'Hostun en 1650. Ce mariage donna le jour à Camille d'Hostun, maréchal de France, qui en 1712 obtint que la vicomté de Tallard fut érigée en duché-pairie.—Le duché de Tallard passa successivement par suite de mariages ou de dispositions testamentaires à la dame de Sassenage, à la dame de Veynes, au comte Gabriel de Berenger, tué sur le champ de bataille à Dresde le 30 avril 1813.— M. Raymond-Ismidon-Marie, marquis de Berenger, et demoiselle Gabrielle-Marie-Rosalba de Berenger, ses enfants, possèdent aujourd'hui Tallard et ses dépendances, et continuent, malgré les lois de la révolution, d'y exercer les droits régaliens, ainsi que le prouvent les procès par eux intentés à leurs sujets de la Saulce et de Lardier, relativement aux alluvions de la Durance.

[1] *Compte consulaire de la communauté de la Saulce.*

brûla la Vennerie, maison de plaisance du duc de Savoie, près de Turin, en représailles de l'incendie de leur ville. Ceux qui ne jouissaient pas de quelque aisance en quittèrent les ruines et allèrent mendier leur pain sur une terre étrangère ; quelques-uns s'établirent dans les villages voisins ; d'autres se bâtirent des chaumières à travers champs ; *en telle sorte*, dit un mémoire du temps, *qu'on ne compte pas les habitants de la ville au tiers du nombre qui la composoit anciennement*[1].

Les traces de ce funeste embrasement se montraient encore dans les divers quartiers de la ville, avant la révolution de 1789. Il est vrai qu'à cette époque le chaume qui, vers le milieu du xviii° siècle, couvrait une partie des maisons, était déjà remplacé par l'ardoise ; mais que la population se trouvait loin de l'état prospère où nous la voyons aujourd'hui !

L'épiscopat de Charles-Bénigne d'Hervé, sous lequel venaient de se passer de si tristes événements, vit se terminer, par ordre du grand roi,

---

[1] *Livre des Annales des Capucins*, p. 208. — *Mémoire dressé par M. de Malissoles le 8 mai 1706*, Ms. aux archives de la préfecture.— Rochas, *Mémoires inédits*.

un différend qui, depuis un demi siècle, s'était élevé entre les comtes souverains de Gap et le représentant de Louis xiv dans la cité. Il s'agissait de savoir qui, de l'évêque ou du gouverneur, avait le droit d'allumer le premier les feux de joie : et certes, sans parler de ceux de la Saint-Jean, ils étaient devenus fréquents dans ce siècle de gloire et de conquêtes! Deux décisions royales portées en 1678 et 1688, furent renouvelées en 1693 : l'évêque et le gouverneur durent marcher de pair et allumer simultanément, sur les ruines encore fumantes de la ville de Gap, les feux de la Saint-Jean et ceux ordonnés à l'occasion des réjouissances publiques; et la paix entre les deux souverains fut rétablie à jamais[1].

Ainsi je clos le xvii° siècle, pour aborder celui de la bulle *Unigenitus* et de la banqueroute de Law, de l'Encyclopédie et de la Raison par alphabet, de la perfectibilité rétrograde de Rousseau et de la perfectibilité ascendante inventée par le neveu de l'un de nos évêques (M. de Condorcet). Il fut appelé le siècle des lumières et de la tolérance, et se termina par l'immense

---

[1] *Dossier relatif au différend élevé entre les évêques et les gouverneurs de Gap, sur les feux de joie, contenant 44 pièces manuscrites, aux archives de la préfecture.*

révolution qui a changé la face de l'Europe : pendant sa durée se complétèrent les doctrines de Farel et de Calvin, et la ruine de nos franchises municipales.

A l'évêque gallican Hervé, dont la conduite devint fort équivoque lorsqu'il eut atteint la 50ᵉ année de son âge, et qui fut relégué à Condom par Louis XIV, succéda en 1706 le saint des Alpes, François Berger de Malissoles. Nous lui devons la restauration de l'église cathédrale ruinée par les troupes alliées lors de l'invasion de 1692. Il publia en 1712 des ordonnances synodales qui témoignent de la pureté de ses mœurs et de la rigidité de ses principes, bien qu'il fût très zélé moliniste, comme on le voit par les craintes continuelles que lui inspiraient les professeurs doctrinaires de son séminaire, dont il suspectait l'orthodoxie. En 1720, il reçut dans sa ville épiscopale de fort nobles personnages parmi lesquels nous remarquons le père du célèbre *ami des hommes* Jean-Antoine de Riquetti, marquis de Mirabeau, et Françoise de Castellane, son épouse; Hippolyte de Pissanis de la Bouillie; le président Claude Souchon Despraux, et la sœur Lucrèce du Saint-Esprit, sa fille, paralytique, qui fut guérie miraculeusement après une neuvaine faite au Laus par sa famille. Tous fuyaient devant le fléau qui alors désolait la Provence.

M. de Malissoles siégea au concile tenu à Embrun en 1727, où le vieux et tenace Soanen, évêque de Senez, fut condamné et déposé. Dans les actes de ce concile, notre évêque prit le titre de prince du Saint-Empire conféré à l'un de ses prédécesseurs par Frédéric I*er* ; il mourut à Gap le 21 septembre 1738, rempli de jours et de mérites, et *en odeur de sainteté*, ajoute Rochas dans ses Mémoires. Pendant son épiscopat, il eut la douleur de voir des protestants *nouveaux convertis*, aller clandestinement à Genève pour s'y marier ; il en porta ses plaintes au régent lui-même, et ensuite au ministre Voysin, à l'intendant de Grenoble, et au chancelier d'Aguesseau. On lui donna les moyens de sévir contre eux ; mais s'il levait la main, en bon père il frappait toujours à côté[1].

Claude de Cabannes, qui prit possession du siège épiscopal en 1739, et qui marchait sur les traces de son pieux prédécesseur, vécut très-peu de temps ; il eut pour successeur en 1742,

---

[1] Correspondance aux archives de la préfecture. Entre autres lettres, voir celle du 11 novembre 1721, signée Daguesseau, *sans apostrophe*.

Jacques-Marie de Carital de Condorcet, ancien officier d'infanterie ou de cavalerie, et amateur, dit M. de Rochas, de la vaine gloire. Dès la première année de son entrée en exercice, il fit ouvrir un registre au palais épiscopal dans lequel tous les membres de son clergé, voire les pères de la doctrine chrétienne, furent tenus de souscrire une déclaration portant qu'ils reconnaissaient la constitution *Unigenitus* comme dogmatique et comme une loi irréformable de l'Église. Au lieu des francs vauriens que l'on trouvait à chaque pas dans la ville avant son arrivée, il ne dut plus rencontrer que des hommes pieux et d'une conduite exemplaire, convertis pendant le carême de 1742 par les prédications du P. Joseph de Châteauroux. « Autrefois, dit
« le rédacteur du *Livre des Annales des Capu-*
« *cins*, il y arrivoit beaucoup d'accidens dans le
« carnaval; et cette année le carnaval a été pres-
« que aussi réglé que la semaine sainte.... C'est
« effectivement le seul doigt de Dieu qui a opéré
« toutes ces merveilles; car qu'une communauté
« de capucins et la plupart jeunes gens *aient*
« *renversé une ville comme Gap pour les vices*,
« c'est un miracle visible de la grâce de J. C. ! »
Les mœurs de la régence et du Parc-aux-Cerfs avaient-elles donc pénétré jusqu'au sein des Alpes?

Durant son administration M. de Condorcet vit réunies dans sa ville épiscopale les armées française et espagnole qui devaient pénétrer en Italie afin d'assurer à l'infant Dom Philippe la possession du duché de Parme. Avant de la quitter, elles avaient communiqué une maladie contagieuse sous laquelle succombèrent plus de douze cents habitants de la ville ou de sa banlieue. Au mois de juillet 1754, il put être témoin de l'inauguration de la caserne par les consuls de Carmargues, Vallon-Corse et Guigues de la Garde qui en posèrent la première pierre, sinon en grande robe, du moins en chaperon de velours; mais déjà peut-être à cette époque, M. de Condorcet était-il parti pour Auxerre, où il venait d'être transféré.

A M. de Condorcet succéda, en 1756, le dénicheur de saints, Pierre-Annet de Pérouse. Ce savant évêque raya sans façon de son bréviaire, le fondateur de l'église de Gap, les martyrs Eredius et Territus, et le saint confesseur Constance; et, ce qui est moins tolérable, il ne voulut jamais reconnaître comme authentique l'histoire du grand St. Grégoire d'Amnice, patron de Tallard. Il réforma les chanoines *peu* réguliers de N. D. de Chardavon établis à la Baume-lès-Sisteron; puis il mourut en 1762 et fut inhumé dans l'église cathédrale tout près de M. de Malissoles, son oncle.

François de Narbonne-Lara, qui vécut à la cour plus que dans son diocèse, succéda à M. de Pérouse, et fut transféré à Evreux en l'année 1775, après avoir fondé dans Gap un grenier d'abondance qui penche vers sa ruine.

M. de Jouffroy-Gonsans, de la même famille que l'inventeur des bateaux à vapeur Jouffroy d'Albans et le philosophe Jouffroy mort en 1842, vint ensuite pour être témoin du terrible ouragan de 1777. Dans la nuit du 21 au 22 septembre les vents du nord et du midi extraordinairement chauds s'entrechoquaient avec violence. Vers les neuf heures du soir, toutes les cloches de la ville firent entendre des sons lugubres pour appeler les fidèles à la prière ; mais le courroux du ciel ne fut nullement appaisé : pendant la nuit les vents déchaînés exercèrent leurs ravages, et, dès l'aurore, les habitants de Gap purent voir les toits de leurs maisons de ville comme de leurs maisons des champs entièrement détruits, les arbres arrachés par leurs racines ou brisés vers le tronc, et, ce qu'il y eut de plus étrange, vingt toises du mur d'enceinte du parc de la caserne, renversées ou plutôt enlevées d'une seule pièce jusqu'en leurs fondements et portées dans le champ des cordeliers. « Les anciens se rappellent,

« ajoute M. de Rochas qui fut témoin de ce dé-
« sastre, que le 28 décembre 1719, on avait
« essuyé pareille tempête; mais elle ne causa pas
« de si grands dommages[1]. »

Enfin, nos pères virent, de 1778 à 1784, siéger à Charance Jean-Baptiste-Marie de Mallié de La Tour-Landry, descendant, disait-on, de ce sicambre dont parle Grégoire de Tours, de ce brillant maire du palais qui aida la belle Frédégonde à se défaire de l'incommode Chilperik. Notre prélat, revenu depuis long temps des écarts de sa jeunesse, mourut à Paris, où il s'était rendu pour assister au sacre de l'empereur Napoléon, au mois de décembre 1804. Jamais obsèques plus brillantes n'avaient illustré la mort d'un évêque, car tous les prélats de France et ceux d'Italie qui avaient suivi le souverain-pontife Pie VII, assistèrent à ses funérailles. C'était bien prendre son temps pour mourir.

Ainsi nous arrivons à l'épiscopat de M. de Vareilles.

Au XVIIIe siècle, que nous venons de parcourir rapidement, qu'en était-il de ces priviléges,

---

[1] Rochas, *Mémoires inédits*, p. 147, 2e Série.

de ces immunités qui avaient été l'objet de tant de querelles et fait verser tant de sang dans le moyen-âge; de cette puissance féodale unie à la puissance ecclésiastique qui avait si souvent tenté de nous les ravir? Hélas! tout était tombé devant l'unité gouvernementale de Richelieu et de Louis-le-Grand. Prélats et citoyens, devenus sujets, subissaient la loi commune. A l'ouverture de chaque règne, la ville de Gap s'empressait de faire approuver ses vieilles libertés tombées en désuétude; mais la création des maires perpétuels en 1692, année doublement funeste, et des conseillers-consuls en 1743, avaient déjà notablement altéré notre loi électorale et municipale, qui fut entièrement ruinée par l'ordonnance du 12 mai 1766. Toutefois, il nous restait un cérémonial à défendre, et nos magistrats n'avaient garde de l'oublier.

Le 2 juin 1740, ils obtinrent un arrêt du parlement qui leur accordait le droit d'entrer dans le chœur de l'église cathédrale par la grande porte du sanctuaire, pourvu que la cérémonie ne fût pas commencée, et de n'en sortir qu'après l'évêque; droit contesté quelques années plus tard, et que les consuls firent hardiment reconnaître en requérant un serrurier de forcer la grande porte de la balustrade, en présence du premier pasteur du diocèse et de son clergé.

Lorsque, en 1742, messire Jacques-Marie de Caritat de Condorcet vint prendre possession de l'évêché de Gap, ne vit-on pas M° François Barbier, avocat et premier consul de la ville prendre au collet ce rejeton, vrai ou prétendu des anciens rois de Bourgogne [1], le forcer de descendre l'escalier de son hôtel et d'accompagner le corps municipal jusqu'à la porte d'entrée d'icelui, selon les us et coutumes recueillis tant des anciens titres que de la possession ?

Depuis long temps, le concile d'Embrun semblait avoir mis un terme aux bruyantes querelles du jansénisme ; mais les fortes têtes de la cité avaient touché à l'arbre philosophique du xviii° siècle dont le fruit avait singulièrement altéré les croyances religieuses, lorsque éclata la révolution[2]. La génération qui nous précède, croyant

---

[1] La famille de Caritat prétendait descendre des anciens rois de Bourgogne. M. de Condorcet, évêque de Gap et ensuite d'Auxerre et de Lisieux, était l'oncle du marquis de Condorcet, l'une des victimes de la révolution du 31 mai 1793.

[2] Nos pénitents au nombre desquels figurait la haute bourgeoisie de la ville, avaient-ils repoussé les dogmes philosophiques du xviii° siècle? Je me plais à le croire; mais, quelques années avant la révolution ils avaient adopté le langage de certains philosophes. En 1785, ils prirent

ressaisir les vieilles libertés municipales et humilier à son tour ces prélats qui les avaient tant disputées à nos ancêtres, en embrassa les principes avec une ardeur et un enthousiasme difficiles à décrire. Le jansénisme, sorti de son engourdissement, et le voltairianisme, alors à son

---

la résolution de fonder un *hospice de la miséricorde* et de contribuer à son établissement par une aumône hebdomadaire de six deniers qui serait versée par chaque frère et par chaque sœur et dont le produit était destiné « à faire supporter aux pauvres, avec le moins de peine, l'incom-
« modité de leur vie malheureuse, et leur fournir dans le besoin tout
« ce qui peut leur être nécessaire pour mourir avec les secours
« humains. » Dans le prospectus de cette bonne œuvre, présenté à M. de Vareilles et approuvé par ce prélat le 12 mars 1786, on voit la *philantropie* substituée à la charité, et Dieu faire place à l'Etre suprême dont pourtant l'existence ne fut décrétée qu'en 1794. On y trouve encore une fort belle maxime qui, en morale, fut le dernier terme de Confucius, de Socrate ou de Marc-Aurèle : *Ne fais pas à autrui ce que tu ne voudrais pas qu'on te fit à toi-même.* Elle est présentée par les pénitents comme extraite des livres sacrés; mais le précepte évangélique ne nous laisse pas ainsi dans un état passif: il prescrit non seulement de ne pas nuire au prochain, mais de lui faire tout le bien dont on est capable, car il est écrit : *Faites aux hommes tout ce que vous voulez qu'ils vous fassent: c'est là la loi et les prophètes* (Math. VII.—12.) La maxime philosophique trop bien commentée est le fondement de la morale des intérêts : l'évangile au contraire impose le dévouement et l'obligation de pratiquer la charité, dont la philantropie, a dit Châteaubriand, n'est que l'inéficace parodie.—Du reste si la confrérie de Gap a été dissoute en 1842 ce n'est pas que les respectables frères eussent erré dans la foi : d'autres causes ont motivé l'ordonnance épiscopale qui l'a supprimée.

Voir le *Mémoire des pénitents de la ville de Gap*, rédigé par M. Xavier Blanc, avocat.—Gap, J. Allier, 1842.

apogée, présidèrent à l'élection de l'évêque constitutionnel au mois de mars 1791. L'élu fut promené en triomphe dans la ville de Gap, devenue le chef-lieu des Hautes-Alpes, malgré les fulminations de l'archevêque d'Embrun et les remontrances toutes paternelles du respectable La Broue de Vareilles, évêque dépossédé du diocèse. Dans une violente diatribe de cette époque, l'un est comparé à Catilina et à Mathan, et accusé d'hypocrisie, de noirceur et de scélératesse : les écrits de l'autre ne présentent au pamphlétaire qu'un galimathias prolixe et digne du feu[1]. On ne faisait pas mieux aux temps de la ligue et de la fronde !

Je ne signalerai pas les fluctuations de la ville de Gap pendant les diverses phases de la révolution : il suffira de dire qu'elle éprouva de bien cruelles déceptions en 1793, après avoir applaudi à son député à la Convention nationale[2], qui, n'écoutant que la voix de sa conscience, avait eu, comme ses collégues des Hautes-Alpes, le

---

[1] *Réplique à la lettre de M. de Leyssin, soit-disant archevêque d'Embrun ; aux électeurs du département des Hautes-Alpes.* Gap, 1791.

Voir la note R.

[2] M. Ignace de Cazeneuve, évêque constitutionnel des Hautes-Alpes.

courage de voter contre la mort du roi. Elle se montra avec éclat pour les girondins en convoquant ses assemblées primaires à l'effet d'envoyer des députés à Bourges ; mais bientôt elle se vit forcée de courber la tête sous le joug de la Montagne. Toutefois, pas une goutte de sang ne fut versée à cette terrible époque ; la ville et le département devinrent, au contraire, le refuge des proscrits des départements voisins ; et la réaction, si violente dans une ville rapprochée de la nôtre, fut presque inoffensive dans les Hautes-Alpes qui offrirent encore un asile aux proscripteurs des années précédentes.

Sous l'empire, la fumée de la gloire n'avait pas tellement enivré les habitants de Gap qu'ils ne se permissent de faire de l'opposition contre l'autorité de cette époque, non moins exigeante en fait de cérémonial que l'autorité des temps anciens. On eût dit que le sang des gapençais du moyen-âge coulait encore dans les veines des gapençais du xix° siècle, alors que le premier magistrat municipal combattait vaillamment pour ses honneurs et ses prérogatives, plutôt par instinct que par une connaissance bien claire de la tradition. A la vérité, la toute-puissance ministérielle le faisait succomber dans la lutte ;

mais aussitôt il abdiquait fièrement les pouvoirs dont il avait été investi.

[1815] Bien que j'aie à peine effleuré les événements dont notre ville fut le théâtre aux époques orageuses de la révolution, je ne puis passer sous silence l'anxiété dont elle fut saisie, la crainte ou la joie qu'elle éprouva, le 4 mars 1815, en apprenant, dès le matin, que l'empereur Napoléon venait de débarquer à Cannes. On en doutait encore le lendemain à 5 heures du soir lorsque le valeureux Cambronne se présenta à l'hôtel de ville pour demander les vivres et le logement pour la faible armée impériale qui se dirigeait sur Gap. On n'en douta plus quand Napoléon lui-même, célère comme dans ses jeunes années, fit son entrée, à 6 heures, par cette même porte Colombe que l'évêque Raymond de Baro avait trouvée hermétiquement fermée en 1399. Le préfet avait quitté la ville, non sans avoir publié une violente proclamation contre le fugitif de l'île d'Elbe; mais le corps municipal resta à son poste, et, sans trop de cérémonial, fit sa visite à l'empereur qui alors seulement commençait à éprouver quelque sécurité. Napoléon coucha à Gap et n'en partit que le 6 mars à deux heures de l'après-midi. Pendant la nuit furent imprimées ces proclamations semi-libérales datées du golfe Juan, qui, portées dans toutes les directions par des courriers gapençais, parvinrent bientôt jusqu'aux extrémités de la France; et le 20 mars le drapeau tricolore flottait aux Tuileries!

―――

De nos jours la prospérité matérielle va toujours croissant dans la ville de Gap. L'agriculture, dont les produits seront plus que doublés par le canal d'irrigation qui, au moment où j'écris, est le sujet de toutes les conversations et l'objet de la sollicitude de nos magistrats, y reçoit d'importantes améliorations; l'industrie manufacturière commence à s'y développer; les arts mécaniques y fleurissent; et l'ébénisterie surtout peut rivaliser avec celle de Grenoble, de Lyon et de Marseille, non par ses produits, mais par sa perfection.

Avec cet accroissement de richesses, comment se fait-il que la population de la commune ne s'élève en ce moment qu'à 8,599 ames, dont il faut déduire 835 âmes de population flottante[1], tandis que, d'après les auteurs modernes qui se sont occupés de statistique, elle en comptait

---

[1] Recensement de 1841.

16,000 au commencement du xvi° siècle[1]? On indique pour causes de cette dépopulation les guerres de religion, la peste qui ravagea la contrée en 1630, les guerres de Louis xiv, la révocation de l'édit de Nantes, et le sac de la ville en 1692; mais on ne justifie par aucune autorité un chiffre qui me paraît trop élevé; car, tout en admettant que les maisons de la ville et de la campagne, dont le nombre s'est fort accru de nos jours, pouvaient contenir une aussi grande quantité d'habitants, l'état de l'agriculture, du commerce et de l'industrie manufacturière était loin de présenter, dans ces temps reculés, des ressources suffisantes pour une population plus que double de la population actuelle. Du reste, je crois avoir établi, par le règlement politique de 1564, qu'à cette époque, elle ne pouvait s'élever à plus de 10,000 âmes.

---

[1] Voir les *Annuaires* publiés par M. Farnaud, et l'*Histoire, topographie, antiquités*, etc., *des Hautes-Alpes*, par M. Ladoucette, p. 374. — Rochas, dans ses *Mémoires*, p. 161, 1re série, ne porte l'ancienne population de la ville qu'à *environ* 10,000 âmes.

REVUE RETROSPECTIVE.

(1317) Chemin de traverse de Tallard à Montgardin.

Dans le moyen-âge, l'économie politique de nos ancêtres ne tournait pas toujours à l'accroissement de la richesse générale ; elle ne voyait que la cité, et tant pis pour les populations d'alentour qui tombaient sous les priviléges de notre aristocratie bourgeoise et marchande. Ainsi, en l'année 1317, messire Bertrand de Lioncel, évêque de Gap, accordait généreusement des lettres patentes par lesquelles il était permis aux habitants de sa ville épiscopale de faire rompre le chemin de traverse qui passe par Lettret, et conduit, le long de l'Avance, à Montgardin, de telle sorte que les gens à pied et à cheval fussent obligés de passer par Gap ; permission confirmée par le dauphin en 1336, moyennant cent florins d'or payés par la ville ; confirmée de nouveau par une foule de lettres-patentes ou exécutoires pendant les deux siècles suivants, et en vertu desquelles nos consuls allaient planter aux abords et le long dudit chemin les pannonceaux aux armes delphinales, et faisaient publier les défenses de le pratiquer, dans les foires et marchés à vingt lieues à la ronde. En conscience, lorsque cet honnête privilége fut aboli, l'on aurait bien dû nous rendre nos florins ainsi que Humbert II l'avait stipulé en ses lettres du 24 novembre 1336[1].

Quel n'eût pas été l'étonnement de ces dignes magistrats du xiv° siècle, de quelle indignation n'eussent-ils pas été saisis s'ils avaient vu le susdit chemin de traverse se restaurer sous le nom pompeux de chemin vicinal *de grande communication*, où bourgeois, manants et habitants des villes et communes voisines passent à pied, à cheval et même en tilbury, sans respect pour le pannonceau delphinal, sans crainte des amendes et confiscations portées par les lettres-patentes, et se riant de la perte de nos cent florins d'or !

(1405) Règlement de police.

En 1405 et le 3 du mois de février, l'évêque et les syndics ou consuls de Gap dressaient de concert un règlement de police qui ferait honneur à l'intelligence municipale de notre temps. L'on n'y

---

[1] *Sac coté B et Livre rouge*, p. 43 et suiv., aux archives de l'hôtel de ville.

fixe pas le prix des denrées et des comestibles, à l'exception du pain; mais d'ailleurs tout y est parfaitement ordonné. Quant à la *vituaille*, il y est dit : « Le prix et valeur en seront réglés de
« telle sorte que si l'émine de froment ou avoine
« ou bled duquel lesdits pains seront faits, vaut
« ou se vend *dix sols*, que le prix soit constitué
« audit pain; si *quatorze*, autre prix; et ainsy
« montant jusqu'à valeur de *trente-deux sols*,
« si tant il se vendoit QUE DIEU NE VEUILLE ! S'il se
« vendoit moins, QUE DIEU LE PERMETTE ! à pro-
« portion, et mesme que par lors sera trouvé
« bon par lesdits Corrier et scindiques soit or-
« donné et constitué ledit poids et prix dudit
« pain[1]. »

(1632) Autre règlement de police.

Mais celui du 12 décembre 1632, fait et rédigé dans une assemblée tenue devant Charles-Salomon du Serre, à laquelle assistaient les trois consuls et les notabilités de la ville, dénote un

---

[1] *Extrait des libertés de la ville de Gap et du livre appelé Bulle dorée, traduit fidèlement du latin en françois* (dans le XVIIe siècle). Ms. — L'évêque se nommait *Joannes de Sanctis*, et les deux consuls qui signèrent le règlement, Pierre Balbi et Giraud de Poligny, l'un et l'autre nobles. — Le Courier était le juge de police.

progrès sensible, puisqu'on y réalise ce que la Convention ne décréta que deux siècles plus tard : je veux parler du *maximum* du prix des denrées et comestibles. Ainsi, quelle que fut l'abondance ou la rareté de la marchandise et la quantité offerte au consommateur, le paysan des bords du Drac ne pouvait exiger du bourgeois de la ville que 2 sols 6 deniers pour une livre de chabots, et 5 sols pour une livre de truites ; la ménagère des Fareaux ou de Charance devait livrer ses poules et gélines à raison de 12 sols, et le braconnier de la Tourronde, ses bécasses pour 16 sols la paire, etc. Ce dernier règlement n'est soumis qu'à la sanction du parlement et n'entraîne que des peines temporelles, tandis que celui de 1405, rendu exécutoire par le souverain pontife en 1460, soumet les contrevenants aux peines éternelles, indépendamment des amendes et confiscations par eux encourues[1].

---

[1] *Règlement du 16 décembre* 1632, aux archives de l'hôtel-de-ville. Les trois consuls qui signèrent ce règlement étaient Étienne Rolland, avocat, Esprit Gaillard et Pierre Gilibert. Parmi les notables figure *l'avocat* Raymond Juvenis.

BIOGRAPHIE.

Il me reste à présenter la liste des hommes nés dans la ville de Gap, qui, par leurs vertus ou leurs talents, ont échappé à l'oubli qui pèse sur les générations dont ils furent les contemporains, et à faire connaître leurs titres à *l'immortalité*. J'en forme deux catégories, les grands et les petits, quoique le mérite des uns et des autres fût peut-être d'égale valeur.

Voici d'abord la nomenclature de nos petits grands-hommes :

Albert, le gapençais, troubadour du xiie siècle, chanta Willelmine de Malespine, la noble dame de ses pensées.

Guillaume ii, évêque de Gap et ensuite abbé de Saint-Denis, traduisit, vers la fin du même siècle, la vie de Secundus et celle de saint Denis, écrite par George le Syncelle.

Claude de Ponnat, chanoine de Gap en l'année 1300, est l'auteur, selon quelques historiens, du fameux roman du *Petit Jehan de Saintré*; mais Barbier, le plus savant de nos bibliographes, attribue cet ouvrage à Antoine de la Salle. Du reste, Claude de Ponnat appartenait à une famille qui, de tout temps, s'est distinguée par son amour pour les lettres.

Jean JUVENIS parvint par son mérite à la dignité de chancelier de Louis II, roi de Sicile et comte de Provence.

Antoine FAURE, né à Gap et chanoine de la cathédrale d'Embrun, a écrit une histoire des Vaudois, qui autrefois se trouvait manuscrite dans les archives de l'évêché de Valence.

Claude OLIER, notre premier vi-bailli, qui, en 1515, complimenta François 1er au village de la Rochette, était, selon Juvenis, un très célèbre jurisconsulte et l'un des hommes les plus éloquents de son époque, ainsi qu'on le voyait par ses harangues, lesquelles ne sont pas venues jusqu'à nous.

Jean-André de FLANDRIA dédia au précédent les oraisons élégantes et doctes qu'il composa contre les luthériens. Elles ont eu malheureusement le même sort que les harangues de Claude Olier.

Louis SAUNIER publia en 1584, des odes, des

hymnes, des sonnets et d'autres pièces de vers français.

Jacques de POLIGNY, mathématicien célèbre au temps d'Henri IV, fut chargé par ce prince d'ouvrir un chemin à travers les Hautes-Alpes.

Gui ARMAND, avocat, se fit estimer par ses connaissances et ses talents pour la plaidoirie. Il était en grande vénération à Grenoble vers l'an 1650.

Que dirai-je de plus de tous ces gapençais dont les ouvrages ont péri dans la traversée des âges, ou nous sont inconnus?

Les suivants méritent une mention plus particulière.

GUILLAUME DE SAINT-MARCEL, inquisiteur de l'ordre des frères-mineurs, de la suite du roi de Sicile lorsque, en 1297, ce prince transigea avec l'évêque Geoffroy de Lioncel, était né à Gap et appartenait à l'illustre famille de ce nom qui en est originaire. En 1305, il fut envoyé à Rome par Clément V pour mettre un terme aux guerres civiles et aux désordres qui régnaient dans cette ville. Ce même pape le commit en 1309 pour informer contre les Templiers du royaume, et même contre le grand-maître de l'ordre. Jean XXII le nomma évêque de Grasse en 1317;

ensuite il assista au concile de 1328 tenu à Avignon contre l'anti-pape Pierre de Corbario[1].

François BORELLI, né à Gap comme le précédent, comme lui appartenant à l'ordre des frères mineurs, et grand inquisiteur de la foi dans les provinces d'Arles, d'Aix, de Vienne et d'Embrun, était, d'après les historiens, un homme d'une rare doctrine. Il s'est rendu célèbre par les poursuites qu'il dirigea contre les Vaudois de Freissinières, de l'Argentière et de la Val-Pute (Val-Louise), dont il livra, dit Perrin, plus de deux cent trente au bras séculier, avec un grand nombre de femmes et de filles. Le zèle frénétique que montra ce grand inquisiteur ne doit pas nous faire oublier que c'est par sa puissante médiation que furent terminés les graves différends élevés entre la ville de Gap et son évêque Jacques d'Artaud, et que nos ancêtres durent à son civisme la grande charte de 1378[2].

---

[1] Juvenis, *Mémoires inédits*.

[2] Juvenis, *Mémoires inédits*, et les divers traités intervenus sous l'espiscopat de Jacques Artaud.
Le P. Fournier, (*Histoire des Alpes-Maritimes*), convient que F. Borelli fit beaucoup de procédures contre les Vaudois; mais il traite d'imposture le fait avancé par Perrin que 80 de ces hérétiques avaient été traduits et brûlés vifs à Grenoble. Il se fonde sur les procédures qu'il avait en son pouvoir, lesquelles sont d'une longueur et d'une exactitude remarquables, et ne présentent rien de semblable.

Guillaume FAREL, d'après certains auteurs, était d'un médiocre savoir et d'un fanatisme outré que ses partisans même avaient bien de la peine à modérer. Sur ce dernier point, tous les biographes se trouvent d'accord avec Juvenis qui le second a parlé dans ses Mémoires des prédications de ce rude héritique dans sa ville natale. On a cité avec avantage quelques-uns de ses ouvrages, entre autres, *Le glaive de l'esprit.* Les historiens ont signalé l'effet merveilleux produit par sa parole éloquente. A Genève, dont il consomma la révolution politique et religieuse, le peuple se levait pour l'entendre, alors qu'il prêchait à Saint-Pierre au son de la grosse cloche, et se livrait ensuite aux plus violents excès contre les images des saints et les divers objets vénérés par les catholiques. Malgré sa démarche vacillante qui le faisait comparer à un cul-de-jatte, et sa barbe rousse *coupée à bouc*, qui tant prêtait à la plaisanterie des *libertins* de Genève, Farel parvint à trouver une épouse à l'âge de 69 ans. Né à Gap, en 1489, il mourut à Neufchâtel où il exerçait le saint-ministère, le 13 septembre 1565 [1].

Jacques HUGONIS, cordelier, mourut à Paris

---

[1] Voir la note S.

d'une attaque d'apoplexie au mois de novembre 1574. Son nom est tombé dans l'oubli, et pourtant il rayonna avec éclat dans le cours du XVI° siècle. C'était un homme d'une grande probité, d'une rare vertu et d'une doctrine tout opposée à celle de son compatriote Farel ; car il est écrit *qu'il s'opposa extrêmement à l'hérésie qui naquit de son temps*. Il était fils d'un marchand de la ville de Gap ; mais celui-ci, tout marchand qu'il était, descendait de l'une des plus nobles et des plus anciennes familles du pays, puisqu'il était issu de Guillaume d'Hugonis, l'un des chevaliers qui suivirent le parti de la dame de Baux en la guerre qu'elle soutint contre Raymond Bérenger II, comte de Provence. Frère Jacques Hugonis fut un grand théologien, versé dans toute sorte d'érudition, et docteur de la faculté de Paris. « Charles de Bourbon, avec une affluence de « plusieurs grands seigneurs, évesques, prési- « dens et conseillers, et autres gens de toute « qualité, assistèrent à ses obsèques ; » et les muses de la capitale s'empressèrent à l'envi de célébrer en français, en grec, en latin, en prose comme en vers, la gloire qu'il s'était acquise durant sa vie mortelle[1].

---

[1] Juvenis, *Mémoires inédits et Notes autographes*, p. 61 à 68.
Cet auteur a recueilli dans ce dernier ouvrage un grand nombre

Ignace ARMAND, né à Gap en 1562, appartenait à l'une des plus honorables familles de cette ville. Son père y exerçait les fonctions de procureur du roi, et sa mère était sœur d'Alexandre et de César de Bus, l'un, premier capitaine des gardes sous Charles IX, et l'autre, fondateur de la congrégation de la doctrine chrétienne. Ignace Armand entra chez les jésuites à l'âge de 17 ans, et fut tour-à-tour professeur de philosophie et de théologie, recteur du collége de Tournon et du collége de Paris. Il devint ensuite supérieur de la maison professe de Champagne et provincial de la province de Lyon. Lorsqu'il s'agit du rétablissement des jésuites en France, il fut député avec le P. Cotton auprès de Henri IV, *qui dit pour lors que les jésuites luy avoient envoyé une teste et une langue.* Le P. Armand mourut à Paris le 8 décembre 1638. Indépendamment de divers discours qu'il fit imprimer, il a laissé une *Epitre contre le ministre Chamier*, une

---

d'épitaphes, de sonnets, d'inscriptions en l'honneur de F. Jacques Hugonis. Je me borne à transcrire la plus courte du recueil :

« Riche j'estoy et noble de lignage,
« Mais je fis vœu de simple pauvreté
« Pour m'enrichir, m'annoblir davantage,
« Là où je suis, et non où j'ay esté. »

Claude BINET-BEAUVOISIN.

Paraphrase sur les épitres des apôtres, et une autre *Paraphrase sur les Psaumes*[1].

Honorat RAMBAUD, grammairien, enseignait en 1578 la langue française à Marseille, et dédiait aux consuls de cette ville son livre rarissime *De la desclaration des abus que l'on commest en escrivant*; ouvrage dans lequel il réforme entièrement l'orthographe, et où il fait usage de caractères nouveaux par lui inventés. L'exemplaire qui se trouve à la bibliothèque de Gap contient un sonnet manuscrit de M. Bleyn de Lyon, en l'honneur de notre grammairien. Ce sonnet est précédé des mots suivants : « J'ay receu en don
« le présent livre de l'auteur mesme, homme
« honorable par sa blanche vieillesse, et gran-
« dement louable par le bon-vouloir qu'il a de
« profiter à tous. »

Pierre GAILLARD, archidiacre de l'église cathédrale de Gap, ne doutait nullement des vérités de la religion, mais il n'avait pas la même foi aux merveilles que l'on publiait sur N. D. du Laus, vers l'année 1663. Il se rendit dans ce lieu célèbre un jour où trente-six processions y

---

[1] Juvenis, *Notes autographes*, p. 59. — Gui-Allard, *Bibliothèque du Dauphiné*, p. 50.

arrivaient par diverses avenues ; il fut tellement ému du spectacle qui s'offrit à ses regards et des miracles opérés en sa présence que, dès ce jour, il ne quitta plus le Laus. Il lutta victorieusement contre les jésuites d'Embrun *qui traitaient*, dit Juvenis, *ces miracles de bagatelle, et les apparitions de la Sainte-Vierge comme des impostures ou des illusions de la bergère*. La construction de l'église et du couvent fut faite sous sa direction, et il écrivit dans un journal que l'on voit encore au Laus tous les événements dont il fut témoin sa vie durant. Indépendamment de ses *Mémoires manuscrits* qu'il légua aux desservants du sanctuaire, Pierre Gaillard écrivit un ouvrage ayant pour titre: *Le chemin du vrai chrétien, suivi d'un discours sur la Conception de la Sainte-Vierge*, et le livra à l'impression en 1679. Cet auteur était encore vivant en 1689, époque à laquelle il eut à soutenir un procès en paiement d'une promesse ; mais j'ignore l'époque où il cessa de vivre, comme celle de sa naissance [1].

Raymond JUVENIS, IIIe du nom et tant de

---

[1] *Notice historique sur Notre-Dame du Laus*. Marseille 1829. — Juvenis, *Continuation de l'Histoire des Alpes-Maritimes du P. Fournier*, p. 520. — Gui-Allard, *Bibliothèque du Dauphiné*, p. 172.

fois cité dans cet abrégé, était procureur du roi au baillage de Gap; vers la fin du xviie siècle, il joignait à ces fonctions celle de subdélégué de l'intendant de Grenoble. Ses vastes connaissances historiques le placent parmi les hommes dont la mémoire doit être conservée. Il fut l'ami et le collaborateur du savant Artus de Lionne, et en correspondance avec le P. Pagi, avec Moréri, avec Chorier qui cite souvent les *Mémoires* de notre auteur dans son Histoire du Dauphiné, histoire que Juvenis entreprit de refaire et qu'il ne put terminer. Outre cette *Histoire du Dauphiné*[1], et ses *Mémoires*, Juvenis a laissé deux cahiers de notes également manuscrites sur l'histoire de la ville de Gap, que j'ai citées sous le nom de *Notes autographes*, ainsi qu'une traduction de la volumineuse *Histoire des Alpes-Maritimes ou Cottiennes* du P. Marcellin Fournier, laquelle se termine à l'année 1642, et que Juvenis a continuée jusqu'à la fin du siècle. Cet auteur mourut à Gap, où il exerça plusieurs fois des fonctions municipales, le 7 janvier 1705, et fut inhumé dans l'église

---

[1] La ville de Carpentras en possède le manuscrit original contenant 1,500 pages d'une écriture fine et serrée. Quelques cahiers de cette Histoire se trouvent à la bibliothèque de Grenoble; ils sont également autographes, mais ils présentent beaucoup de lacunes, et ne contiennent que 392 pages.

des frères prêcheurs, en la chapelle de saint Raymond, son patron. Un de ses successeurs dans la carrière qu'il a si glorieusement parcourue, lui reproche quelque vanité sur l'illustration qu'il donne à sa famille, car Juvenis prétendait descendre des anciens vicomtes de Marseille ; mais, selon M. de Rochas, (*Mémoires*, pag. 56, 1re *série*), ses ancêtres auraient été des muletiers de Gap et non des chevaliers, ainsi qu'il l'a trouvé dans le cadastre latin de cette ville où Juvenis a effacé le mot *mulatieri*, écrit à la suite du nom de l'un de ses ascendants, pour y substituer celui de *milites*. Cependant cette famille jouissait d'une grande considération au commencement du xv° siècle. Antoine Juvenis qui siégea sur le trône épiscopal de Gap de 1407 à 1410, avait pour père un Juvenis qui, en 1385, était chambellan et capitaine de Louis Ier, roi de Sicile et comte de Provence, et pour frère Jean Juvenis qui assista de ses conseils et de son bras la reine Marie et son fils Louis II ; ce que Raymond III établit d'une manière à lever tous les doutes. Mais, Rochas n'avait jamais vu de notre auteur que les fragments de son Histoire du Dauphiné, dont son petit fils a fait présent à la ville de Grenoble.

Joseph-Dominique de ROCHAS-AIGLUN, descendant d'une noble famille qui vint s'établir à Gap vers la fin du xv° siècle [1], et auteur des *Mémoires* qui viennent d'être cités, est moins connu par cet ouvrage, le seul qu'il ait laissé, que par son désintéressement, sa probité, une excessive délicatesse, et une piété solide, profonde et éclairée. M. de Rochas a fait preuve d'érudition, de capacité et surtout d'une grande patience en recherchant dans la poussière des archives de l'hôtel de ville les matériaux qui ont servi à la rédaction de ses Mémoires. Je pense qu'aucun vieux parchemin, aucune paperasse vermoulue n'ont échappé à ses longues investigations, et

---

[1] D'après les renseignements exacts qui viennent de m'être fournis, la famille de Rochas se divisa en trois branches avant la fin du xiii° siècle; l'une se fixa dans les environs de Paris, la seconde dans les environs de Grenoble, et la troisième près de Digne, où Jean de Rochas, écuyer, acheta du roi René la seigneurie d'Aiglun. De cette branche qui prit le surnom de la seigneurie par elle acquise, est issu l'auteur des Mémoires ; car André de Rochas, fils cadet de Jean, vint s'établir à Gap en l'année 1480, et un grand nombre de titres établissent que Joseph-Dominique en était le descendant. Le seul membre de cette famille actuellement vivant est M. Marie-Joseph-Eugène de Rochas-Aiglun, petit-fils de notre chroniqueur, et juge au tribunal de Briançon.

Un autre famille Rochas a subsisté long-temps à Gap, en même-temps que celle des Rochas-Aiglun ; mais il m'a été impossible de les distinguer lorsque j'ai eu à citer les noms des personnes appartenant à l'une ou à l'autre : j'ai écrit ces noms tels que je les trouvais dans les documents que renferment nos archives.

que, comme Juvenis, non moins pieux que lui, le principal but de son travail fut de signaler les envahissements sur les libertés municipales, opérés à diverses époques par les évêques-seigneurs de Gap; car il recommande à ses héritiers de ne pas hésiter à en faire usage, le cas échéant où de nouveaux différends viendraient à s'élever sur les droits de la cité. Joseph-Dominique de Rochas, né à Gap en 1732, fut enlevé à ses concitoyens dont il fut le modèle, le 27 août 1807. Il avait constamment exercé la profession d'avocat dans sa ville natale.—M. de Rochas, son fils, mort juge au tribunal de Gap, publia en 1808 un ouvrage curieux ayant pour titre *Nouveaux pas sur les sentiers de la Nature*, lequel contient quelques traits d'histoire et un système sur la *matérialité* de l'axe de la terre[1].

FRANÇOIS VALLON-CORSE a laissé, comme le précédent, quelques écrits sur sa ville natale. C'est lui qui nous a conservé le *Rolle des évesques de Gap*, dressé par M. de Lionne pour les frères de Sainte-Marthe, et dont il avait tiré une copie. Il possédait également le manuscrit autographe de Juvenis, contenant la traduction de l'ouvrage

---

[1] 4 vol. in-12. Gap, chez Genoux, 5 mai et 25 juin 1808.

du P. Fournier sur les Alpes-Maritimes; manuscrit qui appartient aujourd'hui au séminaire de Gap. M. Vallon étant second consul de la ville, posa, le 3 juillet 1754, la première pierre de la caserne, avec M. Blanc-de-Camargues, premier consul, et M. Guigues de la Garde, consul forain : il mourut à Gap le 1er juillet 1791, âgé d'environ soixante-treize ans.

LAURENT-MATHIEU-MICHEL MANNE, né en 1734 et mort en 1806 à Toulon où il avait exercé les fonctions d'administrateur et de chirurgien en chef du 6° arrondissement maritime, est auteur de divers ouvrages de médecine et de chirurgie fort estimés.

JEAN-MICHEL ROLLAND, successivement curé de La Motte-du-Caire, membre de l'assemblée constituante, professeur de grammaire générale à l'école centrale des Hautes-Alpes, et principal du collége de Gap, naquit dans cette ville en l'année 1745 et y mourut le 29 avril 1810. Qui de nous n'a été à portée d'apprécier les hautes connaissances littéraires et scientifiques de M. l'abbé Rolland, l'austérité de ses mœurs, la gravité de son maintien, la douceur de son caractère, toutes les vertus sociales et domestiques qui le plaçaient, si non au-dessus, du moins à côté de tout ce que la ville de Gap renfermait alors de plus recommandable ! Ses amis et ses émules feu M. Farnaud, ancien secrétaire général de la préfecture, et M. le baron de Ladoucette, ancien préfet de ce département, l'un dans l'éloge qu'il lui consacra peu de temps après sa mort, le second dans son estimable ouvrage sur les Hautes-Alpes publié pour la seconde fois en 1834, ont parlé avec effusion des sentiments qu'il leur avait inspirés, et ont fait connaître ses nombreux travaux littéraires. Je me borne à signaler ici le *Dictionnaire des expressions vicieuses usitées dans les Hautes et Basses-Alpes*, ouvrage qui fut couronné en 1809 par la société d'émulation des Hautes-Alpes[1]. M. Rolland fit insérer plusieurs morceaux en prose et en vers dans les *Mélanges* publiés par cette société, et concourut, avec MM. de Ladoucette et Farnaud, à la rédaction et au succès d'un journal d'agriculture qu'elle fit paraître de 1804 à 1814.

Pierre-Antoine FARNAUD que je viens de citer, et dont la ville de Gap déplore la perte

---

[1] 1 vol. in-8°. *Gap, chez J. Allier,* 1810. — L'auteur du présent opuscule possède encore le *Cours de grammaire générale* dicté à ses élèves par M. l'abbé Rolland, alors qu'il professait à l'école centrale des Hautes-Alpes.

récente, après avoir été employé dans les impositions indirectes, fut nommé secrétaire général du directoire du département, le 3 décembre 1793. Il exerça cet emploi sous toutes les formes de gouvernement qui se succédèrent en France jusqu'en 1815, époque à laquelle il fut remplacé par M. Faure, de Chabottes ; mais, lorsque les secrétaires généraux de préfecture, d'abord supprimés, furent rétablis, M. Farnaud fut pourvu de nouveau de cette charge, et l'exerça jusqu'à la suppression définitive survenue en 1834. Cet estimable citoyen était dans ces derniers temps membre du conseil général du département, et de toutes les commissions charitables et administratives de la ville de Gap, et c'est à lui que fut toujours confié le soin d'en rédiger les actes en qualité de secrétaire. Comme écrivain, les Hautes-Alpes n'ont à lui opposer que le *Cygne de Ribiers* (M. l'abbé Pellegrin, son ami). Sa plume toujours correcte, élégante et facile s'est exercée dans bien des genres. Les *Mélanges littéraires* publiées par la société d'émulation des Hautes-Alpes, alors que M. le baron de Ladoucette l'excitait de son zèle et l'éclairait de ses lumières, contiennent plusieurs pièces en prose et en vers de M. Farnaud. En l'an VI, il s'était occupé d'une statistique ou *Description des Hautes-*

Alpes qui lui valut les éloges de François de Neufchâteau, alors ministre de l'intérieur, et qui n'a été égalée que par celle que publia quelques années plus tard M. Bonnaire, premier préfet de ce département. Je passe sous silence les divers mémoires rédigés par notre secrétaire général pendant la longue durée de ses fonctions administratives, et les *Annuaires* qu'il publia à différentes époques; mais je donnerai le titre d'ouvrages plus sérieux, dont la plupart traitent de l'économie agricole de notre département : 1° *Observations sur la refonte des Matrices de rôles de la Contribution foncière.* (Broch. in-8° Gap, an IX); 2° *Essai sur l'ouverture d'un canal à puiser dans le Drac d'Orcières pour arroser le territoire de la ville de Gap.* (Broch. in-8° Gap an X. 1802); 3° *Notice sur M. Rolland, ex-constituant.* (Broch. in-8° Gap 1811); 4° *Exposé des améliorations introduites depuis environ cinquante ans dans les diverses branches de l'économie rurale du département des Hautes-Alpes.* (1 vol. in-8° Gap 1811) 5° *Mémoire sur l'histoire des canaux d'arrosage dans le département des Hautes-Alpes.* (1 vol. in-8° Paris 1821). Ce n'est pas ici le lieu d'examiner le mérite de ces ouvrages dont quelques-uns, a-t-on dit, présentent plus d'élégance et d'harmonie dans le style que de profondeur dans les vues; les deux derniers furent couronnés, l'un, par la société d'agriculture de la Seine ; l'autre, par la société royale et centrale d'agriculture, et valurent à leur auteur deux médailles d'or du prix de 300 francs : sous tous les rapports, c'est faire leur éloge.— M. Farnaud a terminé à Gap son honorable et religieuse carrière le 11 août 1842 : il était né dans cette ville au mois de mai 1766.

Telles sont les intelligences privilégiées que la ville de Gap vit s'élever dans son sein aux diverses époques que nous avons parcourues. Mais hélas! aucune d'elles n'a pu encore trouver place dans la Biographie universelle!

FIN.

NOTES ET ÉCLAIRCISSEMENTS.

Note A, page 4.

(1600.—218 av. J.-C.) Alpyon et Brigion, Bellovèse, Brennus, combats auxquels les montagnards prirent part; état de la civilisation dans les Alpes.

Alpyon et Brigion étaient deux géants dont la domination s'étendait des bords de la Méditerranée à la cime des Alpes : ils s'étaient rendus redoutables par leurs cruautés et leurs brigandages, et leurs peuples, aussi brigands qu'ils l'étaient eux-mêmes, pillaient et assassinaient les voyageurs qui traversaient nos montagnes et parcouraient nos vallées. Or, en ce temps-là, Hercule, non le fils d'Alcmène, mais un Hercule venu de Tyr, nommé Mélicerte par un savant germain de nos jours digne émule d'Annius de Viterbe et possesseur d'un manuscrit de Sanchoniaton, traduit par Philon de Biblos, Hercule, dis-je, pénétra dans la Gaule par le Mont-Genèvre, franchit les Pyrennées, et, à son retour d'Espagne, purgea la terre des deux monstres. Vaincus d'abord dans les plaines de la Crau d'Arles, alors riantes et fertiles et aujourd'hui couvertes de ces pierres innombrables qui tombèrent du Ciel pour armer les compagnons d'Hercule dont les traits étaient épuisés. Alpyon et Brigion perdirent la vie dans un dernier combat livré au sein des Alpes ; les vols et les violences des habitants de ces montagnes cessèrent, et les voyageurs purent aller de la Gaule en Italie et venir de l'Italie dans la Gaule sans être inquiétés au passage[1].

Puisque nous en sommes à l'époque gauloise nous pouvons ajouter que pour connaître l'origine des premiers habitants des Alpes, il faut remonter jusqu'au déluge, ou du moins jusqu'à Gomer, fils de Japhet, car Josephe a écrit que c'est de ce petit-fils de Noë que descendaient les Celtes, nos ancêtres[2]. Nous devrions suivre les enfants de Gomer, connus sous le nom de Galls, depuis le Mont-Ararat jusqu'aux bords du Rhin, les voir passer le fleuve et prendre possession de la terre encore vierge de la Gaule ; puis, une seconde fois sous le nom de Kimris, les voir descendre du Nord, entrer dans la Gaule, la

---

[1] Diodore de Sicile, liv. vii, ch. 9.—Ammien Marcellin, liv. xv,—Pomponius Mela, liv. ii, ch. 5.— Denys d'Halicarnasse, liv. ii.— Le P. Marcellin Fournier, *Histoire des Alpes Maritimes ou Cottiennes*, 2e partie, sect. 3.—Raymond Juvenis, *Histoire du Dauphiné*, p. 61-65. Ms. de Grenoble.

Ces récits mythologiques, ingénieusement interprétés par M. Amédée Thierry, dans son *Histoire des Gaulois*, ne sont pas, comme on le voit, dépourvus d'autorité.

[2] Josephe, *Antiq.* liv. i, ch. 6.

partager avec les premiers occupants, envahir la péninsule ibérique et forcer les indigènes d'en sortir. Nous verrions ensuite ces malheureux exilés s'établir, sous le nom de Ligures, sur les bords de la Méditerranée, et, dans des temps postérieurs, prendre possession de tous les pays situés entre l'Isère, les Alpes, le Var et la mer. Mais c'est un tour de force de linguistique que M. Amédée Thierry a pu seul exécuter.

(587 av. J.-C.) Bellovèse.

Je passe à des faits mieux établis et plus vraisemblables que les courses aventureuses de l'Hercule Tyrien, en laissant un espace de dix siècles dans la profonde obscurité où les a plongés notre histoire. Il est à présumer que les habitants des Alpes servirent d'éclaireurs à Bellovèse, lorsque ce chef gaulois traversa nos vallées, franchit le Mont-Genèvre et fonda la république Gallo-Cisalpine dont Milan fut la capitale, 587 ans avant l'ère chrétienne.

(388 av. J.-C.) Brennus.

Pouvons-nous ajouter qu'en l'année 388, Brennus ou, pour parler le langage moderne, le Brenn des Gaulois, venu des bords de la Seine aux sources de la Durance, n'oublia pas, à son passage à Vap, Kap ou Tricorium, à Ebredunum, à Rama? et à Brigantium, d'enroler parmi la jeunesse ce qu'il y trouva de plus fort, de plus nerveux et de plus intelligent pour l'emmener à Rome, et que le premier soufflet donné sur la face des graves sénateurs assis dans leurs chaises curules, tomba d'une main calleuse qui avait fait usage de la fronde sur les flancs du Pelvoux ou de Chaillol-le-Vieil, ou brandi la lance dans la vallée de la Luye ou sur les bords de la Clarée[1] ?

(224 à 228 av. J.-C.) Les montagnards des Hautes-Alpes grossissent les armées gauloises.

Du moins, l'on peut affirmer que les peuples de nos montagnes grossirent plusieurs fois les armées gauloises, et surtout à l'époque où les Insubriens et les Boïens envoyèrent des députés aux Gésates qui habitaient le pays situé entre le Rhône et les Alpes. Il sortit alors de ces provinces une armée nombreuse qui fut vaincue sur les rives du Pô par les consuls Paul-Emile et Attilius. Deux ans après les Gésates envoyèrent encore 50 mille hommes au secours des Insubriens; mais ils furent de nouveau battus et repoussés sur tous les points[2]. Les Romains allaient les poursuivre dans la Gaule lorsque apparut le célèbre guerrier dont les exploits n'ont été effacés ni par *ces deux grands noms qu'un siècle au siècle*

---

[1] J'ai suivi à tort la vieille opinion qui fait partir, en ce temps-là, le Brenn des Gaulois et ses guerriers des bords de la Seine. M. Amédée Thierry, plus compétent en cette matière, en fait tout bonnement des Cisalpins descendant des compagnons de Bellovèse qui, se trouvant trop à l'étroit sur leur territoire, songent à en reculer les limites, tombent sur l'Étrurie au nombre de trente mille, et assiègent ensuite le Capitole. Mais il faut voir le P. Fournier *(Histoire des Alpes Maritimes*, 2ᵉ part. sect. 5.), mettant à contribution son érudition énorme à cette fin d'établir que le chef gaulois régnait sur l'Embrunais, sur le Gapençais et sur un grand nombre de cités en deçà des Alpes; que c'est dans nos contrées qu'il leva cette armée formidable qui occupa Rome et assiégea le Capitole; et que l'histoire de Camille n'est qu'un conte inventé par l'amour propre romain.

[2] Polybe, liv. II, ch. 4. — Pline, liv. III, ch. 20.

annonce, ni par le nom plus grand encore dont les travaux contemporains ont fait pâlir ceux de l'Hercule de Tyr et de l'Hercule de Béotie, Annibal arrivait!

(218 av. J.-C.) État de la civilisation au temps d'Annibal.

Nous avons vu au temps du premier Hercule les habitants des Alpes occupés à dévaliser les passants. Quinze cents ans d'intervalle n'avaient pas beaucoup hâté le progrès social dans cette âpre contrée, et si nous en croyons Polybe, on n'y voyait (dans le Briançonnais, sans-doute), que des cabanes informes dispersées çà et là; que des hommes d'un aspect sauvage et féroce dont la crinière hérissée glaçait de crainte les soldats d'Annibal. Consolons-nous : Rome, l'orgueilleuse maîtresse du monde, ne fut-elle pas fondée par une troupe de bandits ?

Note B, page 7.

(218 av. J.C.) Passage d'Annibal dans les Hautes-Alpes.

J'ai peut-être glissé trop légèrement sur le passage d'Annibal dans les Alpes. Je répare une partie de mes torts en traçant ici son itinéraire d'après l'opinion la plus suivie, et en faisant connaître comment un historien indigène a cherché à enlever à la ville de Gap l'honneur d'avoir fourni des vivres pendant trois jours à ce héros et à son armée.

Annibal entre dans le département des Hautes-Alpes

du côté de Rosans, il traverse ensuite les territoires

de *Serres*, — ville sans nom dans l'antiquité ;
de *Mons-Seleucus*, — La Bâtie-Mont-Saléon ;
de *Davianum*, — Veynes ;
de *Fines*, — La Roche-des-Arnauds ;
  (Tous pays appartenant aux Voconces).

Il se rend ensuite
  à *Vapincum*, — Gap, capitale des Tricoriens. Dans cette ville Annibal trouve assez de vivres pour nourrir son armée pendant trois jours.

De Gap il entre dans le pays des Caturiges, et il passe
  à *Ictodurum*, — Avançon, La Rochette ou La Bâtie-Neuve ;
  à *Caturiges*, — Chorges ;
  à *Ebredunum*, — Embrun ;
  à *Rama*, — Aujourd'hui en ruines ;
  à *Brigantium*, — Briançon ;

et enfin au Mont-Genèvre, après s'être égaré dans les gorges du Val-des-Prés, dont il sortit par le hameau des Alberts.

Le P. Fournier, né à Ceillac et de plus jésuite au collège d'Embrun, a voulu enlever à la ville de Gap la faveur d'avoir secouru Annibal dans sa détresse. A cet effet, de Saint-Paul-Trois-Châteaux il fait descendre le héros de Carthage à Pertuis ou à Sisteron où il trouve la Durance ; il lui fait remonter cette rivière jusque vers Tallard. Ici les Barbares tentent de s'opposer à son passage. Ensuite il le fait passer à Lettret et traverser sans difficulté l'*Echine de l'Ane*, sur laquelle ses éléphants durent quelque peu broncher ; Annibal passe la Luye à la Madelaine, quitte les bords de la Durance pour suivre la vallée de l'Avance, et va camper à Chorges. Gap est ainsi laissé de côté, et Embrun, où parvient enfin Annibal, est la ville où il se repose et où son armée est nourrie pendant trois jours[1]. Pour les personnes qui connaissent le pays, l'opinion du P. Fournier n'a nul besoin de commentaire.

Note C, page 11.

(567—585.) Salonius et Sagittaire. Incursions des Lombards.

J'ai pensé qu'il convenait de donner plus de développement à cet épisode de l'histoire locale, dont Grégoire de Tours nous a fait connaître les principaux traits.

Une fois en possession de leurs évêchés, dit ce saint évêque, Salonius et Sagittaire commencèrent à se signaler avec une fureur insensée par des usurpations, des meurtres, des adultères et d'autres excès. Un jour que Victor, évêque des Trois-Châteaux, (Saint-Paul-Trois-Châteaux) célébrait la fête de sa naissance, Salonius et Sagittaire, à la tête d'une troupe armée d'épées et de flèches, vinrent fondre sur lui, déchirèrent ses habits, tuèrent ses serviteurs, enlevèrent les vases et tous les apprêts du festin, et laissèrent l'évêque Victor honteusement outragé.

(567.) Le roi Gontram, instruit de cet événement convoqua un Synode à Lyon. Les évêques, réunis sous la

---

[1] *Histoire des Alpes Maritimes ou Cottiennes, et particulièrement d'Ambrun, leur métropolitaine*, part. 2e, sect. 8e.

présidence de Saint-Nizier, dont Salonius et Sagittaire avaient été les disciples, les reconnurent coupables et les privèrent des honneurs de l'épiscopat. S'étant rendus à Rome, avec la permission de Gontram, le Pape Jean III les rétablit sur leurs sièges; mais ce qu'il y a de plus déplorable, ajoute le saint évêque de Tours, c'est que Salonius et Sagittaire ne s'amendèrent nullement, et se livrèrent de jour en jour à de plus grands crimes. Dans leur colère, ils sévissaient contre leurs concitoyens, et ils en frappèrent plusieurs jusqu'à effusion du sang. La clameur du peuple arriva de nouveau jusqu'au roi, et Gontram leur ordonna de se présenter au palais. Quand ils furent arrivés, il ne voulut pas qu'ils parussent devant lui; ils furent soumis à un interrogatoire préalable afin de s'assurer s'ils étaient dignes d'être admis en sa présence. Sagittaire s'émut alors d'une violente colère; et s'abandonnant à un flux de paroles déraisonnables, il se mit à déclamer contre le roi et à dire que ses fils ne pourraient lui succéder au trône, parce que leur mère avait été prise parmi les servantes pour entrer dans le lit royal. Gontram l'ayant appris, fut vivement irrité; il leur enleva leurs chevaux, leurs serviteurs et tout ce qu'ils possédaient, et ordonna de les enfermer dans des monastères éloignés, avec défense de ne laisser approcher personne pour les visiter.

En ces jours-là, les deux fils du roi vivaient encore. L'ainé tomba malade : alors les familiers de Gontram lui dirent: si le roi daignait écouter favorablement les paroles de ses serviteurs, ils feraient entendre leur voix à ses oreilles?—Parlez, dit le roi.—Si Salonius et Sagittaire avaient été condamnés à l'exil quoique innocents; si le péché du roi retombait sur un autre, et que, par suite, le fils de notre seigneur vint à périr?—Allez bien vite, leur dit-il, relâchez-les, et suppliez-les de prier pour nos petits enfants.—Ceux-ci partirent, et les deux évêques furent mis en liberté. Sortis de leurs monastères, les deux frères se réunirent et s'embrassèrent, puis ils retournèrent dans leurs villes épiscopales tellement pénétrés de repentir qu'on les voyait sans-cesse jeûner, faire l'aumône, lire pendant le jour les poëmes de David, passer la nuit à chanter des hymnes et à méditer des leçons. Mais cette sainteté dura peu, et ils retournèrent à leurs anciens égarements. Ils passaient la plupart des nuits à festiner et à boire, et tandis que les clercs chantaient les matines dans les basiliques de Gap et d'Embrun, ils demandaient des coupes, faisaient des libations de vin, ne parlaient plus de Dieu, et ne songeaient plus à dire leurs heures. Quittant la table au retour de l'aurore, ils se couvraient de vêtements moelleux, et dormaient ensevelis dans le vin et le sommeil jusqu'à la troisième heure du jour. *Sed nec mulieres deerant cum quibus polluerentur;* puis ils se levaient, prenaient le bain, se mettaient à table et n'en sortaient plus que le soir: alors ils s'empressaient de commencer leur souper qui, comme je l'ai dit, se prolongeait jusqu'au lendemain. Telle était leur vie de tous les jours, jusqu'à ce que la colère de Dieu vint fondre sur eux.

(579.) En la 18ᵉ année du règne de Gontram, un concile se rassembla à Châlon-sur-Saone par ordre de ce prince. On y renouvela l'ancien procès contre Salonius et Sagittaire: on les accusa non seulement d'adultères, mais encore d'homicides et d'être coupables de lèse-majesté; ils furent de nouveau dépouillés de l'épiscopat, et renfermés dans la basilique de Saint-Marcel dont ils parvinrent à s'échapper : ils errèrent ensuite en divers lieux, et d'autres évêques furent mis à leur place[1].

(568—570.) Pendant les premières années de leur épiscopat, une peuplade germanique qui nous est connue sous le nom de Long-Bards, ou mieux encore, de Lombards, fondit sur l'Italie en l'année 568, conduite par son chef Alboïn qui fixa sa résidence à Pavie. De là Alboïn jeta un regard de convoitise au delà des Alpes, et tenta la conquête de la Gaule méridionale. La première descente des Lombards dans la Burgondie date de l'année 570 : on ignore sur quel point ils l'effectuèrent. Ils battirent Amatus, patrice romain, et repassèrent les Alpes chargés de butin, emmenant avec eux des milliers de captifs, parmi lesquels durent se trouver un grand nombre d'habitants de Gap et d'Embrun, car parmi les lieux ravagés, le P. Marcellin Fournier place ces deux villes épiscopales en première ligne. Mais la Burgondie possédait un guerrier célèbre et deux prélats belliqueux qui devaient effacer cette honte. Les deux prélats étaient Salonius et Sagittaire; le guerrier, Ennius surnommé Mummolus, fils du comte d'Auxerre. Gontram le nomma patrice et lui confia le commandement de la guerre contre les Lombards dans le cas où ces barbares descendraient de nouveau en Burgondie.

[1] Grégoire de Tours, liv. V, ch. 21 et 28.

Emeritus succéda à Salonius au siège épiscopal d'Embrun, et le grand Arigius (saint Arey) au siège de Gap.

(572.) Bataille de Musticalmes, près d'Embrun.

Ils n'y manquèrent pas. Au printemps de l'année 572, plusieurs de leurs bandes réunies sous un chef particulier, montèrent le long de la Doire jusqu'au Mont-Genèvre, de la brèche duquel ils se précipitèrent dans la vallée de la Durance, suivant le cours de cette rivière jusqu'à *Musticalmes*, lieu que l'on présume être le Plan-de-Phazi au dessous de Mont-Dauphin, et que l'on indique comme étant dans le voisinage d'Embrun. Là ils firent halte. Mummole, prévenu de leur descente et déjà prêt à les recevoir, ne leur laissa pas le temps de se remettre en marche; il s'avança avec deux corps de troupes dont l'un, remontant la Durance jusqu'auprès d'Embrun, intercepta aux Lombards, par des abatis d'arbres et de rochers, la route de Gap, tandis que l'autre, fondant à l'improviste sur leur flanc par des sentiers détournés à travers les montagnes, les attaqua avant qu'ils eussent pu se mettre complètement en défense. Le gros de leur bande fut égorgé; ceux que l'on fit prisonniers furent envoyés au roi Gontram qui les dispersa en différents lieux de son royaume. Quelques uns seulement parvinrent à s'échapper et portèrent à leurs compagnons la nouvelle de leur défaite.

En cette bataille mémorable figurèrent aux premiers rangs Salonius et Sagittaire, « tous deux évêques, (dit « Grégoire de Tours), qui, non pas munis de la croix « céleste, mais armés du casque et de la cuirasse du « siècle, tuèrent, dit-on, ce qui est pis encore, plusieurs « ennemis de leur propres mains. » C'est là le premier exemple de prêtres chrétiens allant à la guerre pour y verser du sang. Sagittaire contracta en cette occasion une liaison intime avec Mummole ; aussi le retrouve-t-on bientôt engagé avec celui-ci dans une entreprise des plus aventureuses.

(573—576.) Je ne suivrai pas le patrice à Estoublon où il défit l'année suivante 25 mille Saxons qui avaient également franchi les Alpes, non plus qu'à Bez où il extermina de nouveau les Lombards, en 576, et sur les bords du Rhône où il permit à 200 mille nouveaux Saxons de passer le fleuve après avoir reçu une rançon de leurs chefs.

(576.) Bataille d'Embrun.

Mais la nation des Lombards s'étant levée tout entière au printemps de 576, arriva au Mont-Genèvre divisée en trois corps, et ne rencontra aucun obstacle dans la vallée de la Durance. Les malheureuses villes de Briançon, de Rame, d'Embrun et de Gap furent de nouveau occupées par les Barbares. De cette dernière ville, deux de leurs chefs Zaban et Rhodane prirent la route de Grenoble ; Amo, le troisième, s'avança dans la Provence où il enleva les troupeaux qui paissaient dans la Crau d'Arles. Zaban va ensuite asseoir son camp sous Valence, tandis que Rhodane assiége Grenoble. Mummole accourt et bat celui-ci sur les bords de l'Isère. Rhodane avec les débris de son armée va joindre Zaban qui lève le siège de Valence, et reprend avec son compagnon le chemin de l'Italie en descendant vers Avignon et remontant ensuite la Durance. Le patrice suit une route plus directe, arrive avant eux à Embrun et les défait complètement sous les murs de cette ville. Cependant les deux chefs et un petit nombre de soldats parviennent à s'échapper par le Mont-

Genèvre ; et Amo épouvanté, rentre également en Italie par un autre chemin. Cette incursion des Lombards fut heureusement la dernière.

(585.) **Mort de Mummole et de Sagittaire.**

Treize ans s'étaient écoulés depuis la bataille de Musticalmes où les deux frères Salonius et Sagittaire avaient occis de leurs propres mains tant de barbares mécréans. On se souvient qu'après l'expulsion définitive des Lombards, ils avaient été condamnés à une prison perpétuelle et qu'ils étaient parvenus à s'échapper de la basilique de Saint-Marcel dans laquelle on les tenait enfermés. Que devinrent-ils après leur fuite? Quant à l'évêque d'Embrun, le chroniqueur George-Florent-Grégoire n'a pas pu ou n'a pas voulu nous l'apprendre ; mais le saint évêque de Tours n'a pas perdu de vue le valeureux Sagittaire et ne l'a quitté qu'au moment suprême où le glaive trancha le fil d'une vie si tumultueuse.—En l'année 585 une étrange scène se passait dans une cabane vers les Monts-Pyrennées. Cette cabane était entourée par de nombreux soldats qui en faisaient le siège : un guerrier seul y était enfermé et se défendait vaillamment. Après avoir long-temps résisté aux attaques des assaillans, il tente un effort désespéré et s'élance hors de la cabane : deux soldats lui percent les flancs de leur lance ; il tombe et meurt. A cette vue, un évêque qui se trouvait en cet endroit, tremble saisi de crainte. Un de ceux qui étaient présents lui dit : « Vois toi-même évêque ce qui se passe !
« Couvre-toi la tête pour n'être pas reconnu ; gagne la
« forêt, et restes-y caché quelque temps jusqu'à ce que
« la colère du roi s'apaise et te permette d'échapper. »

12

L'évêque suit ce conseil; mais tandis qu'il s'efforce de fuir, quelqu'un tirant son glaive lui abat la tête avec le capuchon dont elle est enveloppée! — Le premier était le patrice Mummole; le prélat n'était autre que Sagittaire, l'ancien évêque de Gap. Ces deux vainqueurs des Lombards, traîtres au roi des Burgondes qu'ils avaient jadis si vaillamment défendu, venaient de recevoir le prix de leur félonie[1].

On éprouve un sentiment pénible en reproduisant le double tableau des désordres auxquels se livrèrent les deux évêques des Alpes : Grégoire de Tours ne s'est nullement gêné pour le tracer. Son cœur était pur, mais nos oreilles sont fort délicates. Toutefois je n'ai pu m'empêcher de rapporter les turpitudes de Salonius et de Sagittaire parce qu'elles lèvent un coin du voile qui couvre l'état des mœurs et des coutumes dans nos contrées vers la fin du vi⁰ siècle. Ainsi l'on voit que la discipline ecclésiastique s'était considérablement altérée sous la domination des conquérants germains. Le luxe des vêtements, la somptuosité des festins, les délicatesses d'une civilisation avancée purent se montrer à cette époque barbare dans les villes de Gap et d'Embrun, où l'on trouvait sans doute aussi le moyen de satisfaire ce complément de débauche qu'a décrit en termes forts nets le saint évêque de Tours, et que je n'ai reproduit qu'avec crainte en présence du clergé de nos jours, si pur dans ses mœurs et si réservé dans son langage.

[1] Grégoire de Tours, liv. VII, ch. 28, 34, 37, 38 et 39.—Fauriel, *Histoire de la Gaule méridionale sous les conquérants germains*, tom. 2, ch. XV et XVI.—Le P. Fournier, *Histoire des Alpes Maritimes*, part. 1, sect. 12.

Nos chroniqueurs gapençais, en parlant de Sagittaire, n'ont fait qu'abréger le récit de Grégoire de Tours et l'orner de salutaires réflexions ; mais aucun d'eux n'a fait mention de sa mort tragique : ils ont seulement ajouté qu'il était parlé de lui et de son frère dans les actes du 4º concile de Paris tenu en l'année 575.

Est-il bien sûr qu'après la défaite des Lombards dans les Hautes-Alpes, plusieurs d'entre eux traversèrent la Durance, se réfugièrent derrière des replis de montagnes presque vis-à-vis de Guillestre, et y bâtirent une maison qui s'appela dans leur langue, *maison de Dormil*, laquelle plus tard devint le hameau de *Dormilhouse*? M. de Ladoucette l'assure¹ et je ne crains pas de me rendre sa caution, bien qu'il ne cite aucune autorité à l'appui de son assertion. Nos hautes vallées et nos âpres montagnes ont toujours servi de refuge aux vaincus et aux proscrits de toutes les époques.

Note D, page 13.

(579 — 608.) Saint Arey, 10º évêque de Gap.

Après avoir retracé la vie désordonnée du prédécesseur d'Arigius (saint Arey) nous ne pouvons laisser dans l'ombre les merveilles opérées par ce pontife, et surtout

---

¹ J. C. F. Ladoucette, *Histoire*, *Antiq.* etc., *des Hautes-Alpes*, 2º édition, p. 257. — Dormilhouse ou Dormillouse est un hameau de la commune de Freissinières.

les détails de son voyage à Rome, au sujet duquel Juvenis a déployé tant d'érudition.

Arigius naquit à Châlon-sur-Saone vers le milieu du viᵉ siècle. Apocrasius, son père, et Sempronia, sa mère, d'une illustre famille gallo-romaine, l'offrirent à Dieu lorsqu'il eut atteint sa douzième année, et le confièrent au bienheureux Didier, évêque de ce diocèse, qui avait fait la cérémonie de son baptême et qui l'adopta. Dans la suite, sa haute intelligence et la pureté de ses mœurs l'élevèrent au sacerdoce, et le gouvernement de l'église de Morges, dans le pays des Arvernes, lui fut donné. Quatorze années s'étaient passées dans l'exercice de ce ministère, lorsque les vœux du clergé et des saints habitans de Gap, le portèrent sur le siége épiscopal de cette ville, devenu vacant par la déposition de Sagittaire (579).

L'on ignore si le saint évêque siégea en 603 au conciliabule de Châlon, où Brune-Hilde, encore belle malgré son âge avancé, son ambition et sa vie scandaleuse, fit déposer le vertueux Didier, évêque de Vienne. Mais il paraît certain qu'il parla hautement pour Didier, et que Brune-Hilde, n'ayant pas d'autre moyen de se venger, donna ordre de fermer les portes de l'église de St.-Marcel afin que Arigius ne put pas y entrer. Notre évêque se prosterna à genoux devant l'une de ces portes, se mit en prières, fit le signe de la croix, et à l'instant cette porte s'ouvrit pour donner entrée au fidèle serviteur de Dieu. Alors les rois Théodoric et Théodebert, petit-fils de Brune-Hilde, lui envoyèrent des présents, qu'il rejeta avec horreur, disant que le Très-Haut repoussait les dons des méchants.

Saint Arey avait assisté auparavant à divers conciles, et, entre autres au 2ᵉ de Macon, tenu en 585. C'est dans ce concile, l'un des plus remarquables de l'époque, qu'un évêque, de race barbare sans doute, osa soutenir que la femme ne faisait pas partie du genre humain; qu'on ne pouvait pas l'appeler *homme*. A cette proposition insolite l'indignation fut grande dans l'assemblée; on eut recours à l'Écriture, et ce fut saint Arey peut-être qui trancha la question en montrant à l'évêque Sicambre ce passage du livre de la Genèse où il est dit qu'au sixième jour Jéhovah créa l'*homme*, et qu'il le créa *mâle et femelle*. Les pères du concile, appartenant pour la plupart à la famille gallo-romaine, imposèrent au Burgonde le paiement de la dîme sous peine d'excommunication, et l'obligèrent de faire une profonde révérence à tout clerc engagé dans les ordres sacrés, chaque fois qu'il en rencontrerait: si le clerc était à pied et le Burgonde à cheval, celui-ci était tenu de descendre pour rendre au ministre du Très-Haut les honneurs qui lui étaient dus. On ôta aux avocats la faculté de plaider le dimanche, et l'on défendit à tous les habitants de la Burgondie de se livrer à des œuvres serviles le jour consacré au Seigneur. Ainsi l'Église domptait la barbarie et suivait son œuvre civilisatrice. Le saint roi Gontram qui avait un respect sans bornes pour ses décisions, se hâta de confirmer par un édit les canons du 2ᵉ concile de Macon [1].

L'auteur contemporain de la vie de saint Arey publiée

---

[1] Philippe Labbe, *Sacro sancta Concilia*, 5ᵉ vol. p. 985.—Béraud-Bercastel, *Histoire de l'Église*, ch. 3, p. 474.

par le P. Papebrock, très-savant bollandiste, a signalé plusieurs miracles dus à l'intercession de notre évêque. Je me borne à rapporter les suivants :

1° Saint Arey chasse les démons qui s'étaient emparés de l'église de Saint-André située hors des murailles de la ville.

2° Il délivre le territoire de Gap d'un énorme sanglier qui le dévastait, et d'un serpent monstrueux qui menaçait la vie des passants.

3° S'étant rendu au temps de la fenaison dans les prairies du domaine épiscopal, il voit un des faucheurs qui se reposait sous le prétexte d'une extrême lassitude. Mais cet homme se trouvait sous l'empire du démon : un serpent l'enlace, le mord et lui fait jeter des cris perçants : saint Arey accourt, fait le signe de la croix sur les plaies du démoniaque, et ce misérable se relève entièrement guéri.

4° Deux lépreux s'étant présentés à la maison épiscopale, notre saint les reçoit avec joie, les enveloppe d'un suaire, lave leurs pieds, prépare leur lit, ne cesse pendant trois jours de visiter leur tête, leurs mains, leurs pieds, de les arroser de ses larmes, et il les guérit le jour de la Sainte-Cène.

5° Saint Arey allait souvent visiter les paroisses de son diocèse situées au-delà de la Durance. Une nuit qu'il traversait cette rivière dans une faible nacelle, le démon détache de la montagne voisine un bloc énorme afin de briser la nacelle et d'écraser le saint ; alors un ange enlève notre bienheureux pasteur et le place sur ce même rocher qui, au lieu d'être l'instrument de sa perte, devient l'instrument de son salut.

Il est temps d'arriver à l'époque la plus saillante de son épiscopat.

Il n'est pas un habitant de Gap qui n'ait souvent porté ses regards vers ce monticule situé à l'orient de la ville, si triste, si dépouillé de verdure, et qui, dans la saison des fleurs, contraste d'une manière si tranchée avec les coteaux de la rive droite de la Luye. Il existait jadis au sommet de ce monticule une église dédiée au martyr saint Mamert, dont, par contraction, nous avons fait Saint-Main, où saint Arey se rendait souvent pour prier avec son lecteur Probus. Un jour, c'était après la mort de saint Grégoire-le-Grand qui honora notre évêque de son estime et de son affection, un jour, saint Arey montait à Saint-Main en la compagnie des anges, lorsqu'il aperçut autour de la fontaine des Anes, qui suinte encore près de la route départementale, une troupe de démons qui s'entretenaient des maux qu'ils avaient suscités aux mortels de tout âge, de tout sexe et de toute condition. Le pape lui-même n'avait pu se soustraire à leurs embûches, car l'un de ces esprits infernaux s'applaudissait d'avoir fait tomber le pontife de Rome dans un péché d'incontinence dont l'espèce est restée inconnue. Or, c'était la veille du jeudi-saint que le pape se trouvait dans cet état malheureux ; le lendemain il devait célébrer la messe et faire la cérémonie des saintes-huiles. Saint Arey, usant de l'empire suprême que le créateur avait accordé à son innocence, et d'après les conseils des célestes intelligences qui l'accompagnaient, commande aussitôt à ce démon de le porter à Rome. Contraint d'obéir, l'esprit malin lui répond par le distique suivant, lequel dénote un assez bon diable :

Signa te signa temere me tangis et angis;
Roma tibi subito motibus ibit amor[1].

Après avoir cité ce distique qui venait de paraître dans Gap pour la première fois, l'auteur d'un manuscrit invisible ayant pour titre : *La procession du Saint-Sacrement de l'année 1744*, ajoute : « Ces deux vers avaient donné
« de la tablature à nos philologues : Monseigneur de
« Condorcet y avoit perdu son latin ; ils avaient lassé la
« patience du docte abbé Levens, premier chantre et
« maître de musique de la cathédrale ; messire François
« Barbier, notre premier consul, n'osait avouer qu'il
« n'y entendait goutte ; mais l'érudition de M. le chanoine
« Tardieu, député de l'université auprès du conseil par-
« ticulier de la ville et communauté, étoit venu à bout
« de comprendre le sens de l'œuvre diabolique, et de
« découvrir que le distique pouvait être lu et entendu en
« commençant indifféremment par la première ou par la
« dernière lettre de chaque vers. »

Le démon fit une diligence telle que notre bienheureux prélat put arriver à Rome avant le commencement de la cérémonie ; il se présenta en pénitent au souverain pontife et lui demanda sa bénédiction ; puis l'ayant tiré à l'écart, il lui raconta les événements de la veille. Le pape, extrêmement surpris de cette ouverture, s'humilia devant le Seigneur, se confessa à saint Arey, en reçut l'absolution, et, étant ainsi rentré en grâce, il put

---

[1] Je dois faire remarquer ici que ce distique ne se trouve ni dans le récit de Juvenis, ni dans celui des Bollandistes ; mais il est tellement applicable à l'espèce que je n'ai pu me dispenser de le transcrire.

saintement célébrer la messe et consacrer les saintes-huiles.

Si l'indifférence ou l'incrédulité du siècle tournaient en dérision ces faits miraculeux, j'ajouterais, avec Juvenis, que la tradition de l'église de Gap les tient pour constants; que les anciens bréviaires manuscrits et imprimés les mentionnent, et que le cardinal Henri de Suze, archevêque d'Embrun, les avait lus dans une vie de saint Arey qui n'est pas venue jusqu'à nous. Du reste, le voyage aérien de notre bienheureux prélat n'étant pas imposé à notre intelligence comme article de foi, le lecteur bénévole excusera sans peine les mots hasardés et les teintes d'ironie qui auraient pu échapper au narrateur.

Le retour de saint Arey dans son diocèse présente une circonstance si extraordinaire que j'ose encore en essayer le récit.

La ville de Gap, inquiète de ce qui lui était avenu depuis sa miraculeuse disparition à travers les airs, le vit arriver un jour sur un chariot traîné par un bœuf et par un ours. L'étonnement fut immense au sein de la cité; mais voici l'explication de cet étrange accouplement. N'ayant plus à ses ordres l'esprit infernal sur les épaules duquel il s'était perché pour se rendre à Rome, notre prélat se pourvut d'un chariot sur lequel il plaça ses petites hardes, un morceau des souliers de la sainte Vierge, des reliques des apôtres saint Pierre et saint Paul, et quelques volumes. Deux bœufs furent attelés à son char; mais, lorsque d'un pas pesant ils eurent à franchir l'Apennin, un ours sorti du fond des bois se jette sur l'un des paisibles quadrupèdes et le dévore. Aussitôt Arigius lui commande de se placer sous le joug et de faire le service de l'innocente victime de sa voracité : l'ours s'empresse de courber la tête, se laisse docilement attacher au brancard, et traîne le chariot jusqu'aux portes de la ville. Ensuite, cet animal, dont le caractère s'était singulièrement adouci, se retire dans les montagnes d'*Ouroières*; il y demeure tranquillement jusqu'au moment suprême où notre saint évêque va recevoir dans le ciel la récompense de ses mérites, ou bien, pour m'exprimer comme la légende, jusqu'au moment où l'*âme d'Arigius fut tirée de son corps et portée au ciel par les anges, et que Jésus-Christ, accompagné d'une troupe rayonnante de ces glorieuses intelligences, le reçut dans sa gloire.* L'ours quitta alors sa paisible retraite, arriva à Gap sans encombre, se rendit à l'église où saint Arey venait de trépasser, se plaça près de son corps, et marcha ensuite devant le cercueil dans la cérémonie des funérailles. Chaque année au 1ᵉʳ mai, jour de l'anniversaire de la mort du grand Arigius, le fidèle animal ne manquait pas de venir à Gap et d'assister à la fête; il continua de la sorte sa vie durant, ce qui causait une joie indicible aux bons habitants de la ville, qui s'empressaient de lui donner à manger. Tous furent témoins de ces prodiges multipliés.

Le docte Juvenis, craignant que l'ours de saint Arey n'excitât plus que de la surprise parmi ses contemporains et ses compatriotes, se hâte d'ajouter à son récit que l'auteur des fragments de la vie de notre prélat en parle comme d'une chose qu'il avait vue lui-même. Du reste, cette histoire ne peut paraître invraisemblable qu'à ceux qui n'ont pas lu la savante dissertation à laquelle notre auteur s'est livré afin d'en établir l'authenticité. Son érudition lui fournit une foule d'exemples du pouvoir donné par le créateur à ses serviteurs les plus fidèles, au nombre desquels se trouvait assurément le grand Arigius; et si la foi du lecteur aux prodiges opérés par son intercession pouvait être ébranlée, c'est à Juvenis que je le renverrais pour la raffermir.

Quoi qu'il en soit, il est certain que saint Grégoire-le-Grand ne cessa de témoigner à saint Arey la haute estime, l'extrême confiance et la tendre amitié qu'il lui avait inspirées, comme on peut le voir dans les œuvres de de ce pontife ; et que la réputation de sainteté de notre évêque se répandit non seulement dans cette partie de la Burgondie qui prit plus tard le nom de Dauphiné, mais encore dans la Provence et le comté de Nice. Plusieurs églises furent élevées en son honneur dans les diocèses de Grenoble, d'Embrun et de Gap. Près de cette dernière ville on voyait autrefois un couvent de saint Arey à l'endroit que l'on nomme la Chapelle, et qui était desservi par des chanoines réguliers de saint Augustin. La vie de notre ancien patron était fidèlement représentée sur les murs du presbytère d'Auron au comté de Nice, où une église lui était dédiée, comme l'est encore en ce moment celle de la ville de Serres. Enfin, partout on célébrait le 1er mai la fête de cet illustre confesseur. Dans notre ville, son culte a été fort négligé depuis que son émule en mérites, le grand saint Arnoux, est devenu le patron du diocèse. On y voit bien encore quelque apparence de fête le 5 mai et non le 1er ; mais en ce jour, tout se passe sans éclat dans l'intérieur de l'église, et le peuple se livre au travail comme les autres jours de la semaine.

Toutefois nous ne devons pas omettre qu'un buste de

saint Arey fut placé, il y a peu d'années, par l'un de nos derniers prélats, dans ce pilier de la cathédrale où figure le bon pasteur. A la vérité l'effigie d'Arigius accuse le ciseau du statuaire, mais elle montre de quel zèle était animé, pour le culte de nos saints patrons, le digne successeur de ce grand nombre d'évêques qui ont honoré l'église de Gap. Celui-ci, non content de veiller sur la génération présente, étendit sa sollicitude sur les générations à venir en consacrant ses revenus et peut-être son patrimoine à fonder les établissements les plus utiles; il sembla résumer en sa personne la sainteté des Constantin et des Arnoux, la science des Artus de Lionne et des Annet de Pérouse, l'humilité des Berger de Malissoles, le désintéressement des Bertrand de Laoncel, la vigilance des Caritat de Condorcet, et la rigidité de mœurs des La Broue de Vareilles. « Quels égards pour les magistrats dont les droits
« s'exerçaient à côté de ses droits, les fonctions à côté
« des siennes ! Nul mieux que lui ne comprit que l'Eglise,
« étrangère à toute politique humaine, sans autre dra-
« peau que la bannière du Christ, poursuit son œuvre
« de régénération et d'amour à travers les peuples et les
« gouvernements, n'importe de leur constitution et de
« leur forme[1]. » Le lecteur a déjà prononcé le nom de Mgr. François-Antoine Arbaud que la ville et le diocèse de Gap eurent le malheur de perdre le jour de Pâques-fleuries, 27 mars de l'année 1836.

---

[1] *Oraison funèbre* prononcée le 12 avril 1836, par M. Jullien, curé de Gap.

Note E, page 17.

(916—918.) Invasion des Sarrasins et captivité de saint Mayeul, abbé de Cluny.

Le P. Marcellin Fournier nous a aussi donné les détails de la captivité du saint abbé de Cluny. Comme la relation du savant jésuite diffère en quelques points de celle publiée par M. Reynaud, nous la transcrivons en entier. On verra comment, avec le secours du ciel, saint Mayeul parvint à inspirer du respect aux Sarrasins qui le retinrent captif dans nos montagnes, après le désastre du pont d'Orcières, *Pons Ursarii*.

« L'empereur Othon 1er commença son règne en 962 ; il aimait passionnément ce saint abbé de Cluny, et il l'employa en des commissions saintes et glorieuses ; après quoi il quitta la cour impériale, et se retirant en France, il suivit la route des Alpes-Maritimes et Cottiennes, sachant que les Sarrasins tenaient les passages des Alpes-Grecques. Toutefois, comme il n'y avait guère de sûreté en tous ces pays, le saint se mit en compagnie d'un très grand nombre de personnes de diverses nations qui s'étaient aussi assemblées pour traverser ces Alpes avec plus de sûreté. Mais, comme cette troupe n'était ni assez grande ni assez aguerrie pour résister aux Sarrasins qui avaient une *juste* armée qui les attaqua dès qu'ils eurent passé le plus haut de ces montagnes, d'abord cette multitude de voyageurs prit la fuite au premier choc ; mais les Barbares suivirent de si près les fuyards qu'ils les attaquèrent, et les ayant pris, ils les chargèrent de chaînes. Dans ce désordre, le saint abbé donna une grande marque de sa charité et de son courage. Il y avait un de ses valets qui était proche de lui dans cette troupe; il aperçut qu'un de ces infidèles l'allait percer avec une javeline; le saint opposa sa main au coup, et il ne douta point de se hasarder à être blessé, comme il le fut en effet à cette main dont il divertit le coup pour sauver la vie à son domestique. Il lui était aussi fort facile de se sauver dans ce désordre; mais au lieu de songer à s'échapper par la fuite, il ne pensa qu'au salut de la multitude; il recourut à Dieu par sa prière, et il obtint la vie de cette troupe.

« Les Barbares doncques ayant cessé le carnage et s'étant seulement contentés de mettre aux fers tous ceux qui ne purent pas se sauver, ils virent, en se retirant, Mayeul assis sur une pierre. D'abord ils retournent sur leurs pas, ils le prennent, ils le chargent de chaînes, et l'ayant mis avec les autres captifs, ils le mirent dans un cachot, où s'étant endormi, il vit pendant son sommeil le pape vêtu pontificalement qui tenait un encensoir en main, ce qui lui fit comprendre qu'il serait affranchi de la cruauté de ces impies par la faveur de saint Pierre et de saint Paul. Il s'adressa après cela à la sainte Vierge, et il la supplia très instamment de procurer sa délivrance et celle de ses compagnons afin qu'ils pussent assister à la solennité de l'Assomption, qui devait être dans un mois. Il s'endormit sur cette prière, et, à son reveil, il il se trouva sans fers, ce qui surprit ses gardes de telle manière qu'ils commencèrent à avoir de la vénération pour lui et à relâcher de la rigueur et des mauvais traitements qu'ils exerçaient auparavant sur sa personne.

« Il écrivit à ses religieux sa captivité et celle de ceux qui étaient venus avec lui, et il leur demanda de travailler à sa rançon et à celle de tous les autres captifs. Ces charitables moines, poussés du même esprit que celui qui animait leur père, s'employèrent avec tant de zèle pour cette délivrance qu'ils ne sollicitèrent pas seulement la charité des gens pieux et dévots, mais encore ils retranchèrent ce qui leur était plus nécessaire, ouvrirent leurs coffres, en envoyèrent l'argent qu'il fallait pour tirer des fers leur abbé et tous les autres qui avaient été pris avec lui. L'on compta ce qui avait été convenu pour la rançon aux infidèles ; les chrétiens furent mis en liberté, et le saint voulut sortir après tous les autres, avec lesquels il fut solenniser la fête de l'Assomption, comme il avait promis à sa glorieuse libératrice.

« La justice divine qui avait permis cet accident pour manifester sa gloire dans son serviteur, ne laissa pas impuni l'outrage que les Sarrasins lui avaient fait : elle inspira aux chrétiens le dessein de chasser ces Barbares des Alpes ; ils mirent des troupes sur pied ; ils les attaquèrent ; ils les vainquirent, et, après en avoir tué une grande partie, précipité les autres des rochers, ils en prirent un bon nombre avec toutes leurs dépouilles que les vainqueurs partagèrent entre eux à la réserve des sacrés volumes du saint abbé qu'ils s'étaient retenus, et lesquels on lui renvoya. Plusieurs de ces infidèles se convertirent à la foi. Ainsi, dit l'auteur de la vie de ce saint, Dieu rendit libre le chemin de Rome par les mérites de son serviteur et par la dissipation de ces Barbares. Cette défaite arriva vers 970.[1] »

---

[1] Le P. Fournier,—*Histoire des Alpes-Maritimes ou Cottiennes*, liv. v, sect. xi° p. 324.

Note F, page 18.

(1061 — 1074.) Saint Arnoux[1], évêque et patron de Gap.

Hic est qui multum orat pro populo et pro civitate ista.

Saint Arnoux, né à Vendôme de parents illustres, consacra ses tendres années à l'étude des belles-lettres. Ses mérites le firent recevoir au couvent de la Sainte-Trinité, fondé depuis peu d'années dans cette ville par Godeffroi, comte d'Anjou, et la dame Agnès, son épouse. Vers l'an 1061, le vénérable Odéric, premier abbé du monastère, se rendant à Rome, emmena avec lui Arnoux, son disciple chéri. Admis en la présence d'Alexandre II, qui occupait la chaire de saint Pierre, ce pontife ne tarda pas à reconnaître les éminentes qualités dont notre saint patron était doué, et il pria Odéric de le laisser entrer dans un couvent situé sur le Mont-Aventin, où il fut souvent le visiter. Saint Arnoux s'y trouvait encore lorsque les députés de la ville et du clergé de Gap arrivèrent à Rome pour se plaindre de la simonie de Ripert et supplier le souverain-pontife d'avoir pitié de l'état dans lequel se trouvait le diocèse. La prière des députés fut exaucée au delà de leur espérance, car le pape, trouvant que le bienheureux Arnoux, par la pureté de ses mœurs et sa haute sagesse, était le plus digne d'occuper le siège de Gap, le leur donna pour évêque.

L'équité qu'il montra sur le trône épiscopal l'exposa souvent à des dangers et aux injures des méchants : il

---

[1] En langue franke ou teutonique, *Eren-hulf* qui signifie éminemment secourable; en latin *Arnulphus*, et en français *Arnoux* ou *Arnoul.*

se vit dans la nécessité de lancer des censures ecclésiastiques contre eux, et entre autres, contre le seigneur de Charance, nommé Laidet, qui avait maltraité un chanoine de la cathédrale. Ce seigneur mourut dans la suite écrasé par la chûte d'une poutre, après s'être livré à des violences contre saint Arnoux lui-même.

Lorsque le bienheureux prélat eut reçu du pontife romain la crosse pastorale de l'Église de Gap, il partit aussitôt pour Vendôme. Avant d'entrer dans la ville, il aperçut sur les rives du Loir un enfant qui venait de se noyer en se baignant dans cette rivière ; alors le miséricordieux évêque, touché de compassion, couvrit le cadavre de son manteau, et soudain le Seigneur, voulant lui donner un témoignage de son amour, rendit l'âme à ce corps qui parut plein de vie aux yeux des assistants. C'est là le premier miracle dû à son intercession. Les habitants de Vendôme conservaient encore le manteau ou la cape de saint Arnoux au moment où le P. Mabillon écrivait son histoire.

Le second miracle fut la guérison d'un aveugle. Ensuite notre saint patron chassa l'esprit de ténèbres du corps d'une religieuse qui s'était souillée de plusieurs crimes.—Pendant qu'il consacrait l'église de Valernes, un imprudent, perché sur le faîte de l'édifice, se laissa tomber et se brisa tous les membres : saint Arnoux étant accouru, le guérit entièrement.—Laidet, seigneur de Charance, avait osé lever le glaive contre son évêque et l'avait blessé profondément à un bras. Lorsque, sur les instances des habitants de Gap, le corps de saint Arnoux fut retiré du sépulchre où il reposait depuis 50 ans, le bras fut retrouvé entier, et la chair qui l'entourait saine et adhérente aux os; mais on y voyait les traces de la blessure et de l'effusion du sang comme si le coup venait seulement d'être porté. Cette sainte relique, ajoute l'auteur du manuscrit de Vendôme, est encore exposée dans l'église de Gap aux regards de tous ceux qui désirent la voir.

Le jour venu où le saint évêque devait mourir : « Il
« rendit avec confiance son corps à la terre et son âme
« au Ciel où les saints anges la portèrent, et où il reçut
« les récompenses de la vie immortelle. — Auprès du
« tombeau où son corps repose, les aveugles recouvraient
« la vue, les sourds l'ouïe, les muets la parole ; les
« boiteux et les infirmes étaient rendus à la santé. A sa
« mort une maladie cruelle cessa d'exercer ses ravages,
« et plusieurs hommes furent rendus à la vie[1]. »

Note G, page 95.

(1251 — 1282.) Traités intervenus pendant l'épiscopat d'Othon II. — Châteaux épiscopaux au XIII° siècle.

Les traités intervenus pendant le règne orageux d'Othon II, à peine signalés dans le texte, sont assez importants par l'influence qu'ils exercèrent sur les événements de cette époque, et par la haute position sociale des parties contractantes, pour que l'on ne soit pas fâché d'en trouver une analyse moins incomplète.

(13 décembre 1267.) Traité de Corp, entre l'évêque et le dauphin.

Othon II, voyant que les habitants de Gap n'étaient

---

[1] *De sancto Arnulpho, vita auctore anonymo.*—Vie de saint Arnoul, par messire René Benoist, curé de Saint-Eustache de Paris.

pas très disposés à reconnaître son autorité souveraine, se rendit à Corp, où l'attendait le dauphin Guigues XI, dans le courant de décembre 1267. Le jour de sainte Luce, ces deux potentats se jurèrent une protection réciproque et un secours mutuel contre leurs ennemis, à la réserve, savoir, du côté de l'évêque, de notre saint père le pape et de l'empereur; et du côté du dauphin, de l'empereur et du comte de Provence. Il fut convenu que si le prélat avait à requérir les forces du dauphin, le gain qui proviendrait de la prise d'armes serait partagé entre eux ; que s'il acquerrait de nouveaux droits sur sa ville épiscopale ou ailleurs, ils partageraient encore en bons frères, à condition que le dauphin ferait hommage de sa portion à l'Eglise de Gap, avec l'agrément du comte de Provence, et qu'il obtiendrait du saint-siège la permission d'en jouir en sûreté de conscience. Puis, après avoir scellé de leurs sceaux cet instrument de notre servitude, les deux hauts et puissants seigneurs se séparèrent[1].

(11 décembre 1271.) Traité entre la ville de Gap et la dauphine Béatrix.

Cette sainte ligue ne laissa pas que d'inquiéter les habitants de Gap; aussi lorsque Guigues XI eut rendu son âme à Dieu, ils résolurent dans une assemblée générale, d'envoyer des députés à la dauphine Béatrix, tutrice des enfants de Guigues, pour solliciter et payer sa protection. Il est à présumer qu'ils avaient fait choix des plus nobles et des plus brillants chevaliers de la cité; car nos députés furent très bien accueillis par madame la dauphine.

[1] Juvenis, *Mémoires inédits*.

Toutefois, pour mettre la ville de Gap sous sa sauvegarde, elle exigea en sa faveur les droits de cesse ou de consolat qui appartenaient en propre aux habitants, et de plus les terres communales de Montalquier et de Furmeyer et l'abandon de divers autres droits. Ensuite, nos ambassadeurs prêtèrent hommage aux enfants de Guigues, et s'obligèrent pour la ville de secourir en guerre les dauphins présents et à venir, avec cent hommes d'armes à pied; l'acte en fut dressé le 11 décembre 1271 [1].

(19 décembre 1271.) Traité entre Othon et Charles d'Anjou.

Othon fut saisi d'une violente colère lorsque le traité du 11 décembre vint à sa connaissance; il est écrit dans nos annales qu'alors il se livra à mille violences contre les citoyens de Gap. Abandonné par la dauphine, il se tourna du côté du frère de saint Louis, comte de Provence et de Forcalquier, et de plus roi de Sicile, par la protection des souverains pontifes Urbain et Clément, l'un et l'autre IVe du nom. Le 14 des kalendes de janvier de la même année, l'évêque exposa à Guillaume de Gonesse, sénéchal de Provence, muni des pouvoirs de Charles d'Anjou, que la ville de Gap et les terres de son église, se trouvant comprises dans le comté de Forcalquier, il devait le défendre contre les outrages des habitants de sa ville épiscopale, hommes intraitables et rebelles qui avaient osé se révolter contre leur seigneur temporel en donnant à la dauphine le consolat possédé par lui et son

---

[1] Juvenis, *Mémoires inédits.* —Valbonnays, *Histoire du Dauphiné*, tom. II, pag. 92.

église, qui consulatus ab ipso episcopo Vapincensis et ecclesia tenebatur. A quoi nos auteurs gapençais (Rochas, Mém. inédits, pag. 4-16, 1re série) ont l'audace de répondre que cette prétention de l'évêque sur les droits de consulat n'était nullement fondée, à moins que par violence il ne s'en fût mis en possession; car, suivant la bulle d'or de l'année 1240 et une transaction de 1500 dont il sera parlé dans la suite, le consulat appartenait évidemment à la ville et communauté de Gap; de sorte, ajoute Rochas, que la ville n'avait usé que de son droit en le donnant à la dauphine.

Le sénéchal ne voulut rien accorder à notre seigneur Othon qu'au préalable il n'eût fait hommage et prêté serment de fidélité au roi de Sicile en sa qualité de comte de Forcalquier, selon le privilège impérial accordé par Frédéric II à Raymond Béronger. Sans invoquer les droits que ses prédécesseurs avaient obtenus de ce même empereur et de Frédéric 1er, l'évêque se vit contraint de faire l'hommage qui lui était demandé; en conséquence, il se reconnut vassal du comte de Provence et de Forcalquier, 1° pour la ville de Gap; 2° pour les châteaux épiscopaux de Lazer, de Tallard-le-Vieux et Lettret, de Rambaud, de La Bâtie-Vieille, de La Bâtie-Neuve, de Tournefort, de Mont-Rouvier, de La Fare, de Poligni et du Noyer; 3° pour les directes ou domaines du Glaizil, de Manteyer, de Montmaur, de Lioncel, de La Bastide de Montmaur, et généralement pour toutes les terres épiscopales[1].

Il fallut encore que le seigneur Othon soumît les

[1] «... Totam terram quam tenet et tenere debet in comitatu Forcalquerii et episcopatu Vapincensi, et specialiter civitatem Vapinci, et

habitants de ces terres à des servitudes inconnues jusqu'alors : il s'obligea envers son nouveau suzerain de faire, une fois chaque année, pendant quarante jours, une chevauchée dans les comtés de Provence et de Forcalquier, depuis la Durance jusqu'à Pont-Haut, le Buis et le Pertuis-Rostan, avec six cavaliers armés et équipés à ses frais. Il prit en outre un engagement fort téméraire, en promettant de faire faire pendant trente jours une chevauchée ès mêmes lieux par tous les habitants de Gap, et aux frais d'iceux, à l'exception pourtant des personnes qui avaient le privilège d'être exemptes de pareilles corvées. Il fut convenu au surplus que dans un pressant besoin ou en cas de siège, les habitants ou pour mieux dire les serfs de l'évêché seraient tenus de se mettre en campagne, tant à pied qu'à cheval, pour le service du comte-roi. Le retardataire et l'insoumis devaient être punis d'une amende de dix livres turons, sans que le seigneur temporel de Gap et des dix châteaux épiscopaux fut dispensé pour cela de remplir sa chevauchée.

Toutefois, le roi de Sicile se montra généreux envers so.. ouveau vassal en lui accordant, ainsi qu'à son église,

castrum de Lazero, et castrum Vetus-Tallardi cum villa Strictus, castrum Rambaudi, castrum Bastidæ-Veteris, castrum Bastidæ-Novæ, castrum Torna-Forti, castrum Montis-Roverii, castrum de Fara, castrum de Poliniaco, castrum de Nocrio, dominium de Claysilio, dominium Manteerii, dominium Montis-Mauri, et Liorcelli, et Bastidæ Montis-Mauri, et generaliter quid quid tenet et possidet, vel tenere et possidere debet in episcopatu seu comitatu Vapincensi. »

Telles étaient au XIIIe siècle les possessions des successeurs de saint Arey et de saint Arnoux. Elles vont s'accroître encore par les dons du comte de Provence.

les seigneuries de Sigoyer-de-Malpoil et de Reynier, ce qui complétait la douzaine de châteaux épiscopaux. L'évêque pouvait les inféoder pourvu que ce fût à un noble ou à un chevalier, lequel devenait vassal de l'évêque, et l'évêque vassal du roi. Charles d'Anjou lui donna encore une rente de trente livres tournois sur la recette de Digne jusqu'à ce qu'il pût lui remettre en fief une terre de même revenu. Il lui restitua, à charge d'hommage, le domaine ou la directe sur le château de Monteyer, moins le droit de propriété qui ne lui appartenait pas. Il s'obligea de défendre les terres épiscopales pourvu que l'évêque reconnût la justice royale dans les affaires particulières qui lui surviendraient, et le prélat se soumit à ces conditions. Enfin, le frère de Louis IX fut si libéral envers notre pontife et seigneur qu'il lui céda même ce qui jamais ne lui avait appartenu : c'était *son droit* sur le consulat de la ville de Gap avec la juridiction de police qui y était attachée, *si quod habet*, dit pourtant le fameux traité; et le gracieux souverain promit de faire consentir la haute et puissante dame Béatrix, dauphine de Viennois, à s'en dessaisir en faveur d'Othon et de ses successeurs.

Ces pactes et conventions furent convenus dans l'église métropolitaine d'Aix, et ensuite ratifiés à Rome par le roi de Sicile le 16 mai 1272, avec pouvoir au sénéchal d'en jurer sur son âme et sa conscience la fidèle et entière exécution [1].

---

[1] *Traité du 14 des kalendes de janvier 1271*, aux archives de la préfecture. Copie authentique précédée de la ratification faite par Charles d'Anjou.—*Livre rouge*, pag. 10-26.—Juvenis, *Mémoires inédits*.—Rochas, *Mémoires inédits*, pag. 4-16, 1ʳᵉ Série.

Cet acte si souvent invoqué dans la suite par nos prélats, et qui disposait des citoyens de Gap sans leur intervention, alluma entre eux et Othon une guerre nouvelle à laquelle prit part toute la noblesse de la contrée. La paix de 1274 y mit un terme ainsi que nous l'apprend le traité dont je vais présenter les dispositions principales.

(19 janvier 1274.) Traité de paix entre Othon II et la ville de Gap.

Le 19 janvier 1274, de hauts et vénérables personnages étant parvenus à calmer l'effervescence des parties belligérantes et à les réunir dans une prairie voisine du couvent de Saint-André-lès-Gap, rédigèrent un traité par lequel l'évêque reconnut d'abord les priviléges de la cité, les confirma, et promit de ne rien innover à l'avenir. — L'ancienne constitution municipale fut altérée par l'article suivant; il disposait qu'à l'avenir cinq consuls seraient élus dans la ville, savoir : un chanoine, un gentilhomme, deux bourgeois, et un marchand ou artisan. Leur pouvoir durait une année, à l'expiration de laquelle dix hommes de probité choisis par le conseil général de la communauté et réunis aux consuls sortants, en élisaient cinq autres le jour de saint Vincent. Ainsi, nous trouvons au XIII° siècle l'élection à deux degrés et tous les ordres représentés[1]. L'évêque promit de ne soustraire aucun citoyen de la ville et de la banlieue à sa juridiction ordinaire, et les syndics ou consuls s'engagèrent à lui prêter main-forte pour chasser les malfaiteurs. — Du reste, amnistie générale, si ce n'était pour les forains qui avaient

---

[1] Cette nouvelle loi électorale fut de courte durée. Dans le siècle suivant la ville était revenue à son ancienne constitution.

commis des meurtres. — Les représentants de la ville déclarèrent qu'ils n'entendaient nullement porter atteinte à l'alliance qu'elle avait contractée avec la dauphine Béatrix et le dauphin, son fils, ni à la cession du consulat qui leur avait été faite par le traité du 11 décembre 1274[1].

Mais ce consulat et les droits qui y étaient attachés ne tardèrent pas à causer de nouvelles dissentions. La dauphine qui n'était pas très disposée à s'en dessaisir, avait commis Guillaume de Montorcier dit le Noir et quelques autres personnes pour en percevoir les droits et pour administrer les terres qui lui avaient été données par la ville. L'évêque, de son château de Rambaud où il s'était retiré, fulmina contre eux une sentence d'excommunication le 8 décembre 1278; et c'est alors peut-être qu'excités par les agents de la dauphine, les habitants de Gap portèrent une main sacrilège sur leur seigneur spirituel, et que, dans leur fureur aveugle, ils le traînèrent en prison !

Cet attentat ne demeura pas impuni. Au mois de mars 1281, Othon sollicita de nouveau la protection du roi de Sicile et de son fils le prince de Salerne qui se trouvait en Provence. Il exposa qu'il était opprimé par les citoyens de Gap et par quelques seigneurs voisins, et que sa juridiction ne pouvait plus être exercée dans une ville dont les habitants, après avoir secoué toute obéissance, s'étaient saisis de lui et l'avaient retenu long-temps prisonnier.

[1] *Traité du 19 janvier 1274*, aux archives de l'hôtel de ville.—Juvenis et Rochas, *loco citato*.

(1ᵉʳ mars 1281.) 1ᵉʳ Traité de Sisteron entre l'évêque et le comte de Provence et son fils.

« Alors, dit Bouche (*Histoire de Provence*, tom. 2, « liv. 9, sect. 5, §. 10), ayant obtenu leur assistance, « aide et secours, pour châtier l'insolence de ses diocé- « sains, il leur donna, en reconnaissance de leur pro- « tection, la moitié de la juridiction de la ville de Gap « et d'autres terres dépendantes de son évêché, et les « associa, et leurs successeurs comtes de Provence, « pour la moitié de la juridiction civile et criminelle tant « sur les hommes de la même ville que sur tous les « autres dépendant de lui, se réservant pour lui l'autre « moitié de la juridiction qui serait commune tant à lui « et à ses successeurs qu'aux comtes de Provence qui « y pourraient établir des officiers, aussi bien que les « évêques y en pourraient mettre de leur part. Acte passé « à Sisteron le 1ᵉʳ de mars de l'an 1281 ; présents Isnard « d'Entrevennes, seigneur d'Agoult ; Raymond Ruffi ; « B. Giraud, prévôt de l'abbaye de Cruis et autres[1]. »

Le prince Charles de Salerne, surnommé le Boiteux, servit le ressentiment d'Othon, s'avança vers Gap et fit le siège de cette ville, qui fut obligée de se rendre par capitulation en l'année 1282.

---

[1] Juvenis ne parle ni de ce traité ni de l'emprisonnement de l'évêque.—L'auteur de l'*Abrégé historique des évêques de Gap*, fait remonter cette violence à l'époque du traité de Corp (1267), ce qui n'est pas vraisemblable.—Chorier en parle sans en indiquer l'époque.—Bouche seul semble le placer immédiatement avant le traité de 1281 qui en fut la suite.

(1282.) Second traité de Sisteron entre les consuls de Gap et le prince de Salerne.

Les conditions en étaient dures, car la ville fut contrainte de donner à Charles-le-Boiteux, ses fouages, ses fours banaux, ses fossés ou patègues, *fosseta seu pategues*, ses gabelles, et de s'assujettir à d'autres servitudes. Le prince exigea que les consuls Jean Bonnet, Jacques Nicolas et N... Bonthoux se rendissent à Sisteron, où ce traité honteux fut signé par eux, et rédigé par le notaire Bertrand Miracle[1]. D'après César Nostradamus, le siège de Gap par le prince de Salerne accompagné des barons et gentilshommes de Provence, eut lieu au mois d'avril 1282[2].

Les historiens de Provence considèrent ces châtiments comme le résultat des indignes traitements dont les habitants de Gap s'étaient rendus coupables envers leur évêque. Néanmoins le conseil de la communauté protesta dans la suite contre le traité souscrit à Sisteron par ses consuls, et la ville obtint des commissaires du pape une sentence qui déclara nul tout ce qui avait été stipulé dans la crainte du prince de Salerne et de ses armes[3]; mais ce n'est nullement par déférence aux décisions des délégués du souverain pontife que ce prince ordonna de restituer à la ville ce que la crainte lui avait fait céder: on a vu dans le texte que sa conscience seule détermina cet acte de justice.

En cette même année 1282 mourut Othon II. *Son âme*

---

[1] *Livre rouge* p. 42 et 80.
[2] *Histoire de Provence*, 3ᵉ part. p. 277.
[3] *Livre rouge*, p. 175-176.

alla chercher le repos en l'autre vie, dit l'auteur de l'Abrégé historique, alors que Martin IV siégeait à Rome, et que Philippe-le-Hardi occupait le trône de France.

La première à nous connue de ces longues dissentions qui s'élevèrent entre nos évêques et le pouvoir municipal, vient de montrer combien nos ancêtres *furent heureux de se jeter dans les bras de leurs prélats pour échapper au glaive féodal*, ainsi que l'assure un historien dauphinois dont je rapporte textuellement les paroles dans la note suivante, à l'occasion des troubles survenus à Embrun vers l'époque où Othon II prenait possession du siège de Gap.

Note II, page 28.

(1251—1258.) Troubles survenus dans la ville d'Embrun vers le milieu du XIII° siècle, et leurs suites.

Un écrivain religieux dont j'apprécie les talents et respecte les principes, l'auteur de la *vie de saint Hugues, évêque de Grenoble*, disait, il y a peu d'années, que l'esprit public des dauphinois avait été particulièrement favorable à la papauté pendant le XII° siècle, ce que je suis loin de contester ; mais il ajoute : « Vienne, Gre-
« noble, Valence, Embrun, Gap et Die s'empressèrent
« de se courber sous le sceptre pastoral de leurs prélats
« afin d'échapper à la pesante domination des glaives
« féodaux dont la pointe menaçante s'avançait sans cesse
« du seuil des châteaux dans les lieux les plus peuplés et
« les plus riches. »

En ce qui concerne les villes d'Embrun et de Gap, ce passage contient une double erreur. Le lecteur a déjà vu que les habitants de ces deux villes ne s'empressèrent nullement de se jeter dans les bras de leurs évêques pour se soustraire au joug des glaives féodaux ; mais que, sans leur participation, Guillaume de Champsaur d'une part, et Grégoire 1ᵉʳ de l'autre, obtinrent des empereurs les droits régaliens en 1147 et en 1178. Devenus seigneurs temporels, quel usage firent de leur pouvoir les successeurs de ces deux prélats ? Nous venons de signaler les troubles incessants qui se montrèrent dans la ville de Gap pendant l'épiscopat d'Othon II et qui se renouvelèrent de siècle en siècle jusqu'au règne de Richelieu. Voyons maintenant si les archevêques d'Embrun firent un usage plus modéré du double glaive qui était entre leurs mains, et si de simples seigneurs temporels auraient opprimé leurs sujets plus que ne le firent quelques pasteurs de cette métropole.

Guillaume de Champsaur et ses successeurs immédiats s'empressèrent de faire confirmer par les souverains pontifes et les comtes de Forcalquier, les priviléges accordés à leur église par la *bulle d'or* de Conrad III. En 1155 Raymond Bérenger fit don à ce même Guillaume des terres de Breziers, de Beaufort et du Sauze dont il dépouillait à juste titre Arnaud Flotte, bailli du Gapençais. En 1209 Rémond III obtient l'investiture du comté d'Embrunais, et quelques années plus tard, son successeur reçoit l'hommage du dauphin pour les terres qu'il possède dans ce comté. En 1238, nous voyons l'archevêque Aymar prêter serment de fidélité à l'empereur Frédéric II, et les habitants d'Embrun se révolter et se livrer à des voies de fait contre leur prélat qui porte contre eux de sévères condamnations ; mais en 1251, Henri de Suze, l'archevêque le plus savant qui ait régné sur la ville et le diocèse d'Embrun, obtient de l'empereur une charte qui étend les droits et les privilèges de ce seigneur spirituel et temporel, et qui mérite une analyse de quelque étendue.

(1251.) 1° L'empereur lui donne et lui confirme la souveraineté sur la ville d'Embrun, les châteaux, les villes, les villages, les fiefs, les cens, les pensions, les lods, les péages, les tributs, les droits, les domaines, et tous les autres biens corporels et incorporels que Henri ou ses devanciers ont *acquis* dans les diocèses d'Embrun, de Gap et de Turin ;

2° Il confirme tous les privilèges, les donations et les libertés de l'église d'Embrun, que les empereurs ses prédécesseurs, les rois ou autres, ont accordés aux prédécesseurs de Henri ; il y ajoute l'empire mère et mixte avec la totale juridiction, l'adempre, les quêtes, les tailles et les *exactions accoutumées* qui ont pu être levées de droit, (mais non de fait) par les empereurs, sans qu'aucune prescription puisse être invoquée, ou qu'il y ait eu des usages contraires ;

3° L'empereur accorde en outre à l'archevêque la liberté et l'immunité perpétuelles de toutes les charges publiques, communes et privées, ainsi que le pouvoir d'établir des tabellions publics, dont les actes feront foi dans l'étendue de l'empire ; et défend aux habitants d'Embrun, comme à ceux des châteaux et des lieux appartenant ou qui pourront appartenir à l'archevêque et à son église, de se servir d'autres tabellions, car leurs actes seraient nuls et de nulle valeur ;

4° Il accorde enfin à l'archevêque et à ses successeurs le pouvoir d'exercer avec plénitude toute juridiction volontaire dans le royaume d'Arles et de Vienne.

(1253.) L'usage que Henri de Suze voulut faire de cette charte sur la ville d'Embrun en y ordonnant une levée de deniers, fut la cause des troubles qui se manifestèrent dès l'année 1253 sous le consulat du seigneur de Verdun et du sieur de Chabassol. La ville croyait avoir le droit d'exiger de la part des ecclésiastiques des redevances et des servitudes qu'elle faisait exécuter malgré leur refus. On avait même vu des personnes lever la main contre ces ecclésiastiques, et les consuls les dépouiller de leurs biens, malgré les remontrances de l'archevêque à qui appartenait, selon la charte, toute juridiction. Les habitants d'Embrun s'étaient livrés à un acte bien plus répréhensible le jour de l'Assomption de la sainte Vierge. Rassemblés en tumulte devant la porte de l'église métropolitaine au moment où l'archevêque célébrait la messe, ils ne s'étaient pas bornés à troubler la cérémonie, ils avaient en outre contraint les assistants de sortir et de jurer qu'ils se ligueraient avec eux contre le prélat. Celui-ci fut même obligé de quitter Embrun et de se retirer à Chorges d'où il lança contre eux des lettres monitoires et les condamna, sur leur refus de comparaître, à une amende de cent marcs d'argent, à lui restituer 1500 livres viennoises, et à lui payer les dîmes qu'ils avaient retenues.

(1254.) Il serait par trop fastidieux de suivre les consuls d'Embrun dans leur appel au saint-siège des condamnations portées par Henri de Suze, et dans les suites de cet appel ; mais je ne puis passer sous silence que, le 6 avril 1254, l'archevêque fulmina de Digne où il s'était rendu, une sentence d'interdit contre la ville et d'excommunication contre les consuls et leur partisans. Au lieu de venir à résipiscence, les habitants élirent de nouveaux consuls et des conseillers sans la participation de leur souverain seigneur, nommèrent des juges pour connaître de leurs différends malgré l'interdit qui pesait sur les juges légitimes eux-mêmes, firent graver un scel aux armes de la ville, et dressèrent des statuts où le prélat était présenté comme un tyran orgueilleux et l'ennemi implacable de la liberté publique; et ainsi, dit le P. Fournier, *ils faisaient déjà de leur ville comme une république, car, comme disait un ancien, le peuple est un animal à plusieurs têtes et sans oreilles.*

(1255.) Malgré les admonitions de l'évêque de Senez, établi juge en cette cause, malgré les remontrances de Henri de Suze, *qui avait une tendresse paternelle pour son peuple,* les habitants d'Embrun persistèrent dans leur rébellion, et ils y persistaient encore au mois de mai 1255, époque à laquelle les voutes des églises paroissiales du diocèse et même de toute la province, retentirent de la sentence suivante prononcée par l'archevêque :

I. Si les consuls et les habitants d'Embru n ne retournent à leur devoir d'ici à la Saint-Jean, ils sont dès-lors déclarés infames, incapables de tester, de porter témoignage, d'exercer aucunes fonctions publiques, et en outre ils seront bannis.

II. Tous ceux qui se sont portés pour consuls depuis la sentence d'excommunication, seront tenus pour indignes et inhabiles à être désormais élus ou élevés à aucun autre office, grade et dignité. Tous les actes de leur consulat sont, dès à présent, déclarés nuls et de nul effet.

III. Sont déclarés infâmes et parjures les citoyens qui se sont portés comme candidats au consulat et au conseil municipal de la ville d'Embrun, et excommuniés ceux qui les ont favorisés ou qui les favoriseraient à l'avenir. Sont également déclarés infâmes et excommuniés tous les habitants de cette ville âgés de 14 ans qui ont obéi aux consuls ou qui étaient disposés à leur obéir.

IV. Défenses sont faites à tous ecclésiastiques séculiers et réguliers d'entrer dans la ville d'Embrun, et à toutes les villes, bourgs et villages du diocèse soumis à l'archevêque, de recevoir et d'accueillir aucun citoyen de ladite ville, à peine d'être soumis à l'interdit pendant le séjour des réfugiés.

V. Sont cassés et annullés les testaments, les contrats de mariage, et tous les actes quelconques qui seront faits à Embrun et dans les autres lieux interdits, et notamment ceux dans lesquels seront intervenues les personnes excommuniées. Les enfants qui naîtront de ces mariages illicites, sont déclarés bâtards et incapables de succession, nonobstant l'ignorance de ceux qui auraient contracté durant l'interdiction.

VI. Les curés et les chapelains de la province des Alpes-Maritimes sont tenus de publier la présente sentence les jours de dimanche et de fête. Toutes personnes qui, pendant l'interdit, seront allées au marché d'Embrun, qui auront vendu leurs denrées aux habitants, ou qui les auront assistés de quelque manière que ce puisse être, devront comparaître devant le seigneur archevêque pour répondre sur la contravention par eux commise.

VII. Le présent interdit sera adressé à tous les évêques, abbés, couvents, procurés, recteurs et autres ecclésiastiques, avec défense de recevoir aucun habitant de la ville d'Embrun, ni aucun émissaire qui serait envoyé de la part des prétendus magistrats de cette ville. Il est au surplus défendu à tous les confesseurs d'absoudre aucun desdits habitants à moins qu'ils n'en obtiennent le pouvoir des supérieurs.

VIII. Enfin, les corps des personnes qui viendraient à décéder pendant l'excommunication qui pèse sur elles, seront pendus aux branches d'un arbre, sans qu'il soit loisible de les ensevelir au-dedans et au-dehors de la ville, même dans leurs champs, à peine contre ceux qui les auraient ensevelis d'être déclarés eux-mêmes indignes de la sépulture jusqu'à la Saint-Jean-Baptiste.

(1236.) Cette terrible sentence dut saisir d'effroi les habitants d'Embrun qui n'avaient pas résolu de briser tous les liens religieux qui les attachaient à leur prélat; aussi voyons-nous Henri de Suze en possession de la ville métropolitaine dans les premiers jours de l'année suivante, époque à laquelle il fonda l'archidiaconé de l'église cathédrale.

(1238.) Toutefois la soumission des habitants ne fut pas pleine et entière, puisque le prélat fut obligé de sommer le dauphin de lui prêter le secours de ses armes, bien que, malgré l'usage et les traités, ce prince eût transporté au comte de Provence l'hommage qu'il était tenu de rendre aux archevêques d'Embrun. Toute résistance devint alors impossible; les consuls déposèrent leurs chaperons aux pieds d'Henri de Suze, mirent leurs personnes à sa disposition ainsi que les libertés, les biens et l'état politique de la ville, et jurèrent au dauphin et à l'archevêque de garder inviolablement ce qui serait ordonné. Ces deux princes n'en envoyèrent aucun à la potence ou au pilori; seulement, sur leur ordre, le juge d'Embrun ordonna aux consuls et aux conseillers de convoquer une assemblée générale des citoyens de la cité, qui se réunit en effet sur la place publique; et alors, ces magistrats abdiquèrent le consulat et tous les droits qui y étaient attachés, et firent la remise des clefs de la ville et de la maison consulaire, ainsi que de leurs livres et de tous les actes consulaires intervenus depuis les condamnations prononcées à Chorges. Après quoi, le juge donna lecture des immunités et des franchises que l'archevêque et le dauphin voulaient bien accorder à la ville.

Au surplus, amnistie générale sur tout le passé, et défense de faire aucune recherche des cris séditieux et scandaleux qui avaient été proférés, à la réserve de ceux qui avaient eu lieu dans l'église, ou en présence du juge et du bailli, ou en mépris des officiers de l'archevêque.

Le serment de fidélité au prélat fut renouvelé de porte en porte, et ensuite les habitants furent absous de tous les excès par eux commis, à la seule condition qu'eux et leurs successeurs se maintiendraient dans la fidélité, qu'ils ne retomberaient plus dans le parjure, et moins encore dans la rebellion et dans les désordres qui avaient troublé la ville et le diocèse.

Nonobstant le pardon accordé aux habitants d'Embrun, il était loisible au seigneur archevêque de répéter contre eux ce qu'ils avaient outrageusement ravi ou usurpé.

Pour la réparation du scandale commis au devant de

l'église de Notre-Dame le jour de l'Assomption, chaque famille était tenue à perpétuité d'offrir à la messe de tierce un denier à l'archevêque ou au prêtre qui la célébrerait chaque année audit jour de l'Assomption. Les deniers offerts devaient être ensuite distribués à ceux de l'église qui assistaient à cette messe, laquelle serait chantée solennellement pour le prélat, le dauphin, les chanoines et les ecclésiastiques de la cathédrale, et à la procession générale qui serait faite à la suite.

Les habitants d'Embrun étaient en outre tenus de faire célébrer un service pour le repos de l'âme du seigneur Henri de Suze, aussitôt que sa mort serait venue à leur connaissance. Jusqu'à cette époque, on réciterait chaque jour de l'Assomption l'office de la sainte Vierge pour le salut de son âme ; au moyen de quoi lesdits habitants étaient absous des peines qu'ils avaient encourues par leur désobéissance.

Enfin, il fut ordonné que ces articles seraient en entier couchés par écrit afin de perpétuer la mémoire de l'injure faite à la sainte Vierge, et pour que l'on ne perdît pas le souvenir qu'aimer, respecter et honorer avec fidélité l'archevêque et le dauphin comme leurs maîtres et seigneurs, était l'un de leurs premiers devoirs.

L'acte qui fut dressé en vertu de ce dernier article est du mois d'août 1288[1].

Chorier et le curé Albert ajoutent que Raymond Tiaud et Pierre Ferrière, chefs de la première sédition, furent

---

[1] Le P. Fournier, *Histoire des Alpes-Maritimes ou Cottiennes*, Liv. v. Sect. 6e.

bannis à perpétuité et leurs maisons rasées ; mais, comme le P. Fournier, ils nous laissent ignorer quels furent les nouveaux règlements imposés à la ville pour son administration civile, en quoi consistaient les libertés et les immunités qui lui furent accordées, ou plutôt, qui ne lui furent pas ravies. Nous devons croire qu'en vertu de la charte impériale de 1251, l'autorité la plus absolue resta aux mains de l'archevêque, et qu'il put lever des impôts à son gré sans le concours du pouvoir municipal qu'il venait de réduire à la négation absolue[1].

Je suis loin d'absoudre les habitants d'Embrun des outrages qu'ils se permirent contre la religion, et de leur manque de respect envers ses ministres ; je me permettrai moins encore de blâmer Henri de Suze sur l'usage qu'il fit des foudres de l'Église, et sur la rigueur de ses sentences, car ce savant auteur de la Somme dorée plus

---

[1] Les habitants d'Embrun avaient élevé un mur qui séparait le palais épiscopal de la ville ; et dont la démolition fut ordonnée en 1258. « Il y a une tradition dans Embrun, dit le P. Fournier, que les domestiques de Henri avaient accoutumé de sortir par cette issue la nuit pour s'en aller rouler la ville dans le dessein d'attenter sur la pudicité des filles et des femmes ; que cela ayant causé des désordres et des scandales, l'on avait porté des plaintes à ce prélat qui leur répondit de fermer bien leurs *escuyeries* et que ses chevaux ne courraient point à leurs juments ; que cela piqua les habitants d'une telle manière qu'ils se portèrent à faire bâtir cette muraille pour le fermer lui et ses domestiques, ce qui me paraît néanmoins fort fabuleux........ J'ai vu par les procédures que la source de ce différend entre Henri avec les consuls et les habitants *ne pouvait venir que des levées de deniers et des impôts que ce prélat voulut lever sur eux au commencement de sa souveraineté*, et de là la jalousie qu'il conçurent pour tous les avantages qui lui avaient été accordés par le roi des Romains. » (*Histoire des Alpes-Maritimes ou Cottiennes*, loc. cit.).

connue sous le nom de *Summa Ostiensis*, et que Dante a placé dans son Paradis, nous est présenté par le P. Fournier, comme un ardent ami de la paix, toujours clément et miséricordieux et d'une telle humilité que ses actes publics commençaient toujours par ces mots : *Henri par la* PATIENCE *de Dieu, archevêque d'Embrun.* Mais nous venons de voir que, comme Othon II, son contemporain, il n'hésitait pas de recourir au glaive temporel lorsque le glaive spirituel était insuffisant pour réprimer les séditions et étouffer les murmures excités par l'usage qu'il voulut faire du pouvoir sans bornes sur les personnes et sur les choses que l'empereur Willelme lui avait octroyé. Cependant, lors de la prise de possession du siège archiépiscopal, il avait dû jurer, selon l'usage, d'entretenir les libertés, les coutumes et les priviléges de la ville d'Embrun, laquelle ne lui devait, pour joyeux avénement, que quelques bœufs, de la vaisselle d'argent, les provisions nécessaires pour ses chevaux et onze livres viennoises pour le dédommager sans-doute du festin que les archevêques donnaient ce jour-là aux notables de la cité[1]. Ainsi, comme disait Dacier, ma remarque subsiste, c'est-à-dire, que les habitants d'Embrun et de Gap ne se jetèrent nullement dans les bras de leurs seigneurs évêques pour échapper au glaive féodal, et que ce glaive fut levé contre eux lorsqu'ils voulurent défendre leurs libertés et leurs vieilles franchises.

[1] Le P. Fournier, *Histoire des Alpes-Maritimes ou Cottiennes*, liv. IV. sect. 4°.

Note 1; page 22.

(1250—1343.) Les Chartreux de Durbon et les Chartreusines de Berthaud.

En ce temps où la ville de Gap ne cessait de batailler et de transiger avec ses évêques, il se passait à Durbon un événement des plus extraordinaires ; mais avant de le raconter, je dois relever une erreur populaire qui déplace le lieu où étaient établies les chartreusines soumises à l'administration des pères de ce couvent.

(1250.) Berthaud où fut élevé, dans les premières années du xiie siècle, un couvent pour les chartreusines, n'était pas à une lieue de Manteyer, comme on l'a écrit, non plus que dans les montagnes voisines de Rabou, mais bien dans le territoire de la commune de Ventavon au quartier qui porte toujours ce même nom de Berthaud. Toutes les chartes en font foi. L'une d'elles constate que Guillaume de Moustiers, seigneur de Ventavon, pour l'acquit de sa conscience et en réparation des injures, menaces et mauvais traitements dont lui et ses auteurs s'étaient rendus coupables envers les chastes filles de saint Bruno, fit, en 1250, donation au couvent de Berthaud de tous les droits qu'il prélevait auparavant sur les terres de ce monastère.

(1343.) Au xive siècle, on vit le seigneur de la Roche, Arnaud de Flotte, le chevalier le plus félon qui fut oncques, s'emparer violemment du domaine de Quint, acquis et formé peu à peu par les chartreusines de Berthaud. Il est vrai qu'en l'année 1343, il voulut bien s'en dessaisir et le rendre à ces religieuses. C'est encore une erreur d'attribuer à Arnaud de Flotte les violences exercées contre elles, car les chartes n'en font aucune mention.

J'en viens maintenant aux événements qui se passaient au commencement du même siècle dans les terres de Durbon.

(1301—1303.) Comment, dans ces temps de ferveur et d'exaltation religieuses, les moines de ce couvent purent-ils trouver dans un seigneur de leur voisinage, un ennemi sordide jusqu'à la cruauté, dont les mains sacriléges osèrent se porter sur ces *anges du désert*! Cet ennemi fut Raynaud de Montauban, non le paladin de Charlemagne, mais Raynaud de Montauban, seigneur de Montmaur, de la Roche, d'Agnelles-en-Beauchêne et autres places.

Voici comment s'engagea la lutte entre la puissance féodale et le pouvoir sacerdotal qui, l'une et l'autre, prétendaient à la jouissance exclusive de certains pâturages de Durbon.

C'était au mois de juin 1301. Frère Guillaume du Vallon régnait sur la communauté en qualité de prieur. Un matin on vit sortir de l'église du monastère les religieux revêtus de leurs ornements sacerdotaux, précédés de la croix et suivis de F. Guigues Moreton, se dirigeant vers le village de Saint-Julien et faisant retentir la vallée de leurs chants tristes et solennels. Le prieur et trois frères étaient seuls restés pour la garde du couvent. Les chartreux allaient processionnellement à Sisteron demander justice au vicaire de Forcalquier, représentant dans cette ville *l'illustre chevalier et magnifique seigneur* Reynaud de Lecto, grand sénéchal ès comtés de Provence et de Forcalquier, à qui le prieur de Durbon avait déjà porté ses plaintes. Arrivés à Sisteron et admis en la présence de messire Pierre Gombert, vicaire de Forcalquier, il lui présentèrent la lettre que dom prieur avait reçue du sénéchal, et par laquelle il ordonnait à ce vicaire de s'enquérir en toute diligence de la vérité des faits contenus en la plainte qui lui avait été portée. Or, la requête de F. Guillaume du Vallon exposait les faits suivants :

Le 10 juin 1301, les gens de Raynaud de Montauban commandés par le neveu de son bailli d'Agnelles, soulevèrent les habitants de ce village, les hommes comme les femmes, et tous ensemble, armés de lances, de haches, de bâtons et de pierres, ils se portèrent dans le terroir de Durbon et tombèrent impétueusement sur le troupeau du monastère, qui, sous la garde de quelques religieux, paissait paisiblement au quartier de Recours, tuèrent un grand nombre d'agneaux et de brebis, estropièrent et dissipèrent le reste. Les frères qui gardaient le troupeau et quelques autres religieux du monastère venus à leur secours, s'approchant de la troupe furieuse, la supplièrent de cesser ses violences ; mais, *foulant aux pieds la crainte de Dieu* et le respect dû au roi de Sicile, comte de Provence et de Forcalquier, sous la protection et sauve-garde duquel se trouvait le monastère, ces misérables se jettent sur eux, les chargent de coups, les blessent jusqu'à effusion du sang, et cinq d'entre eux sont si cruellement mutilés qu'à peine ils peuvent se traîner jusqu'aux portes du couvent !

Une enquête fut ordonnée tant contre le seigneur Raynaud de Montauban, provocateur des injures et des violences, que contre les manants d'Agnelles qui les avaient exercées. En attendant, la Cour de Sisteron envoya à Durbon son garde ordinaire pour protéger les religieux, leurs biens et leurs droits, ce qui n'empêcha nullement les sujets du haut-baron d'envahir avec leurs troupeaux les pâturages du monastère, d'insulter le garde, de tomber de nouveau sur les frères qui veillaient à la garde des vaches et des brebis du couvent, de se saisir du troupeau et de le pousser violemment jusque dans le territoire de Montmaur où expira une vache plus maltraitée que les autres.

L'enquête fut terminée au mois d'octobre 1502. Il en résultait que les habitants d'Agnelles, ou, pour mieux dire, leur souverain seigneur Raynaud de Montauban prétendait à des droits de pâturage dans les montagnes de Durbon. Indépendamment des faits exposés, il était en outre prouvé que, trois ans auparavant, quelques habitants du Haut-Montmaur s'étaient emparés d'un ustensile à l'usage des troupeaux du monastère. Dom Hugues de Rives, alors prieur de Durbon, et deux autres religieux qui se trouvaient au pâturage virent les paysans les outrager cruellement *sans crainte d'offenser le bon Dieu en la personne de ses ministres.* Les religieux furent battus et le vénérable prieur, jeté à terre, s'en releva tout sanglant.

Tant d'excès ne pouvaient rester impunis. Sans s'arrêter aux propositions d'arrangement faites par Raynaud de Montauban, la Cour de Sisteron, par son arrêt du 4 juin 1503, fit inhibitions et défenses à ce haut et puissant seigneur, à ses manants et habitants du château et communauté d'Agnelles, et autres de ses gens, de continuer à inquiéter le monastère dans la jouissance des bois et pâturages de Durbon, et particulièrement du quartier de Recours. Ledit seigneur et ses adhérans furent condamnés à une amende de cent marcs d'argent fin, et promesse leur fut faite de pareille condamnation si lui, ses gens ou ses sujets s'avisaient de violer désormais les défenses portées par l'arrêt. Ainsi l'Eglise fut vengée de la brutale insolence des vassaux du puissant seigneur féodal[1].

Note J, page 41.
(1378.) Charte du 7 mars 1378.

La charte de 1378 qui fait connaître l'état politique et civil de la ville de Gap au xive siècle, et à laquelle Jacques Artaud ne souscrivit qu'avec répugnance, mérite quelques développements. La rapidité du récit n'a pas permis de les faire entrer dans le texte, où je n'ai guère parlé que du serment à prêter par l'évêque et de l'hommage qui doit lui être rendu ; voici, d'abord la reproduction de cet article du traité.

« *Item quod ipsi cives dictas portas coram novo domino aperire non tenentur, nec teneantur nec homagio vel fidelitatis juramenta prestare nec eis ascribi potest nec possit vicicim donec et quousque ipse dominus episcopus vel electus predictas et infra scriptas franchesias libertates et immunitates et omnia alia pacta seu conventiones et franchesias olim inhitas inter predecessores ipsius domini epis-*

---

[1] *Charte de Durbon.*

copi et cives l'apinci de quibus per testes idoneos vel publica instrumenta fieri poterit fides, approbaverit, ratificaverit et confirmaverit et promiserit et super sancta Dei evangelia juraverit ipsas servire inviolabiliter et homines et cives suos tenere pacifice in eisdem absque novitate quacumque. Et insuper quod super prestatione homagiorum vel juramentum fidelitatis non possit nec debeat cives vel incolas compellere nisi prius honorabile prandium fecerit omnibus maribus ipsius civitatis. (Extrait de la charte originale précédée de la sanction du souverain pontife Clément VII.)

Je passe maintenant aux autres dispositions essentielles.

1° *Droits utiles.* Cet article ne règle que les rapports établis entre les habitants et les fermiers des fours épiscopaux. Il était dû par ceux-là un pain sur 28.

2° *Justice.* Elle était rendue au nom du seigneur évêque à qui elle avait toujours appartenu. Nul citoyen ne pouvait être poursuivi criminellement pour une cause civile ; il ne pouvait être contraint de répondre s'il ne lui avait été donné copie des actes et des pièces du procès, ni être détenu préventivement à moins qu'il ne s'agît d'un crime énorme. Le prélat ne pouvait fulminer l'excommunication pour des cens et autres droits de l'église qu'après un avertissement préalable qui portait à quinzaine. Le juge épiscopal ne devait exiger aucun salaire pour les tutelles, les curatelles, les aliénations et les autres actes de son administration. La cité étant dans l'usage de ne pardonner aucun crime, l'évêque et ses officiers étaient tenus de se conformer à cet usage, etc., etc. — Cet article du traité est fort étendu : il règle les émoluments des officiers du prélat pour les citations, les lettres de contrainte, le serment de calomnie, les lettres monitoires, les dispenses des bans, pour chacun desquels il était dû deux gros. Alors on se contentait de deniers, et rarement on arrivait aux sols.

3° *Droits politiques de la ville.* Les citoyens de Gap pouvaient s'assembler en tout temps pour nommer leurs syndics ou consuls, leurs procureurs et gens d'affaires, choisir les ouvriers qui devaient travailler aux fortifications de la ville, et désigner les personnes chargées de veiller au maintien de leurs libertés.—Ils levaient à leur gré des impôts pour les affaires communes sans que l'évêque pût exempter aucun contribuable; mais les rêves ou impôts sur les vins, les denrées et les marchandises, ne pouvaient être établis qu'en présence et avec l'assentiment du prélat qui, du reste, n'avait pas le droit d'entrer dans la maison consulaire où étaient déposées les armes appartenant à la ville.—Liberté du commerce pour tous les habitants.—Tout étranger était admis à s'établir dans la ville et à jouir des droits de cité, sans que l'évêque pût soumettre les nouveaux citoyens à d'autres obligations que celles imposées aux anciens.—Les étrangers possédant fonds dans le territoire étaient tenus de contribuer aux charges de la ville.—Le seigneur évêque et ses officiers *ne pouvaient imposer aucune charge personnelle ou réelle*; ils étaient tenus, au contraire, de maintenir les citoyens de Gap dans leurs franchises, leurs usages et leurs libertés.

4° *Service féodal.* Nul citoyen, noble ou roturier, qui ne tenait fief de l'évêque, n'était obligé d'avoir des armes ni des chevaux au service de celui-ci.

5° *Administration financière.* L'évêque n'avait nullement

à s'immiscer dans l'administration financière de la ville. Les comptes des collecteurs des tailles, ceux des consuls et des autres citoyens chargés des affaires de la ville, étaient rendus au conseil général de la communauté ou à ses délégués.

6° *Police municipale.* Ce chapitre permet l'usage de toutes sortes de poids et de mesures marqués au coin de l'évêque, et détermine les poursuites à exercer contre les personnes qui ont fait usage de faux poids ou de fausses mesures.—Il interdit l'introduction de vins étrangers dans la ville sous peine de confiscation et d'une amende de dix marcs d'argent au profit du prélat qui, du reste, n'est pas soumis à l'interdiction, non plus que ses chanoines, pour leur usage personnel.—Si l'évêque ou ses officiers avaient donné des permissions d'introduire des vins étrangers, ces vins n'étaient pas moins saisis sur la simple réquisition des consuls, et distribués aux pauvres en nature ou en argent.—L'exercice de la profession de boucher est réglée dans l'article suivant, et reste sous la surveillance du pouvoir consulaire. Toute société illicite, tout monopole sont interdits sous peine de confiscation des viandes et d'une amende de dix livres réforciats, toujours au profit du seigneur évêque.—Les meuniers viennent ensuite; et leurs droits de mouture, leurs obligations envers les habitants s'y trouvent réglés.—Le Courier, (juge de police) et les autres officiers épiscopaux ne pouvaient exiger qu'une *parpaillote* des récalcitrants qui, comme les gardes nationaux de nos jours, ne s'étaient pas rendus au poste pour faire la patrouille que nos aïeux nommaient *la Serche.*—Enfin, le crieur public recevait annuellement pour salaire quatre turons d'argent de la ville, indépendamment de ce qui lui revenait pour les encans et pour la criée du vin des habitants.

7° *Police rurale.* Aux officiers de la ville était dévolu le droit de nommer des experts pour évaluer les dommages causés aux récoltes, et pour planter des limites.—Les *garde-terres*, au contraire, étaient soumis au pouvoir de l'évêque et prêtaient serment devant la cour épiscopale.—Ils ne pouvaient réclamer leur salaire qu'au préalable celui qui avait souffert un dommage ne fût indemnisé.—L'évêque ou ses officiers ne pouvaient ordonner l'ouverture des vendanges, ni infliger à ce sujet aucune peine, qu'après en avoir été requis par les consuls.

8° *Droits de propriété.* Les seigneurs évêques n'avaient rien à prétendre sur les montagnes, les pâturages, les patègues et les lieux publics appartenant à la communauté. Il leur était interdit d'exercer aucune action pour faire tomber en commis les biens tenus par les emphitéotes, à moins que ces biens n'eussent été vendus ou donnés comme francs.

9. *Sûreté de la place.* Les portes de la ville avaient deux serrures et deux clefs : l'une des clefs était gardée par l'évêque ; l'autre restait au pouvoir des consuls. Les portes étaient entretenues à frais communs, mais l'évêque était chargé seul de la nourriture et de l'entretien des portiers, et ne pouvait exiger la fermeture des portes pendant le jour au préjudice des habitants.

10° Enfin, le traité devait être transcrit dans un livre en parchemin et sur un tableau qui serait exposé dans l'auditoire et fermé à chaine.

Telles sont les principales dispositions de la grande charte du 7 mars 1378. Elle fut approuvée par Clément

VII en 1382, et par Pie II en 1461. Les consuls alors en exercice et qui la souscrivirent étaient Arnaud Sancelly, Jean Aymonet et Jean Raynetmi. Parmi les nombreux témoins, l'on remarque noble Guigues Fiotte, bailli du Gapençais; Sechon de Montorcier; Jacques Lambert, moine de Cluny; Jean de Revilliasc, citoyen de Gap; et Pierre Testeniello, chevalier de Saint-Jean-de-Jérusalem. Au nombre des arbitres figurent le chanoine Étienne de Piémont; Pierre Torchat, chapelain du pape; noble Jacques de Saint-Germain, citoyen de Gap, et le fameux François Borelli, provincial des FF. mineurs et grand inquisiteur de la foi, également citoyen de Gap. L'acte fut dressé dans le cimetière de Notre-Dame au-devant de la grande porte de la maison épiscopale par trois notaires impériaux de la ville, à savoir: Jean Bonnet, Ponce de Cinq-Estienne et Guillaume Vieux.

Note K, page 43.

(1391.) Ancêtre du Connétable de Lesdiguières. — Point de départ de ce héros.

J'en aurais fini avec Jacques Artaud si le châtelain du Champsaur n'avait empiété sur la juridiction de cet évêque dans les terres par lui possédées dans la vallée du Drac. Sur les plaintes portées par le prélat à Jacques de Mont-Maur, gouverneur du Daupiné, il fut fait audit châtelain inhibitions et défenses de ne plus empiéter sur les droits épiscopaux. L'acte en fut dressé dans le cimetière de Saint-Bonnet le pénultième jour du mois d'octobre

1594. Or, parmi les témoins figure un homme dont le nom s'est reproduit dans les documents du xvi° siècle à côté de celui de Lesdiguières; C'est Jean Lagier, notaire, *Joannes Lagerio, notario*. Mais se serait-on douté que l'acte d'inhibitions fût reçu par l'un des ancêtres du connétable ? Toutefois, cela paraît certain, car le notaire impérial et de la cour delphinale qui l'a rédigé, avait nom Gabriel de Bonne, *de Bonna*. Maître Louis Videl n'a eu garde de nous parler de cet illustre ascendant de notre héros[1].

Le Thucydide de Serres ne nous a pas fait connaître non plus l'état de détresse dans lequel se trouvait la famille du futur connétable au moment où, bien jeune encore, celui-ci allait à Grenoble pour y suivre un cours de droit. Le récit suivant justifiera, je le pense, l'épithète de gentillâtre dont parfois l'auteur de ce Précis s'est permis de faire usage en parlant du héros champsaurin.

« François de Bonne, seigneur de Lesdiguières, étoit d'une maison noble et ancienne des montagnes du Dauphiné, mais pauvre. Après avoir fait ses études, il se fit recevoir avocat au parlement de Grenoble et y plaida, dit-on quelquefois; mais se sentant appelé à de plus grandes choses, il se retira chez lui en dessein d'aller à la guerre. Cependant, n'ayant pas autrement de quoi se mettre en équipage, il emprunta une jument à un hôtelier de son village, faisant semblant d'aller voir un de ses parents. Or, cette jument n'appartenant pas à cet hôtelier, lui fut redemandée, et cela donna sujet à un

---

[1] Archives de la préfecture. — *Acte du 30 octobre 1594*, Ms. sur parchemin.

procès qui, quoique de petite conséquence, dura pourtant si long-temps, comme il n'arrive que trop souvent, qu'avant qu'il fût terminé, M. de Lesdiguières étoit déjà gouverneur du Dauphiné. Un jour donc qu'il passoit à cheval, suivi de ses gardes, dans la place de Grenoble, ce pauvre hôtelier qui y étoit à la poursuite de son procès, ne pût s'empêcher de dire assez haut : « Le diable emporte François de Bonne, tant il m'a causé de mal et d'ennui. » Un des assistants lui demanda pourquoi il parloit ainsi, et cet homme lui raconta toute l'histoire de la jument. Celui qui lui avoit fait cette demande étoit un des domestiques de M. de Lesdiguières, et le soir même il lui en fit le conte ; car le connétable avoit, dit-on, cette coutume qu'il vouloit voir tous ses domestiques avant de se coucher, et quelquefois il s'entretenoit familièrement avec eux. Ayant su cette aventure, il commanda à cet homme de lui amener le lendemain le pauvre hôtelier qui, bien étonné et intimidé exprès par son conducteur, se vint jeter aux pieds de M. de Lesdiguières, lui demandant pardon de ce qu'il avoit dit de lui ; mais lui, n'en faisant que rire, le releva, et pendant qu'il l'entretenoit du temps passé, on fit venir la partie adverse, avec laquelle il s'accorda sur le champ, et donna même quelque récompense à ce bon homme[1]. »

---

[1] Les historiettes de Tallemant des Réaux, tom. 1, pag. 76 et 77.

Note E, page 69.

(1560.) Règlement politique de la ville de Gap, du 1er février 1560.

Le règlement politique de 1560 que les événements subséquents forcèrent de modifier dans quelques-unes de ses dispositions, fait connaître la manière dont la ville était administrée au XVIe siècle, et mérite par conséquent une analyse plus étendue.

Les premiers articles renferment la loi électorale de la cité. Les consuls, les conseillers et les autres officiers de la ville sont élus dans une assemblée générale où « seront reçus tous et chacuns les manants et habitants « de ladite ville et les forestiers du terroir et mandement « d'icelle qui ont accoutumé par ci-devant y être reçus, « pour bailler leur voix et avis. » Tel est le premier article de tout point conforme aux vœux exprimés de nos jours par la Gazette de France avec une admirable sincérité.

L'art. 2 règle l'ordre des séances. Après les deux états du clergé et de la noblesse, seront assis et auront voix les personnes du tiers-état dans l'ordre suivant; 1° les bourgeois, les procureurs et les notables praticiens; 2° les marchands de soie et de drap; 3° les autres marchands; 4° les artisans et laboureurs selon la faculté de ces derniers déterminée par le cadastre.

« En toute assemblée sera observée toute modestie et
« civilité, sans y user d'aucune injure de parole ni de
« fait, sur peine d'être punis comme perturbateurs de
« l'ordre politique et privés de jamais pouvoir assister
« à telles assemblées, et, en outre, être condamnés en
« amende tant corporelle que autres. »—Ainsi s'exprime l'art. 3.

Par le 4e, les plus notables et apparents ainsi que le dernier des manants sont tenus d'assister aux conseils généraux, à peine de dix sols d'amende applicables aux pauvres de l'Hôtel-Dieu de Gap.

Les articles suivants font connaître de quelle manière le conseil général était convoqué ; quelles étaient les personnes non éligibles ; comment l'on votait à haute voix tant pour l'élection des consuls que pour celle du conseil particulier composé de 24 membres (un de plus qu'à l'époque actuelle) ; quelles étaient les attributions de ce conseil et les formes de ses délibérations.

L'administration des consuls était gratuite, à moins que ces magistrats ne fussent obligés de sortir du territoire de la communauté, cas auquel leurs vacations étaient payées à un taux déterminé.

Les conseils généraux et particuliers ne pouvaient être tenus hors de la maison de ville.

Par l'art. 23, la cour reconnaissait et sanctionnait le privilége dont la ville avait toujours joui de lever des impôts sans en demander la permission à aucune puissance supérieure.

Le paiement des dépenses municipales, la forme des mandats de paiement, les impôts, le trésorier, les comptes qu'il doit rendre, la formation d'un cadastre pour arriver aux péréquations, l'indemnité revenant aux répartiteurs des tailles, la poursuite des procès par les consuls, après avoir obtenu du conseil général la permission de plaider, les adjudications pour l'*exaction* des tailles, la garde des titres et papiers, la vérification qui doit en être faite annuellement, la garde des archives, les personnes indignes repoussées des assemblées et des délibérations, etc., font l'objet des articles suivants, lesquels nous montrent que, depuis 1860, nous n'avons guère fait de progrès en matière d'administration municipale.

Parmi les habitants qui demandaient une réforme, l'on voit figurer avec surprise deux chanoines, messire Fouasse et Jacques d'Orcière. On trouve encore au nombre des réclamants Gratien Faudon, sieur de Chaliol; François Farel, prieur de Valserres; Sixte du Tanc, écuyer, et Antoine Farel. Ce dernier était notaire, et probablement le frère du violent réformateur Guillaume Farel.

Note M, page 91.

(577.) Anciens monuments de la ville de Gap, détruits par les Protestants.

Juvenis vécut pendant plusieurs années avec un témoin des excès commis par les protestants : c'est le centenaire Paul de Beauvois, chanoine de l'église cathédrale. Sans doute notre auteur tenait de ce vieillard la description de l'ancienne cathédrale et du temple de Saint-Jean-le-Rond, qu'il a résumée de la manière suivante :

Saint-Jean-le-Rond.

« Il y avoit un temple dans Gap d'une structure merveilleuse : sa figure étoit sphérique. On voyoit sur le haut une ouverture pour la fumée des sacrifices, et l'autel étoit rond sur le milieu. Ce temple avoit esté changé en cathédrale, puis en paroisse : le tombeau des anciens évesques y étoit ; on y avoit enseveli plusieurs martyrs, particulièrement saint Démètre, premier évesque de la ville, dont on trouva le corps un peu avant la guerre du siècle précédent. Cette église étoit dédiée à saint Jean, et elle étoit appelée l'église de Saint-Jean-le-Rond. Elle feut aussi démolie par les religionnaires, et il n'en reste que les fondements qui doivent estre sous la chapelle que les pénitents blancs y ont fait bastir. »

Église cathédrale.

« La cathédrale estoit un édifice magnifique : sa structure, sa forme, le clocher qui estoit posé sur le presbytère, estoit d'une élévation prodigieuse ; sa matière et l'ordre d'une architecture qu'on y voyoit, faisoient connoistre que c'estoit l'ouvrage d'un monarque ; aussi l'on croit que ce feut Charlemagne qui l'avoit fait bastir. Elle feut dédiée à l'Assomption de la sainte Vierge, et despuis, ayant esté renversée par les Calvinistes et rétablie de la manière pitoyable qu'elle est à présent, on la sacra de nouveau, et l'on associa saint Arnoux, évesque et patron de cette ville, à cette dédicace. »

Voilà ce que nous avons pu apprendre sur ces deux monuments. Tous les auteurs qui en ont parlé, et, entre autres, Rochas et M. Pilot, n'ont fait que copier Juvenis sans le citer.—Nous savons encore que l'ancienne maison épiscopale était fort belle et bien bâtie, qu'elle était flanquée de tours au sommet de l'une desquelles flotta jadis l'étendard de Forcalquier. Elle occupait à peu-près le même emplacement que le palais épiscopal de nos jours ; mais la façade principale s'élevait parallèlement à celle de l'église cathédrale. Dans une salle de cette maison, l'on avait peint divers prélats de l'église de Gap, entre autres, saint Demetrius dont la figure précédait celle des autres évêques, avec un éloge qui le présentait comme disciple des apôtres. Ces faits résultent de divers documents, et particulièrement du *Rolle des évesques de Gap* écrit par Artus de Lionne qui, à ce sujet, cite également le centenaire Paul de Beauvois.

Du reste, à l'égard des monuments détruits par les Protestants en 1577, on peut consulter la vi° Lettre sur l'histoire de la ville de Gap pendant le xvi° siècle, insérée dans la Revue du Dauphiné, tom. IV, page 197.

Note N, page 104.

(1572—1600.) Paparin de Chaumont, évêque de Gap.

Pierre Paparin de Chaumont, gentilhomme né à Montbrison, s'occupa d'abord de l'étude des belles-lettres ; il fut ensuite guidon d'une compagnie de gendarmes de M. d'Alençon, son oncle, lieutenant général en la province de Forez *où il fit des merveilles contre les hérétiques*. Le roi Charles IX lui donna un régiment qu'il mena au siège de la Rochelle. A ce siège notre évêque acquit la réputation de l'un des plus braves capitaines de son temps. Il commanda ensuite une compagnie de chevaux légers aux guerres contre les hérétiques, et se trouva en plusieurs combats, et notamment à la bataille de Montcontour où il put rompre une lance contre Lesdiguières qui combattait dans l'armée protestante. Pendant la bataille il rendit de très grands services tant de sa personne que par les conseils qu'il donna au duc d'Anjou (depuis Henri III.) Le roi le pourvût du doyenné de Montbrison ainsi que d'un prieuré, et l'envoya à l'empereur Maximilien pour lui faire la relation, comme témoin occulaire, de cette mémorable bataille. Maximilien l'accueillit parfaitement et écrivit au roi que si ses armées étaient remplies d'officiers du mérite et de la valeur du sieur de Chaumont, le parti des hérétiques serait bientôt aux abois[1].

Charles IX le nomma à l'évêché de Gap le 5 juin 1570 au préjudice d'Etienne d'Estienne. Le 11 novembre de l'année suivante, Paparin se trouvait à Selles en Berri auprès du puissant seigneur du lieu, Gabriel de Clermont, et là, *pour satisfaire au bon plaisir et volonté du roi*, l'évêque guerrier et l'évêque apostat traitaient de l'évêché de Gap de la manière suivante : Gabriel cédait à Paparin tous les droits spirituels et temporels qu'il avait sur cet évêché. Celui-ci s'engageait à « payer et bailler chascun « an audit de Clermont, au terme de Noël en la ville de « Lyon.... la somme de deux mille livres tournois de « pension; le premier terme commençant au jour et fête « de Noël prochain en un an, continuera sa dite pension « la vie durant dudit de Clermont. » Il était en outre stipulé que Paparin ne pourrait, sans le consentement du seigneur de Selles, céder et résigner l'évêché de Gap « au profit et faveur d'autres quelconques, » et que tous les revenus de l'évêché et ceux appartenant en propre à Paparin étaient affectés au paiement de la pension,

---

[1] *Livre des Annales des Capucins*, p. 58.

laquelle était quitte des décimes, des impôts et des subsides présents et futurs [1].

Ce traité, homologué par lettres-patentes du roi en date du 19 septembre 1576, sentait quelque peu la simonie ; néanmoins Paparin muni de cette pièce, obtint ses bulles du pape Grégoire XIII le 15 septembre 1572. Vers la fin du mois de novembre, il se rendit dans son diocèse, et après avoir séjourné pendant quelque temps à la Bâtie-Neuve, il fit son entrée dans Gap le 15 décembre suivant. Contre l'usage, il prêta serment dans l'intérieur de la ville à la réquisition de Claude Servel, écuyer et second consul ; il jura d'en observer les libertés et les franchises contenues *en un livre couvert de rouge*, exceptant toutefois le traité intervenu entre Gabriel de Clermont et les habitants au sujet des fours de la ville *et autres choses y contenues*. Le nouveau prélat requit à son tour les consuls de le reconnaître comme seigneur spirituel et temporel, et reçut leur serment, de tout quoi M⁰ Cherubin Rambaud, notaire et secrétaire de la ville, dressa un acte authentique, le premier de son espèce, puisque jusqu'alors le serment avait été simple et non réciproque [2].

Les longues tribulations qu'éprouva Paparin de Chaumont pendant le cours de son épiscopat ont été exposées dans le texte. On a vu combien son repos avait été troublé par les hérétiques et même par les mauvais catholiques, au nombre desquels il plaçait en première ligne le gouverneur de Gap, Balthazar de Combourcier, sieur du

---

[1] *Acte du 11 novembre 1571, reçu par Gabriel Martin, notaire à Selles en Berri*, aux archives de la préfecture.

[2] Juvenis, *Notes autographes*, p. 13.

Monestier. Cependant, le 28 avril 1585, il se vit contraint, devant Maugiron, lieutenant général de la province, et en présence des sieurs de Lesains, d'Haultefar et autres gentilshommes dauphinois, de souscrire une déclaration portant que « pour satisfaire à M. du Monestier, M. l'évê-
« que dira qu'il n'a jamais pensé d'offenser la réputation
« dudit sieur du Monestier ; ains qu'il le tient pour che-
« valier d'honneur et probité, bon et fidèle serviteur du
« roi, amateur de sa patrie, et sans reproche. Et pour
« le regard de ce qui s'est passé ci-devant, ç'a été à l'or-
« dinaire les procès où chacun fait ce qu'il peut. Comme
« aussi ce qui a été déclaré par l'arrêt de la Cour obtenu
« par ledit sieur du Monestier, ç'a été pour la conserva-
« tion de son honneur, et non pour la charge de celui
« dudit sieur évêque, lequel il n'a voulu non plus offenser,
« ains le veut rechercher et honorer comme prélat, et
« St. de la qualité qu'il est. »

Bien des fois, notre évêque avait été forcé de se retirer à la Beaume-lès-Sisteron, et entre autres, à l'époque où Lesdiguières se rendit maître de la ville de Gap (1577). Dans le courant de la même année, il publia un bulle pour l'établissement d'un collége et d'un séminaire dans cette ville; mais les malheurs d'une guerre si souvent quittée et reprise empêchèrent l'exécution de ce double bienfait. Ensuite, il convoqua dans l'asile qu'il s'était vu forcé de choisir tous les ecclésiastiques de son diocèse, et, à la suite de plusieurs conférences, il dressa les statuts synodaux mentionnés dans le Précis historique. En 1579, il adressa au grand prieur de France, gouverneur de la Provence, une requête pour le supplier de faire informer contre les coupables qui en cette année et les années précédentes, avaient *prins et cueilly* par force les dîmes et les rentes qui lui appartenaient dans l'étendue de son diocèse. L'ordonnance du gouverneur, toute favorable aux prétentions du prélat, ne put recevoir son exécution.

Pendant son séjour à la Baume, notre évêque assista à toutes les assemblées du clergé tenues à Aix et particulièrement au concile de 1585 qui eut lieu dans cette ville et qu'il avait provoqué; il se rendit également aux assemblées des trois ordres de la province et souvent il les présida. Le duc d'Epernon, gouverneur de Provence et Lavalette, son frère, allaient souvent le visiter à la Baume lorsque les circonstances les obligeaient de faire de Sisteron leur séjour ordinaire, pour obtenir ses conseils sur les affaires épineuses qui se présentèrent si fréquemment pendant les guerres de religion. A l'avènement d'Henri IV, il fit sa paix avec Lesdiguières afin de pouvoir exercer librement ses fonctions épiscopales dans l'étendue de son diocèse. Le traité intervenu entre lui et son vainqueur renfermait une clause désespérante et contraire peut-être aux saints canons, car il se soumit à lui céder les seigneuries du Glaizil et du Noyer dépendant du domaine de l'évêché; mais sa présence d'esprit ne l'abandonna pas en cette conjoncture : il tâcha de rendre cette clause illusoire en rédigeant secrètement une protestation contre cette partie du traité, dans laquelle il déclarait qu'il n'entendait nullement faire cession des deux seigneuries au préjudice de ses successeurs. Moralement parlant, ce n'est pas ici la plus belle page de son histoire. Paparin eut à démêler quelques affaires temporelles avec les communautés qui se trouvaient dans sa dépendance, et

particullèrement avec la ville de Gap, dont il s'était allié l'esprit en suscitant le grand procès sur la directe universelle et en usurpant le titre de comte de cette ville ; il traita pour la dernière fois avec elle le 24 mars 1600 relativement à sa juridiction et à celle du courier ou juge de police¹. Notre évêque avait été nommé député par l'assemblée provinciale du clergé d'Aix à l'assemblée générale du clergé de France qui s'était réunie à Paris quelques années auparavant. De retour de la capitale, il se porta à un acte de violence dont le récit nous a été transmis sans malice aucune par un vénérable père de l'ordre de Saint-François qui écrivait en l'année 1658. Je craindrais d'en altérer la fraîcheur, et surtout de ne pas rendre convenablement la douce et presque imperceptible satisfaction qu'éprouve ce bon père en voyant notre prélat châtier, comme elle le méritait, l'insolence d'un ministre huguenot, si je ne copiais exactement ses propres paroles : « A son retour, tout le corps de la ville de
« Gap l'alla visiter. Le ministre crut qu'il en devoit
« faire de mesme, et y estant allé, se promenant avec
« ledit seigneur évesque dans sa salle, il feut si téméraire
« que de luy dire que la ville de Gap recevoit ce jour le
« grand honneur de voir leurs deux pasteurs ensemble.
« Ce seigneur feut si offensé de cette insolence, et qu'un
« petit ministre osât s'esgaler avec luy qui estoit son
« prélat et son seigneur, n'estant que son subject, com-
« me il estoit robuste, d'une riche taille et bien propor-
« tionnée, il saisit cet insolent *et le jetta par la fenestre*². »

¹ *Transaction du 24 mars 1600. Livre rouge*, p. 309 et 310.

² *Livre des Annales des Capucins*, p. 59-60.

Paparin de Chaumont avait pris en grande affection sa retraite de la Baume ; il s'occupait, autant que les troubles incessants de cette époque pouvaient la permettre, à améliorer le sort des habitants de cette paroisse. Le premier il conçut un dessein qui plus tard reçut son entière exécution par la constance et la fermeté d'un évêque de Sisteron, et qui, d'un pays agreste et improductif, en a fait un jardin riant, propre à tous les genres de culture. Le roi avait permis à Paparin de dériver l'eau du torrent de Sasse pour arroser les côteaux et la plaine de la Baume : notre évêque commença par faire percer un rocher de trois mille pas de long pour amener les eaux ; mais son grand âge, la maladie à laquelle il succomba et qui durait depuis un an, le dégoût qu'elle lui inspira pour les choses du monde *et qui ne luy permit plus que de s'occuper de Dieu et des joies du paradis* suspendirent l'exécution du canal[1]. Pourquoi le nom de Paparin ne se trouve-t-il pas à côté de celui de Saint-Tropez sur le monument élevé à ce dernier par la reconnaissance des habitants de la Baume et de Sisteron ?

C'est à la Baume que Pierre Paparin de Chaumont termina sa longue et orageuse carrière le 1er août 1600. Ses restes furent déposés dans un caveau de l'église des frères prêcheurs, près du maître autel du côté de l'évangile.

Indépendamment des statuts synodaux dressés à la Baume le 7 mai 1579, notre prélat paraissant d'abord ne s'occuper dans sa retraite que des affaires du ciel, y écrivit encore un livre de paraphrases sur les Psaumes de David. Ce livre et les statuts synodaux furent ensuite livrés à l'impression.

[1] *Livre des Annales des Capucins*, p. 59.—Artus de Lionne, *Rolle des évesques de Gap.*

Note 9, page 117.

(1614.) Élections municipales du 15 mai 1614.

« Au lieu de reproduire les dispositions du règlement politique du 14 mai 1614, ne préféreriez vous pas de le voir mettre à exécution dans la partie qui concerne l'élection consulaire? — Venez, suivez-moi sur la place Saint-Etienne où nous trouverons les notables habitants réunis pour se concerter sans pamphlets, sans injures et sans calomnies préalables, sur les choix qu'ils sont appelés à faire ce jourd'hui 15 mai de l'année susdite.

« Une heure sonne à l'horloge de la maison consulaire, et voilà que Claude Grolly, crieur et trompette de la ville, publie pour la dernière fois à haute et intelligible voix que la séance va s'ouvrir. La cloche du beffroi lui coupe la parole, et chacun s'achemine vers la maison consulaire. Suivons la foule, et entrons avec les électeurs dans la grande chambre d'icelle : le valet de ville ne nous refusera pas l'entrée puisque nous portons un juste-au-corps de ratine de Vienne aussi propre et aussi bien confectionné que ceux de messieurs du petit conseil; il ne pourra se dispenser de croire que nous en faisons partie, et que nous sommes bien supérieurs par le rang qui nous est assigné dans la liste électorale, à cette foule d'électeurs vêtus d'une grossière veste de cordelia.

« Déjà le bureau à pris place..... Mais, quelle atteinte à nos vieilles franchises ! N'est-ce pas le gouverneur de la ville, le seigneur du Villar, cet huguenot invétéré, qui va présider l'assemblée? — Dévorons en silence ce fruit amer de nos discordes civiles. — A sa droite vous voyez le premier consul actuel noble Hector Baud, sieur de Carlebal et de Sagnon, et à sa gauche les deux autres consuls ou plutôt les deux capitaines Gabriel Gandelle et Georges Patac. A la droite du sieur de Sagnon est assis maître Jean Chabot, procureur de la ville, et à la suite des deux capitaines, se présentent les deux députés du clergé qui viennent siéger en vertu du traité du 29 janvier 1274 que nos seigneurs-évêques ne laissent pas tomber en désuétude, et des règlements plus récents survenus à la suite de l'édit de Nantes; l'un est le vieux chanoine Paul de Beauvois, dont l'existence paraît indéfinie et qui représente le vénérable chapitre; l'autre est messire Pierre Léautier, prêtre bénéficier de la cathédrale, commis par la respectable université de cette église. Ce vieillard encore vert tenant la plume au bas de la table, vous est connu depuis nombre d'années; c'est ce même Jean-Aricy Rostaing, notaire royal, congreffier épiscopal et secrétaire de la ville et communauté, qui, en qualité de recteur des pénitents, conduisait sa congrégation à Marseille en 1604, et achetait, l'année suivante, en cette dernière qualité, les ruines de Saint-Jean-le-Rond pour y élever la chétive chapelle où Mgr. du Villar ne lui laisse pas chanter paisiblement l'office du Saint-Esprit.

« Voyez-vous dans l'endroit le plus apparent de la salle ces électeurs qui semblent faire bande à part? Ce sont quelques-uns des hommes nobles ou prétendus tels de la cité, Jean de Comboursier, sieur de la Grange; l'avocat Jean Abon; Pierre du 'Faure; Claude Davin, sieur de Beaujeu; Claude Blanc, sieur de Camargues; Gaspard du Tanc, et les capitaines Arnoulx de Bardonenche et Paul Bonthoux. De l'autre côté figurent parmi les avocats Jacques Velin, Élie Philibert et Anthoine de Cazeneufve ; puis tous ces bourgeois et citoyens que maître Rostaing va vous faire connaître par leurs noms, surnoms, prénoms et qualités, car il tient déjà en main le cahier des électeurs, ou plutôt du grand conseil de la communauté, pour faire l'appel nominal.

« Un moment..... M. le gouverneur prend la parole. C'est seulement pour nous prévenir que messieurs les consuls nous ont réunis en assemblée pour procéder à l'élection consulaire ; ce que nous savions de reste par les criées aux carrefours de la ville faites par Claude Grolly. Il nous admoneste au surplus de nous conduire avec toute modestie et sans passion ; ce que toute sa puissance dans la ville ne lui fera pas obtenir. Le premier consul Hector Baud, en son nom et en celui de ses confrères, le remercie des ses *admonitions et remonstrances* ; puis se tournant vers l'assemblée il ajoute que les consuls *remercient la compagnie de l'honneur qu'ils ont heu de la ville en leurs charges, et desclarent estre bien marrys s'ils ne s'en sont acquittés comme ils devoyent et comme leur intention estoit. Toutefoys, ils y ont faict tout ce qui a esté en leur possible, les suppliant des les en excuser.* (Applaudissements). Le sieur de Sagnon continue et conjure les électeurs de procéder mûrement et en paix, de quitter toutes haines, passions et rancunes, et d'opiner chacun par ordre ; qu'ayant ce matin convoqué le conseil particulier pour désigner les candidats au consulat de la ville, ce conseil a fait choix du seigneur de Montalquier et de M. l'avocat Élie Philibert pour premier consul *du party de la Religion* ; et pour le second consul qui, cette année doit être du parti catholique, le sieur Roche, médecin, et le sire Jacques Rostaing-la-Coste ; ayant laissé à la compagnie le pouvoir de choisir le troisième et les autres officiers de la ville ainsi qu'elle l'entendra, conformément aux règlements; priant de nouveau les électeurs d'opiner chacun en ordre et d'advoer en tant que de besoing leur négotiation et gestion deurant leur consulat et charges. (Nouveaux applaudissements).

« Ils n'en finiront pas avec leurs harangues. Voilà maître Chabot, le procureur de la ville, qui prend la parole à son tour pour nous dire qu'il est venu à sa notice qu'il y a aulcungs de la dicte ville guy ont faict des brigues, les ungs pour estre consuls, les aultres procureur de la ville (on rit); aultres, secrétaire; aultres viziteurs et criminaulx. Et, pour hoster icelles, il prie les consuls de faire prêter serment aux assistants, lesquels auront à déclarer si quelqu'un parmi eux a brigué ou a été requis par les brigueurs de donner leurs voix aux uns et aux autres, suivant ce qu'a esté trouvé bon par monseigneur le mareschal de Lesdiguières. (Murmures).

« Sire Jacques Rostaing se lève tout rouge de colère et déclare que, bien qu'il ait eu l'honneur d'être désigné avec M. Roche pour occuper la place de second consul, aucune brigue ne saurait lui être reprochée; il somme le procureur de la ville de nommer tout haut les personnes qui se sont livrées à des menées aussi coupables. — *Il est un*, replique maître Chabot, *qui a engagé une cédule de dix escus chez un hoste* pour qu'il donnât à boire et à manger à tous ceux qui promettraient de lui donner leurs suffrages. Le capitaine Blaise Michel doit le savoir, qu'il le dise !

« Je dis, répond le capitaine Michel, que maître Charles, *l'hoste cy présent*, m'a nommé le sire François Davin, apothicaire. (Rires et chuchotements).

« Le gouverneur se lève pour mettre fin au débat ; il dit qu'on se faict tort de nommer ceulx guy font telles brigues, et nous invite à passer de suite à l'élection consulaire et à y procéder sans passion. (Mouvement d'adhésion).

— En vérité, la ville de Gap était en progrès dès 1614, et ne fait guère mieux en l'an de grâce 1845 ! —

« L'appel nominal commence enfin. Le premier inscrit au tableau se présente. C'est messire Paul de Beauvois qui, après avoir civilement remercié les consuls et les officiers de la ville de la peine qu'ils ont prise durant leurs charges, donne son suffrage à deux des candidats désignés par le conseil particulier pour la place de premier et de second consuls, et à qui il lui plait pour celle de troisième, ainsi que pour le procureur de la ville, le secrétaire, les visiteurs et les criminaux.

« Et aussitôt maître Rostaing constate le vote dans le gros livre où il inscrit le procès-verbal de la séance.

« Les autres électeurs remercient et votent à haute et intelligible voix comme l'a fait M. le chanoine.

« Un grand nombre de votants, à l'imitation des moutons de Panurge, opinent comme ceux qui les ont précédés. Quelques-uns, sans doute de la race huguenote, remercient Mgr le gouverneur de la peine qu'il a bien voulu prendre *de venir céans.* (Murmures sur les bancs de droite). Mais voilà l'avocat Velin qui, en cette dite qualité, fait précéder son vote d'un beau discours ; il complimente et gouverneur et consuls sur l'exercice de leurs emplois ; mais, *il est marry* que l'on n'ait pas désigné au conseil particulier celui qui figure en ce moment dans le second ordre des consuls, d'autant que l'on ne pouvait choisir une personne plus capable et d'une plus grande utilité pour la ville. (Le capitaine Gandalle se rengorge, et plusieurs membres du petit conseil froncent le sourcil).

« Guillaume Davin reste la bouche béante après avoir choisi pour premier consul le sieur de Montalquier. Quant au second, *il est perplex, d'autant qu'il ne voyt pas que le sieur Juvenis*[1] *qui avoit esté nommé cy-devant et qui a en main les plus grandes affaires de la ville*, se trouve au nombre des candidats. Il reconnaît à la vérité le sire Rostaing-la-Coste pour un homme de bien, *mais ne scait escrire*, et il est d'autant plus important que le second consul soit lettré que le premier continuera de résider à Puy-Maure. Maître Davin laisse enfin tomber de sa bouche le nom du médecin Roche ; mais il refuse de nommer le troisième consul et le procureur de la ville.

« Le gouverneur fait observer que le sieur Juvenis mériterait d'occuper non seulement la seconde, mais aussi la première place du consulat de la ville. Toutefois, s'il était élu, sa charge de procureur du roi au baillage ne lui permettrait pas d'accepter, puisque le vi-bailli a déclaré qu'il s'opposerait à cette nomination : il ne restait donc qu'à prier *ledict sieur Juvenis de continuer son amytié et bien-veillance envers la ville*. (Approbation).

« C'est au tour de M. le procureur de la ville. Pas de difficulté pour les consuls ; mais, arrivé au secrétaire de la communauté et avant de donner son suffrage, maître

---

[1] Ce Juvenis est le second du prénom de Raymond. C'était le père ou l'oncle de l'historien Raymond III.

Jean Chabot conclut à ce que désormais cet employé se contente de ses gages ; que pour les contrats qu'il aura à recevoir en faveur de la ville, si grands qu'ils puissent être, il n'exige que *vingt sous et deux souls pour chascung fulhet des tailhes*, pourvu que chaque page contienne quinze lignes ; que les charges de procureur et de secrétaire de la ville ne puissent être données à un étranger qui ne l'aurait pas habitée pendant dix ans, *d'aultant que cy-devant il y a heu des secrétaires estrangers quy ont vendu des papiers de la ville concernant le procès qu'elle a contre Monseigneur de Gap, ce quy a porté ung grand préjudice à icelle*. (Maître Jean-Ariey Rostaing lève les épaules, et écrit en se pinçant les lèvres le vote de maître Jean Chabot, ainsi que celui de sire *Anthoine de Caseneufve, qui a faillt mesmes remerciements*).

« Passons cette foule de muets qui ne savent prononcer que des noms propres, pour arriver au recensement des votes émis. Maître Rostaing en fait le relevé sur son grimoire, et il en résulte que le seigneur de Montalquier, gouverneur de Puy-Maure, est élu premier consul ;

« Qu'Etienne Roche, médecin, et Ariey Jouglar, forestier, sont nommés, l'un second, et l'autre troisième consuls ;

« Que Clément Giraud devient procureur de la ville ;

« Que Pierre Brunet-Blocard en est le secrétaire. (Lira qui le pourra ses horribles grimoires) ;

« Que le capitaine Guillaume Gobaud et le sire Joseph Brochier sont nommés visiteurs ;

« Et que Jean Benoyt et Jean de Domo, dit Saint-Arey, sont élus criminaulx.

(Tonnerre d'applaudissements).

« Alors le sieur de Sagnon, ancien premier consul, prie humblement le seigneur de Montalquier de vouloir bien accepter la charge qui vient de lui être confiée ; et ensuite, tant au nom des anciens officiers de la ville qu'en celui *de tous les aultres manants, habitants et forestiers d'icelle*, il donne tout pouvoir d'exercer leurs charges aux nouveaux élus, et promet d'avoir pour agréable et *tenir ferme* tout ce qui sera fait par eux. Il adresse de nouveaux compliments à Mgr le gouverneur : celui-ci les lui rend et le remercie des peines que lui et ses collègues ont bien voulu prendre pendant les deux années qu'a duré leur administration. Puis, maitre Jean-Arley Rostaing clot son procès-verbal, le signe avec paraphe, et écrit ces mots à la suite de sa signature : *Finis laus Deo* ; car le registre est terminé avec la carrière administrative de ce pauvre secrétaire [1].

« Il est neuf heures : la *barloque* sonne à la tour de la maison de ville, et les 159 membres présents du grand conseil de la communauté vont souper à cette heure indue, et se coucher immédiatement après ce dernier repas, les uns satisfaits de l'emploi de leur journée, les autres déçus de leurs folles espérances [2]. »

---

[1] Archives de l'hôtel de ville, *Registre des conseils tant généraulx que particulliers tenus dans la maison de ville*, années 1612, 1613 et 1614. Fos 764 à 780. — Tout ce que l'on vient de lire est exactement extrait du procès-verbal de la séance, tout jusqu'au nom du crieur public. Il est superflu d'ajouter que les mots entre parenthèses ne s'y trouvent pas.

[2] *Lettres inédites sur l'histoire de la ville de Gap*, 2me partie, Lettre XII.

Note P, page 114.

(1606 — 1622.) Procès entre la ville et Ch. Sal. du Serre. — Transaction du 2 mai 1622. — Manière dont cet évêque parvint à l'épiscopat. — La dame de Montgardin et le sieur de Château-Gaillard.

Les conclusions de l'évêque Ch. Sal. du Serre relativement à la directe universelle, étaient formulées, dans un de ses mémoires, de la manière suivante :

« La dicte communauté et habitants de Gap seront condamnez de faire et prester hommaige audit seigneur évesque en qualité de comte et seigneur temporel de la dicte ville de Gap et son terroir, à cause de son évesché, et ce tant en général qu'en particulier, à sçavoir : les nobles teste nue à joinctes mains entre celles dudict sieur évesque, avecq le baiser requis ; et les plèbes, à mains joinctes aussi entre celles dudict sieur évesque, *à genoulx et baisant le poulce*, suivant la forme des anciens hommaiges et mesme de celluy de l'an mil trois cent cinq ; à quoy ils satisferont dans deux mois, à peine de dix mille livres d'amende dès maintenant desclarée, et d'estre procédé contre eux par les peines du droict........ »

La dicte communauté, dans un de ses énormes factum, soutenait que la ville et divers citoyens de Gap avaient des directes qui ne relevaient nullement de l'évêque ; que la directe de ce seigneur temporel était restreinte aux reconnaissances particulières passées en sa faveur ; que le surplus de la ville et du territoire était de sa nature franc et allodial, tenu et réputé tel par la coutume et par la possession immémoriale ; que les possesseurs *ne relevaient que de DIEU*. Enfin, les consuls ajoutaient dans un autre mémoire : « Les habitants de Gap ont esté toujours nourris et eslevés à l'obéyssance de l'Eglise et du Roy, et en ceste escole ont appris de s'opposer courageusement contre ceulx qui veulent non seulement envahir leurs biens, mais asservir leurs libertés, non par les voyes ordinaires, mais par la supposition de pièces qui portent la honte escripte...... »—Je m'arrête dans la crainte que nos magistrats municipaux ne perdent tout-à-fait le respect qu'ils doivent à leur seigneur suzerain.

Transaction du 2 mai 1622.

Vers la fin du mois d'avril 1622, la ville de Gap eut l'honneur de recevoir dans ses murs le chevalier Claude Expilli, seigneur de la maison Fort et de la Poype, conseiller du roi et président au parlement de Grenoble. Par ses avis et son intermédiaire intervint la fameuse transaction du 2 mai suivant, laquelle mit fin aux dissentions qui avaient si long temps troublé les esprits, et termina tous les procès suscités à la ville. Cet acte fut respecté jusqu'au moment où l'assemblée constituante en eut aboli les dispositions, en vertu de l'autorité plus que souveraine dont elle se trouva investie pour faire disparaître les dernières traces de la féodalité.

1° Les consuls reconnurent qu'en parlant dans leurs écritures de subornation de témoins, ils n'avaient jamais entendu désigner comme suborneurs ni le seigneur évêque, ni aucun de ses proches.

2° La dîme des grains fut fixée à la quote vingt-quatrième.

3° La communauté, afin de rendre meilleure la condition

de l'Eglise, promit de payer à l'évêque une pension annuelle et perpétuelle de deux cents livres, et au chapitre une rente de cent livres. Cette rente devait tenir lieu de la pension stipulée dans la transaction du 15 avril 1598.

4° Pour remplacer l'aumône que les évêques étaient tenus de faire aux pauvres de la ville le dimanche et le jeudi de chaque semaine, il fut convenu que désormais l'évêque livrerait annuellement au bureau de charité quarante charges de blé *métayer* provenant de la dime.

5° Le droit de fournage revenant à l'évêque et au chapitre fut fixé à la quote vingt-quatrième, avec défense aux fourniers, à leurs femmes, à leurs valets, levriers et servantes de rien exiger en sus du droit ainsi établi.

6° Les patissiers et les boulangers furent autorisés à se servir de leurs fours pour leur usage, et à jouir de leur ancienne franchise en payant annuellement trois livres au seigneur évêque.

7° Les habitants de la banlieue purent également continuer à construire des fours en leurs maisons; mais pour chaque four il était dû à l'évêque une demie émine d'avoine, ou six sols par famille payables à chaque fête de Noël.

8° Les habitants de Gap *extra et intra muros*, continueraient à jouir du privilége de ne payer aucun droit de cosse ou de consolat pour tous les grains qui seraient vendus par eux, à l'exception des voituriers et des personnes qui exposeraient et vendraient à la grenette les grains qu'ils auraient achetés dans les marchés voisins. Le droit de cosse sur ces revendeurs et sur les étrangers fut fixé à la quote vingt-quatrième.

9° Le droit de pulvérage, la propriété et la jouissance des tours et des remparts de la ville, étaient reconnus appartenir de plein droit à la communauté.

10° Les gages des portiers restaient à la charge de l'évêque : ces gardiens étaient nommés par lui sur la présentation des consuls.

11° L'évêque était tenu quitte de sa cotisation dans les divers rôles dressés pour les dépenses communales, sans préjudice des contributions à venir, auxquelles il participerait à la forme du droit.

12° Il était au surplus stipulé que la dîme sur les agneaux, le chanvre, les aulx et les oignons, n'était pas due et ne pourrait jamais être exigée par le seigneur évêque.

Et l'hommage ?

Honneur aux consuls Jean Latelle, François Leautier-Faure et Pierre Blanc ! Grâces immortelles soient rendues aux autres *citoyens, manants et habitants de la dicte ville et son terroir*, députés d'icelle pour traiter avec Monseigneur messire Charles-Salomon du Serre, évêque comte et seigneur de Gap et de Charance !

Vainement il prétendit, *le dict seigneur évesque*, qu'une distinction essentielle devait exister entre la noblesse et la roture dans la forme de l'hommage ; que les uns et les autres ne devaient y voir qu'un acte de respect et de révérence ; qu'il ne demandait pas aux citoyens de Gap de se soumettre à des devoirs bizarres, à des coutumes extravagantes comme on le voyait en d'autres pays où la prestation de foi oblige le vassal à contrefaire l'ivrogne et à chanter une chanson grivoise à la dame du château ; qu'il ne demandait pas qu'on lui présentât des allouètes sur un char traîné par des bœufs, ainsi qu'on le pratiquait ès temps anciens dans la baronnie de Montcontour, et moins encore que chaque manant vint en sa présence *facere unum saltum, unum sufflotum et unum bumbulum*, comme y était tenu certain gentilhomme envers le roi d'Angleterre; qu'il ne craignait nullement qu'à l'exemple du duc Raoul de Normandie, les nobles de la cité de Gap, au lieu de lui baiser la bouche, ne lui mordissent le pied et le fissent tomber à la renverse, comme icelui le pratiqua envers le roi de France, mais qu'il n'exigeait de ses nobles vassaux qu'un signe de confiance et d'amitié; et de la plèbe, de lui baiser simplement le pouce, ayant les deux genoux en terre, ainsi que le porte la coutume du Dauphiné[1]; les consuls et les députés de la ville, malgré les insistances du prélat, parvinrent à démontrer à M. le président Expilli que tout citoyen de Gap était noble pourvu qu'il fût né dans la ville et dans sa banlieue, ce qui fut reconnu par la clause suivante :

« Les dicts consuls, au nom de tous les habitants de
« tous ordres de la dicte ville, son terroyr et paroisse,
« jurisdictiables dudict seigneur évesque, et à rayson
« de sa dicte jurisdiction, fairont hommaige et preste-
« ront serment de fidélité entre les mains dudict seigneur
« évesque et de ses successeurs, avec honneur et respect
« More nobilium, lorsqu'ils en seront requis par ledict
« seigneur, et au changement de chasque seigneur
« évesque[2]. »

[1] Salvaing de Boissieu, *De l'usage des fiefs en Dauphiné*, ch. 4.

[2] *Transaction du 2 mai 1622*, aux archives de la préfecture. Elle fut reçue par Mes Brunet-Blocard et Mandaroux, notaires, et publiée *en la Chambre*.

Malgré cette honorable reconnaissance, les consuls et les députés de la ville n'ont-ils pas mérité de justes reproches de la part de leurs descendants, pour avoir laissé tomber en désuétude et n'avoir pas renouvelé cette disposition de la grande charte de 1378, qui voulait que le seigneur évêque, avant d'exiger l'hommage, offrît un dîner succulent à tous les mâles de la cité, *honorabile prandium omnibus maribus ipsius civitatis?*

Manière dont Ch.-Sal. du Serre parvint à l'épiscopat. — La dame de Montgardin et le sieur de Château-Gaillard.

Quelques mots de l'Avant-propos me forcent de justifier ce qui a été avancé sur la manière dont Charles-Salomon du Serre parvint à l'épiscopat. Juvenis, ce zélé défenseur de la religion catholique, qui jamais ne s'est montré le contempteur des bons évêques, bien qu'il ait blâmé sévèrement ceux qui, abusant du pouvoir temporel dont ils étaient investis, n'ont cherché qu'à accroître leurs richesses et à s'attirer des hommages qui ne leur étaient pas dus, Juvenis doit-il être accusé de mensonge ou d'exagération dans le récit suivant, rapporté textuellement d'après ses *Notes autographes?* Ses emplois, ses écrits et ses liaisons avec les grands personnages de l'époque où il vécut ne permettent pas de le penser. Du reste, voici son récit :

« M. Paparin, dit-il, estant sur la fin de sa course, le sieur de Chasteau-Gaillard, (son neveu) pensant à un establissement, rechercha une jeune et belle femme, fille du sieur de l'Escuyer de Vaumeil, qui, estant atteint de la lèpre, alla au fleuve Jourdain et en guérit par l'ablution de ses eaux salutaires. Elle avoit pour mère damoiselle Isabeau du Plessis dont le père avoit esté massacré à Tallard dans l'église par les hérétiques lorsqu'ils prirent d'assaut ce lieu, en haine de ce qu'il estoit trop bon catholique. Ladite damoiselle de l'Escuyer estant veuve du sieur de Saint-Jaume, de la maison de Montgardin, ayant esté fiancée audit sieur de Chasteau-Gaillard, iceluy voulant conserver l'évesché de Gap à sa maison, il fit entendre à Dom Grégoire du Plessis, oncle de ladite damoiselle et frère de sa mère, qu'il luy feroit passer par son dit oncle une résignation de ladite évesché en sa faveur. Mais ledit du Plessis, préférant les douceurs de la vie contemplative qu'il avoit gousté depuis quelques années dans la chartreuse où il estoit religieux, rejetta les offres dudit sieur de Chasteau-Gaillard, lui dit qu'il estoit plus amoureux de sa retraite que d'une mitre, et qu'ayant renoncé absolument au monde, il ne vouloit point d'évesché ni ouir parler de son mariage. Ainsi les offres dudit de Chasteau-Gaillard estant rejettez, il s'en vint à Montgardin pour y voir sa fiancée, et ayant eu permission de l'espouser, on passa la nuit du jour qu'on avoit choisy pour cette cérémonie avec beaucoup de joye, de danses et festins, mesmes on remarqua que la fiancée et sa fille de chambre ne firent que danser et chanter; mais le lendemain au matin, comme on l'alla voir pour exécuter le mariage, on la trouva bien changée, car elle dit à ses parents qu'il falloit qu'elle mourut et non pas se marier, qu'il n'y avoit plus de remède, et qu'on luy fit venir un prestre; ce qu'ayant esté fait, elle et sa fille de chambre s'estant confessées l'une après l'autre moururent presque en mesme temps. Ainsi les noces s'estant changées en deuil, le sieur de Chasteau-Gaillard se retira; et s'estant marié à une fille du sieur du Serre du Champsaur et de la damoiselle de Bonne, sœur du sieur d'Auriac, il fit passer une résignation à Charles-Salomon du Serre, frère aîné de la dite damoiselle, qui s'obligea par promesse signée de sa main de rendre à l'un des enfants de ce mariage la dite évesché dès qu'il seroit en estat de la posséder, et qu'au cas qu'il manquast à sa parolle, il se soumettoit à la punition de Dieu [1]. Ledit sieur Paparin, ayant résigné de la sorte, mourut bientost après, et on garda son corps fort long temps mort qu'on sala pour donner loisir audit sieur du Serre d'obtenir le brevet du Roy, qu'il eut par la faveur du duc du Maine, duquel il venoit seulement d'estre page ; et à la suitte, envoya à Rome pour avoir sa bulle le sieur Honoré Buisson, sacristain de Gap, qui, pour achever entièrement la scène malheureuse de cette symoniaque tragédie, jura que Charles-Salomon du Serre avoit l'âge compétent pour estre évesque ; ce qui estoit véritable, d'autant que luy et son frère qui portoit auparavant un de ces noms, avoient bien cet age entre tous deux, quoique ledit sieur évesque n'eut pas atteint la 20ᵉ année. Ayant trompé doncques le pape par une si grande imposture, ledit Buisson rapporta ses bulles au dit sieur du Serre, lequel retint toujours depuis les noms de Charles-Salomon, etc.

« Cet évesque avoit plus de générosité que de sçavoir et plus d'inclination aux armes qu'aux lettres ; il estoit

---

[1] Paparin de Chaumont maria, le 26 juillet 1594, damoiselle Suzanne du Serre avec M. de Château-Gaillard, son neveu, et lui donna quatre mille écus à prendre sur l'*événement* de l'arrêt qu'il espérait obtenir contre les consuls de Gap, de la Bâtie-Neuve et de la Bâtie-Vieille ; donation fort mal hypothéquée comme la suite le prouva. (Archives de de la préfecture. *Pièces du procès entre messire Paparin de Chaumont et messire Balthasar de Combourcier*, 1595).

plus vigoureux pour le soustien de la religion qu'il n'avoit d'inclination à la cultiver par sa piété, car il estoit très indévot ; et mesmes on avoit souvent remarqué que se faisant réciter l'office pendant son indisposition, il faisoit tenir de l'autre costé son jeu de cartes à quelqu'un de ses domestiques, auquel il avoit plus d'attention qu'à son bréviaire, ensorte qu'il en remarquoit jusqu'aux moindres fautes, et ce que celuy qui jouoit contre luy avoit ou pouvoit porter. Il tomba paralytique et perclus de ses membres en l'an...... (sic), en mesme temps qu'on fulmina dans Gap un monitoire que la communauté avoit obtenu sur la subornation qu'on avoit fait faire des témoins qui avoient depposé à une enqueste qu'il avoit fait faire pour la cotte du dixme, pour laquelle ils estoient en procez. Ce fut après avoir porté le Saint-Sacrement à la procession de la feste-Dieu d'Aix où il plaidoit contre ladite ville ; et ses amis attribuoient son mal à la chaleur qu'il avoit souffert en portant une custode d'un fort grand poix en une saison si bruslante et un si long espace de temps. Quoi qu'il en soit, il faut craindre les foudres de l'Eglise lorsqu'elles sont lancées justement ; car, c'est contester avecque Dieu en jugement que de ne pas appréhender l'anathème de son épouse, *A facie iræ columbæ.*[1] »

J'ignore si M. de Château-Gaillard eut des enfants de son mariage avec la sœur de notre imberbe prélat ; mais s'il lui naquit des hoirs mâles, il est certain que jamais la couronne de comte de Gap ne fut placée sur la tête d'aucun d'eux ; car, malgré la déclaration qu'on lui fit

---

[1] Juvenis, *Notes autographes*, pag. 69 et suiv.

souscrire, Charles-Salomon du Serre ne résigna jamais, régna pendant de longues années, et eut pour successeur immédiat le célèbre Artus de Lionne.

Mais que dirons-nous de la fin tragique et mystérieuse de la première fiancée du sieur de Château-Gaillard ? Quel beau canevas pour y broder un superbe roman historique propre à faire couler des torrents de larmes des yeux de nos tendres épouses et de nos impressionnables damoiselles, à ébranler les nerfs d'airain des lions du xixe siècle ! La ville de Gap n'attend plus qu'un Walter Scott pour voir se développer la tragique histoire de la noble et belle dame de Montgardin, et lui donner le pendant de *la Fiancée de Lamermoor*.

Note Q. page 122.

Notre-Dame du Laus.

Il n'est pas dans les Hautes-Alpes et dans cette partie de l'ancien diocèse de Gap qui s'étend dans l'Isère et les Basses-Alpes, de maison brillante ou de chétive cabanne, où l'on ne trouve le *Recueil historique des merveilles que Dieu a opérées à N. D. du Laus près Gap, et des principaux traits de la vie de Benoîte Rencurel surnommée la bergère du Laus*, écrit vers l'année 1722 par un anonyme avec une onction, une naïveté, une pieuse et touchante simplicité, que l'on ne rencontre pas peut-être dans l'ouvrage plus correct et plus élégant qui a été publié récemment par les missionnaires de Provence, sous le titre de *Notice historique sur Notre-Dame du Laus* (Marseille 1829). Mais, ce que l'on ignore sans doute c'est que Raymond Juvenis, témoin des merveilles qui pendant la dernière moitié du XVII° siècle retentirent dans toute la contrée, a été le premier historien de la bergère du Laus. Notre chroniqueur n'a pas tout dit sur Benoîte Rencurel puisqu'elle lui survécut de plusieurs années. Sa relation écrite à mesure que les faits parvenaient à sa connaissance, est presque de tout point conforme aux deux ouvrages que je viens de citer ; cependant elle en diffère en quelques endroits. Il nous dit d'abord que la Bergère, alors âgée de quinze ans, était fille de Guillaume Rencurel et de Catherine Matheron, de Saint-Etienne-d'Avançon, mais il ne parle nullement de la voix qui se fit entendre au bas de la montage de Saint-Maurice : il raconte ensuite qu'une dame radieuse tenant un enfant par la main apparut à la bergère au lieu appelé *les Fours*; que cette dame s'approchait de Benoîte, et ensuite reculait, et disparaissait dans l'ouverture d'un rocher, etc. Le fragment suivant du récit de Juvenis nous apprend que des méfiances se manifestèrent sur les récits de la jeune pastourelle, et nous fait connaître les épreuves auxquelles elle fut soumise. Cette citation sera terminée par des vers latins qui ne laissent aucun doute sur la foi vive et sincère de notre savant historien aux merveilles du Laus.

« On ne parloit que de cette dévotion et des miracles qui se faisoient au Lauz; on faisoit déjà le projet d'une église, chacun en jugeoit suivant son inclination ou son caprice. Il y en eut qui se déclarèrent contre cette dévotion et qui traitoient ces miracles de bagatelle, et les apparitions de la Sainte-Vierge pour des impostures ou des illusions de la bergère. On croyoit mesme qu'il y avoit quelques émulations en quelques ecclésiastiques d'Embrun, dans la crainte qu'ils avoient que la chapelle du Laux ne divertit toute la dévotion que l'on avoit eue depuis tant de siècles à la cathédrale.—Voicy un combat entre l'ange de Perse et l'ange des Juifs; on s'échauffe ; on se plaint en public et en particulier. Antoine Lambert, vicaire et official de l'archevesque part d'Embrun (4 septembre 1665) avec André Gerard, recteur du collège, Jean Bonnafoux, prestre et chanoine créé de la métropole, curé des paroisses de St-Marcellin et de St-Donnat, secrétaire archiépiscopal, et d'Esprit Lambert, advocat au parlement, neveu du vicaire; Jean-Baptiste de Lafont, seigneur de Savine, se joignit à eux; et estant tous de compagnie au Lauz, ils publient à leur arrivée que le vicaire estoit là pour s'informer de ce qui se passoit en ce lieu, pour examiner si le bruit qui couroit de l'apparition et des miracles étoit véritable, ou s'il n'y avoit point par hazard de simplicité ou d'imposture, et qu'il estoit résoleu d'interdire cette dévotion à moins qu'elle se trouvat soutenue par des miracles certains et infaillibles. Il sembloit que le recteur estoit plus déclaré que tout le reste contre les miracles et les apparitions, il en parloit avec aigreur et de la manière qu'un homme sçavant, solide et pieux doit faire pour ne pas donner de crédit à la trop grande crédulité ou à l'imposture. On fait venir la bergère; on luy parle ; on l'examine juridiquement. Le vicaire luy déclare qu'il ne pouvoit plus souffrir que l'on continuat à moins que Dieu et sa mère lui fissent connoitre que c'étoit leur volonté par quelque témoignage extraordinaire, et qu'elle devoit se mettre en estat, si ce qu'elle avoit publié estoit vray, d'obtenir cette grâce de l'un et de l'autre. Pierre Gaillard chanoine de la cathédrale de

Gap, qui estoit en ce temps là l'un des directeurs de la chapelle et passionné pour cette dévotion, pour les miracles et pour la vision de la bergère, parloit sans-cesse en leur faveur; le recteur lui estoit toujours opposé : il parle en sa présence à cette fille et il lui dit d'un ton de voix fort élevé que le vicaire estoit venu pour interdire la dévotion, qu'il falloit qu'elle fut trouver la Sainte-Vierge, et qu'elle lui dit: Sainte-Vierge, celui qui peut commander est ici : si vous voulez qu'on continue de vous honorer en ce lieu, priez votre fils de faire un miracle pour affermir cette dévotion. La bergère obéit; elle eut recours à cette puissante et divine mère, et elle obtint ce qu'elle luy demanda. En effet, il survint une pluye qui obligea Savine de se retirer à la haste; elle continua deux jours entiers et elle fut si extraordinaire qu'elle contraignit le vicaire, le recteur et les autres qui étoient venus avec eux d'arrester au Lauz encore ces deux jours, qui estoient le 6ᵉ et le 7ᵉ de septembre. »

L'on sait comment les émissaires d'Embrun furent témoins le 7 septembre 1665 de la guérison miraculeuse de Catherine Vial de Saint-Julien-en-Beauchêne; ce qui fit sortir victorieuse la bergère du Laus de l'épreuve à laquelle on l'avait soumise. Juvenis continue:

« La dévotion du Lauz augmentoit de jour en jour; on n'y voyoit que processions, que pèlerinages : et en ce temps-là je fus obligé par un de mes amis, à l'occasion de toutes ces choses et de tout ce qui s'étoit passé en ce lieu, de faire cette inscription :

« Quisquis immaculatæ Deiparæ cultores
   Huc accede!
Nec horrore loci deterreare!

Columba est
In foramine petræ et in caverna maceriæ,
Hic cum hebeti horridaque opilione
Consuescit sapientiæ mater
Ne mirere !
Insipientibus loquitur ipsa sapientia,
Pauperumque illuminatrix est.
Probat ipsa optima parens præsens numen suum
Divino thymiamate quo sacellum interdum perfunditur.
Confertim currerunt in odorem frequentes populi,
Etiam dissitissimi ;
Panchræstumque invenerunt.
Aquæ multæ non potuerunt extinguere charitatem,
Et si quandoque isthic nonullorum restinxerint incredulitatem.
Odore columbæ oculi hac in arida Hesæbone
Piscinæ saluberrimæ sunt
Bonis qua ægris omnigenis prodest :
Quin expiscati quam plurimi nocentes
Tanta verbi Hami illecebra.
Plentissimæ genitrici huc nuper locata sedes,
Quam Hypapantes lemmata
Præcipiti voto
Ut cumque posuerant Laudenses
Cæca præsentium spe,
Quæ tandem effusissimè illuxit ;
Cum hic diutius latere
Immortalis solis lumen illud nequiverit.
Macte ergo ! Propera ! fruere deliciis
Queis hæc sancta sedes
Præsentia tantæ beneficiæ scatet. »

« P P. R. J. C. R. A. C. V. D. N. M Q.
E. An R. S. M. DC. LXVII. »

Un siècle et demi renfermant le XVIII° tout entier, deux invasions et des révolutions sans nombre ont passé sur le Laus depuis les apparitions de la sainte Vierge et la mort de la sœur Benoîte, survenue en 1718 ; Ce sanctuaire a eu ses jours de deuil, de tristesse et d'abandon, et cependant, dans ce désert caché au fond des Alpes, les populations s'empressent toujours d'accourir, et les processions des villes et des paroisses de dix lieues à la ronde de s'y montrer en grand nombre surtout aux fêtes de Pentecôte. Toutefois, puis-je présenter comme un modèle de piété ces dames gapençaises mollement assises sur des bourriques, escortées par ces jeunes dandys à cheval sur des ânes, qui descendent le rocher du Laus au moment où les processions vont retourner dans leurs paroisses ? Malheur au sanctuaire le jour où un chemin large et bien pavé permettra aux cabriolets d'y arriver commodément du côté de la route départementale et du chemin de grand vicinalité qui borde la Vence ! Alors la curiosité y attirera plus de monde que la dévotion ; les pieds nus et les couronnes d'épines du XVIIe siècle seront complètement oubliés ; tout Gap y viendra dévotement en voiture ; Chorges et Tallard, qui ne voudront pas rester en arrière, y déploiront tout le luxe de leurs équipages.

Note B, page 136.

François-Henri de La Broue de Vareilles, évêque de Gap.

Je suis heureux de pouvoir consacrer une note à la reproduction d'un document dont je connaissais l'existence, que jusqu'à ce jour j'avais tâché vainement de découvrir, et que l'on a eu l'obligeance de confier à l'éditeur de cet ouvrage; c'est la lettre écrite au mois d'avril 1791 par M. de Vareilles à M. de Cazeneuve qui venait d'être nommé évêque des Hautes-Alpes par les électeurs de ce département. La fermeté sans aigreur, l'onction et la charité vraiment chrétienne de cet ancien pasteur contrastent si fort avec les écrits virulents de quelques écrivains de nos jours qui se disent catholiques; la clarté, la correction et même la suavité du style de cette lettre, refutent si complètement ce que l'auteur de la *Réplique à M. de Leyssen* a osé avancer contre les écrits de notre prélat, que nous n'hésitons pas à la donner ici textuellement, sans trop blâmer toutefois M. de Cazeneuve d'avoir accepté la dignité qui lui était conférée par les électeurs et à laquelle il renonça volontairement dans la suite, entraîné qu'il fut alors comme la plupart des prêtres du diocèse qui prêtèrent serment à la constitution civile du clergé, par les idées dominantes d'une époque d'exaltation et d'irréflexion, dont aujourd'hui plus que jamais l'on peut se faire une idée exacte.

LETTRE de M. l'évêque de Gap, à M. de Cazeneuve, chanoine de l'Église Cathédrale de Gap, nommé à l'Évêché des Hautes-Alpes par MM. les Électeurs du Département.

Gap, le 14 avril 1791.

« Votre arrivée dans cette ville, Monsieur, et les insignes que vous portez de la dignité épiscopale, nous apprennent que, sur une nomination à l'évêché prétendu des Hautes-Alpes, que tout catholique ne peut regarder que comme nulle, vous avez obtenu une consécration également illicite; et nous annoncent, sans doute, en même temps votre prochaine installation dans l'église métropolitaine d'Embrun. Vous n'ignorez pas les obstacles sans nombre que vous opposeront, et le noble courage de Monseigneur l'archevêque, et la fermeté de son respectable clergé, et la religion éclairée du plus grand nombre des fidèles ; les uns vous regarderont comme un usurpateur qui vient s'asseoir sur un siège qui n'est pas vacant ; guidés par les lumières de leur conscience et de leur religion, les autres ne verront en vous qu'un intrus, qui n'est pas entré dans la bergerie par la véritable porte ; et vous ne serez aux yeux de tous, qu'un pasteur mercenaire, un faux pasteur, portant, à la vérité, l'habit de vrai pasteur, mais n'ayant aucun des traits qui le caractérisent et qui doivent mériter la confiance du troupeau.

« En suivant, Monsieur, les principes que vous avez adoptés, et qui sont aussi éloignés de ceux de la discipline de l'Église qu'ils sont rapprochés de ceux du schisme, vous prétendrez sans doute, exercer votre juridiction sur la partie de mon diocèse située dans le département des Hautes-Alpes ; j'ai manifesté publiquement ma façon de penser à cet égard, par la lettre que j'ai écrite à l'assemblée de Messieurs les électeurs du département, le 5 mars dernier, et dont je joins ici un exemplaire. Je suis ferme dans mon opinion ; elle est trop fondée, pour être susceptible de variation. Je suis le véritable évêque de Gap ; les anciennes limites de ce diocèse sont aussi celles de ma juridiction ; ma nomination et ma consécration sont également canoniques et régulières. Je n'ai été ni n'ai mérité d'être déposé. Je n'ai donné ni ne donnerai ma démission ; je ne me rendrai point coupable de désertion. Les liens qui m'attachent à mon peuple et à mon église, sont trop sacrés pour que j'abandonne l'un et l'autre aux horreurs du schisme ; bien loin de rompre ces nœuds, les tribulations ne feront que les resserrer. Mon cœur sera toujours ouvert à ceux de mes fidèles diocésains qui continueront à recourir à mon autorité dans leurs besoins spirituels ; et je répondrai à leur confiance, en leur donnant tous les secours qu'ils ont droit d'attendre de mon ministère.

« Vous devez, Monsieur, me connaître assez, pour être convaincu que la fermeté que je vous annonce est invariable ; celle que j'ai montrée depuis le commencement de la révolution, et dont vous avez été témoin, ne peut vous laisser sur cela aucuns doutes ; mais autant je suis inébranlable dans mes principes, autant suis-je zélé pour la tranquillité publique, et soumis à mes supérieurs légitimes : ainsi, en maintenant mon autorité de tout mon pouvoir et avec le courage qui convient à un évêque, je la maintiendrai aussi avec toute la prudence et la sagesse de l'Évangile. Mais si vous entreprenez sur mon territoire, alors mon inaction serait faiblesse ou lâcheté, et deviendrait criminelle ; alors vous me forceriez à user contre vous de toute la sévérité de mon ministère, et à appeler à mon secours les foudres et les anathèmes de l'Église. Ainsi, en vous disant que je ne donnerai pas ma démission, je veux seulement vous faire entendre que je persisterai à être évêque de Gap, tant qu'il n'y aura que les décrets de l'assemblée nationale qui auront prononcé que je ne le suis, ni ne dois l'être. Mais si l'Église, dont mes supérieurs dans l'ordre hiérarchique sont le seul et véritable organe, m'engage à renoncer à mon siège ; si cette autorité, à laquelle je déférerai aveuglément, et que je respecterai jusqu'à mon dernier soupir, me dit que le bien général exige que je donne ma démission, je le jure devant Dieu, je la donnerai, et je la signerai s'il le faut de mon sang, de ce même sang que je serais prêt à verser pour la défense des vérités que je professe, et pour le salut de mon peuple ; j'ajouterai ce pénible sacrifice à tous ceux que j'ai déjà faits ; j'espère qu'il sera aussi méritoire devant Dieu, qu'il sera sensible à mon cœur. Il m'en coûterait sans doute infiniment pour me séparer d'un troupeau auquel j'avais consacré le reste de mes jours, pour m'éloigner d'une église que j'ai dû regarder comme ma fidèle épouse, et à laquelle j'ai voué mes plus tendres affections ; mais, je le répète, avec toute la sincérité d'un cœur droit, avec toute la simplicité d'un chrétien, avec la franchise et la vérité d'un ministre de l'Évangile, que le souverain pontife, qu'un concile national ou provincial ordonnent ou conseillent, mon sacrifice est prêt.

Cette église, Monsieur, l'église de Gap, que je préside seulement depuis peu d'années, et pour laquelle Dieu seul connaît toute l'étendue de mon attachement, doit aussi vous être bien chère ; vous êtes né dans son sein ; elle a reçu vos premiers vœux, en vous adoptant au nombre de ses enfants, vous avez été élevé à l'ombre de ses autels, elle vous donna les premiers principes du christianisme ; voudriez-vous déchirer les entrailles de votre propre mère ? Après lui avoir juré comme moi, une fidélité inviolable, vous l'avez servie long-temps ; vous étiez un de ses principaux ministres ; elle avait droit de vous regarder comme un de ses plus zélés défenseurs ; par quelle fatalité deviendriez-vous un de ses plus cruels ennemis ? Vous avez étudié sa tradition, vous avez étudié sa doctrine ; mérita-t-elle jamais à vos yeux la persécution qu'elle éprouve, la proscription dont elle est menacée ? Et pourriez-vous concourir à sa destruction ? Quel aveuglement ! Ne serais-ce pas celui prédit par le prophète : *Audite cœli, et auribus percipe terra* quoniam Dominus locutus est : Filios enutrivi et exaltavi, ipsi autem spreverunt me, Isa. 12 : Cieux, écoutez ; et toi, terre, prête l'oreille, c'est le Seigneur Dieu qui a parlé, et ses paroles méritent toute notre attention ; voici ce qu'il a dit : j'ai nourri des enfants, je les ai élevés, et après cela ils m'ont accablé de mépris, et se sont révoltés contre moi ?

J'ai l'honneur d'être, Monsieur,

Votre très-humble et très-obéissant
serviteur,
† F. H. Ev. de Gap.

Note 8, page 149.

Guillaume Farel, ses prédications ; le supplice de Servet, et les légendes populaires de la Sainte-Croix de la Saulce, de la fontaine de l'Epine, de la chapelle de Saint-Main et des Casses de Faudon[1].

La trop courte notice consacrée dans le texte à Guillaume Farel, l'homme le plus étonnant qu'ait produit la ville de Gap, ne saurait donner une idée exacte de ce *pionnier de la réforme en Suisse et en France, vif, ardent, homme d'attaque et de bataille, qui frappa de la hache les forêts séculaires*[2]. Je me permets de lui donner ici un complément de quelque étendue.

---

[1] En terminant le Précis historique, j'ai avancé un peu étourdiment qu'aucun de nos hommes remarquables n'avait trouvé place dans la Biographie universelle. Il fallait en excepter Guillaume Farel. Son nom figure au tome XIV, p. 152 de cet interminable dictionnaire.

[2] Merle d'Aubigné, *Histoire de la réformation du XVIe siècle*, tom. III.

Et d'abord, Farel est-il né dans le sein de la ville de Gap, ou bien au hameau des Fareaux qui de tout temps en fut une dépendance?

Était-il noble d'extraction, ou bien simple roturier?

Tous les biographes de ce grand hérésiarque, le manuscrit de Genève, la Biographie universelle et notre chroniqueur Juvenis, disent simplement qu'il était né à Gap; le Livre des Annales des Capucins, écrit en 1658, et copié par M. de Rochas, est le seul qui le fasse naître au hameau des Fareaux: « Il y avoit, porte ce livre, « un Guillaume Farel, mesnager, natif et habitant au « terroir de Gap, à un masage qui est allant au Champ- « saur qu'on appelle encore les Farels, environ une lieue « de la ville de Gap, lequel commença à dogmatiser le « menu peuple etc. » Malgré un texte si précis, je penche pour la première opinion, et je crois qu'il était fils ou petit-fils de François Farel qui, en qualité de notaire, recevait le 26 juin 1458, un acte de donation dans la ville de Gap, et frère d'Antoine Farel, également notaire. Celui-ci écrivit l'acte de l'hommage et du serment de fidélité prêté par Gabriel de Sclafanatis au roi dauphin le 19 août 1515[1]. Toutefois, je dois déclarer qu'il existe encore au hameau des Fareaux deux familles du nom de Farel; mais hélas! les arrières-neveux de celui qui professa l'hébreu, le grec et le latin au collège du Cardinal Lemoine, ne connaissent qu'imparfaitement la langue française, ne font usage que du patois de Gap, ne savent même ni lire ni écrire et ne possèdent aucun document

---

[1] Audin, *Vie de Calvin*, p. 17, dit que notre hérétique était fils d'un notaire de Gap, appelé Fareau.

sur l'illustre hérétique du XVIe siècle! La première question reste donc à peu près insoluble.

Quant à la seconde, je m'étais toujours déclaré pour la roture d'après le passage que je viens d'extraire du Livre des Capucins, et même en admettant que Guillaume était le très proche parent des deux Farel qui exerçaient dans Gap l'office de notaire vers le milieu du XVe siècle et au commencement du XVIe; mais ma foi a été ébranlée en lisant l'ouvrage de M. Merle d'Aubigné sur la Réformation. Cet auteur persiste à faire sortir Guillaume Farel d'une famille noble, et, à cet effet il transforme en vieux châtelet la modeste chaumière des Farel de nos jours; il s'appuye 1° sur Bèze qui a dit quelque part, *Guillelmum Farellum, delphinatum, nobili familiâ ortum*; 2° sur une lettre de Calvin au cardinal Sadolet, dans laquelle il fait ressortir le désintéressement de Farel *issu de si noble maison*; 3° sur le manuscrit de la bibliothèque de Genève, où il est dit: « *Farel gentilhomme de condition*, doué de bons moyens, lesquels il perdit pour sa religion, aussi bien que trois autres siens frères. » Comme je n'ai à opposer à tant d'autorités que le silence des chroniqueurs gapençais, et le mot *ménager* du Livre des Capucins, je tiens les Farels des Fareaux pour bons gentilshommes, quelles que soient leur pauvreté et leur ignorance actuelles.

Or, qu'il fût de noble extraction ou simple roturier, qu'il soit né au sein de la ville de Gap ou qu'il ait vu le jour sur le plateau de Bayard, Guillaume Farel professa dès son jeune âge les langues mortes au collége du cardinal Lemoine; il sema plus tard les principes de la réforme à Meaux, à Bâle[1], à Berne, à Montbeillard, à Neufchâtel, à Metz, à Gorze et principalement à Genève où il força le fameux Calvin de se fixer. Partout il montra un zèle fanatique pour la destruction des images et des monuments élevés par le catholicisme.

Notre réformateur avait étudié la théologie, la philosophie et les langues grecques et hébraïques, sous Jacques Faber d'Étaples et maître Girard Rouf. Chaque jour, ils priaient dévotement et disaient leurs heures devant une image de la Sainte-Vierge, car alors, a écrit plus tard Guillaume Farel, « ils étoient encore en lacqs du pape, « et tenoient les choses les plus détestables de la papauté, « comme est la messe et toute idolâtrie papale. »

Vers l'année 1525, il se rendit dans les pays réformés les plus voisins de la France. Il contracta une étroite amitié avec Bucer et Capito à Strasbourg; Zuingle, à Zurich; Æcolompade, à Bâle; et Berthold Haller, à Berne. Ces réformateurs de l'Alsace et de la Suisse allemande, « l'ayant reconnu, dit Farel dans son journal manuscrit, « d'une singulière érudition, piété et zèle, bien exercé « ès saintes écritures, de bon conseil et d'exécution, « ferme comme un rocher à la vérité, et d'une vie tota- « lement chrétienne, trouvèrent à propos d'appliquer son « ministère envers les peuples de sa langue, lui donnèrent

---

[1] Voici un ordre curieux du sénat de Bâle : « Faisons savoir aux curés, aux théologiens, aux écoliers, qu'ils aient à se trouver à la dispute instituée par maître Farel, faute de quoi ils n'auront pas la permission de moudre leurs grains au moulin, de cuire leur pain au four et d'acheter leur viande et leur herbage au marché de la ville ». (Audin, *Vie de Calvin*, tom. I, p. 156.)

« la main d'association, et le disposèrent de mettre la
« main à l'œuvre. » C'était en 1524.—Déjà à cette
époque, ajoute l'audacieux apostat : « Il avait renoncé à
« ce songe papal du Dieu de paste: ce bon père de misé-
« ricorde à la fin l'avait retiré d'une si dangereuse
« idolâtrie et abusion. »

Etant allé à Montbelliard, en l'année 1527, les prêtres
de cette ville lui refusèrent l'entrée de leurs églises. Alors,
il se mit à prêcher dans les maisons et dans les rues.
« Advint un jour que les prestres faysoient leur proces-
« sion et portoient la chasse qu'ils appelloient de Saint-
« Anthoine, ayant après eux grande suite de peuple
« selon la coustume. Farel les rencontra sur le pont ;
« voyant deux prestres qui sur leurs épaules portoient
« la susdite chasse qui marchoient les premiers, l'enleva
« et jetta en l'eau du pont en bas, puis par grand zèle et
« hardiesse adressant la parole au peuple dit: povres
« idolâtres, ne lairrez-vous jamais votre idolâtrie? Le
« peuple et les prestres voyant cela furent tout estonnez
« et si animez qu'ils se ruèrent contre luy, et l'eussent
« tué si, ce jour, Dieu, par une spéciale providence, ne
« l'eut préservé. »

Cette violence le força de quitter Montbeillard. Il
tourna alors ses pas vers Neufchâtel où il lui fut permis
de prêcher publiquement; mais, afin d'avoir des auditeurs,
il se revêtit d'un surplis de prêtre. « Ainsi il se transfi-
« guroit au commencement, sans idolâtrie, de plusieurs
« manières, pour avoir entrée de prescher en langue
« françoise.» Malheureusement pour lui, Farel était connu
de plusieurs personnes qui l'accusèrent d'avoir porté le
trouble à Bâle et à Montbeillard : il fut contraint de

descendre de la chaire, de quitter la ville et de se réfugier à Aigle.

Une procession parcourait les rues de cette bourgade au moment où notre fugitif y entrait. Apercevant le prêtre qui portait le Saint-Sacrement, il perce la foule, tombe sur le dais, s'empare du soleil d'or, le foule aux pieds, et s'enfuit! Puis il rentre à Aigle et se fait maître d'école, apprenant aux petits enfants à ses propres dépens. « En cette sorte, de petit à petit il print avec « eux cognoissance et commença à prescher l'Évangile ; « mais il fut bientost descouvert. »

Nous retrouvons Farel dans l'église de Tavanes, bourg voisin de Berne où il avait porté la parole après avoir quitté Aigle et ensuite Morat. Par une bizarrerie assez commune en ces temps où la nouvelle doctrine cherchait à supplanter l'ancienne croyance, un prêtre était encore à l'autel où il célébrait la messe, lorsque notre zélé compatriote se démenait en chaire. Il parlait avec tant de véhémence et d'efficacité qu'incontinent le peuple abattait les images; de manière que « le povre prestre qui chan- « toit sa messe ne la put parachever, mais tout estonné « s'enfuit en sa maison estant encore revestu de ces « habits avec lesquels on chante messe. »

Je ne suivrai pas Farel dans toutes ses courses avantureuses; je dirai seulement qu'il vint de nouveau à Neufchâtel et qu'il fut plus heureux dans ses prédications qu'il ne l'avait été quelques années auparavant. De Neufchâtel il passa à Valangin où il obtint par la violence un succès éclatant, « le jour qu'on appelle Nostre-Dame « d'Aougts. » Il était alors accompagné d'un jeune ministre nommé Saunier, né, comme lui, dans la ville de Gap.

Le lieu de sa prédication était encore l'église paroissiale, et le prêche avait lieu au moment même où l'on y célébrait la messe. Le jeune Saunier voyant que le peuple de Valangin reste attaché à son curé, se sent ému d'un zèle ardent, et, profitant du moment où le prêtre élevait l'hostie consacrée, il s'élance sur lui, arrache de ses mains le corps du Sauveur, et se tournant vers le peuple il s'écrie : « Ce n'est pas icy le Dieu qu'il vous faut adorer, « il est là sus au ciel en la majesté du Père, et non entre « les mains des prestres comme vous cuidez et comme « ils donnent à entendre! »

Cette insultante profanation excita le courroux des habitants de Valangin ; on sonna toutes les cloches, et nos deux réformateurs se virent contraints de fuir pour retourner à Neufchâtel. Ils se trouvaient près d'un château dépendant de ce bourg, lorsqu'ils se virent assaillis dans un lieu étroit par une vingtaine de personnes, hommes, prêtres et femmes qui les accueillirent d'abord à coups de pierres et les rouèrent ensuite de coups de bâtons. « Alors les prestres n'avoient pas les « gouttes aux pieds et bras ; » aussi s'en fallut-il de peu que nos réformateurs ne perdissent la vie l'un et l'autre. Ils furent pris et renfermés comme prisonniers au château de la dame du lieu, après avoir été conduits devant une petite chapelle, où l'on ne put jamais les faire consentir à se prosterner devant l'image de la Sainte-Vierge.

Après avoir propagé la réforme dans toute la Suisse, et au retour de l'assemblée des églises Vaudoises qu'il venait de présider dans la vallée d'Angrogne, Farel se rendit à Genève avec son compagnon ; c'était en l'année 1532. Cette ville était peu disposée alors à embrasser la nouvelle croyance ; mais ils y prêchèrent secrètement, et ne tardèrent pas à voir le nombre des auditeurs s'augmenter de jour en jour. Sur la plainte du grand vicaire, Farel et Saunier furent cités devant le conseil épiscopal et le chapitre pour s'expliquer sur leur doctrine. Là, en présence des deux syndics de la ville, le grand vicaire adresse à Farel ces pressantes interpellations : « Farel es-tu baptisé ?—Pourquoi troubles-tu toute la « terre?—Qu'es-tu venu faire ici?—De quelle autorité « prêches-tu ? »

Et notre imperturbable gapençais de répondre : « Je « suis baptisé au nom du Père, du fils et du Saint-Esprit. « Je ne trouble ni la terre ni cette ville ; c'est vous qui « avez troublé le monde entier par vos inventions humai- « nes, vos vices et vos dissolutions. Je prêche Jésus- « Christ mort pour nos péchés à tous ceux qui viennent « m'entendre. Mon autorité vient de Dieu, dont je suis « serviteur, et non des hommes ; je suis prêt à exposer « ma foi devant vous, et à la maintenir jusqu'à la der- « nière goutte de mon sang. »

Irrité de tant d'audace, le grand vicaire signifie à Farel l'ordre de sortir dans trois heures de Genève, sous peine de la vie ; mais le novateur se plaint d'avoir été condamné sans qu'il eût discuté sa croyance. L'un des chanoines l'interrompt en criant: *Blasphemavit, reus est morte.*—Servez-vous des paroles de Dieu, réplique Farel, et non des paroles de Caïphe.—Et alors de toutes parts : *Frappez, frappez! au Rhône! au Rhône!* Farel est assailli, renversé, battu ; on a de la peine à le tirer tout meurtri des mains des chanoines, et avec Saunier il fuit de Genève.

La seconde entrée de Guillaume Farel dans cette ville eut lieu en 1534, et cette fois, ses prédications y obtinrent le plus éclatant succès. Malgré sa frêle stature, son teint pâle et brûlé par le soleil, sa barbe rousse et mal peignée, le peuple se levait pour l'entendre alors qu'il prêchait à Saint-Gervais, à Sainte-Madelaine ou à Saint-Pierre ; son œil de feu et sa parole véhémente entraînaient les populations [1]. Ses prédications eurent un résultat si puissant que les Genevois se livrèrent aux plus violents excès contre les images des saints et les chasses bénites : les croix, les tabernacles, les statues, les tableaux, tous les monuments des arts ne purent être sauvés de cette rage frénétique, et la grande figure de Charlemagne ne ne fut pas même épargnée. Le 20 août

---

[1] On disait au XVIe siècle : savoir de Calvin, véhémence de Farel, éloquence de Viret.

La sœur Jeanne de Jussie, alors religieuse à Sainte-Claire de Genève, parle de la manière suivante d'une prédication de Farel, en son livre intitulé *Le levain du Calvinisme* : « Les luthériens se firent ouvrir « l'église cathédrale de Saint-Pierre, et eux estant dedans, commen- « cèrent à sonner la cloche épiscopale à branle pour le sermon, car « ils menoient leur maudit prédicant nommé maistre Guillaume Faret « (Farel), lequel se mit en chaire et preschoit en langue allemande. « Ses auditeurs sautoient par dessus les autels comme chèvres et bestes « brutes, en grande dérision de nostre rédempteur, de la Vierge Marie « et de tous les saints ». (Audin, *loco citato*, p. 198.)

Plus loin, la sœur de Jussie nous montre en quels termes élégants et pudiques Farel et Vitet parlaient des sœurs de Sainte-Claire. La simplicité et la naïveté de la sœur Jeanne ne lui ont pas permis de reculer devant le cynisme de l'expression, alors qu'elle rappelle les accusations portées par les deux prédicants contre les nones et les moines. Nous sommes devenus trop chastes pour que je me permette de les reproduire.

1535, l'exercice de la religion catholique fut entièrement proscrit dans le canton de Genève, les moines et les religieuses furent expulsés de la ville, et les magistrats pour leur éviter l'insulte, les accompagnèrent jusqu'aux frontières de la Savoie, tandis que Farel leur prêchait sur ce verset de saint Luc : *En ce temps-là Marie s'en allait en promptitude au milieu des montagnes.*

Quelques années après, l'on vit à Genève un ministre du Saint-Évangile aller dans un hôtel où venait de descendre un jeune voyageur dont la réputation avait retenti dans le monde. L'un était Farel, et le second, le chef célèbre du grand parti qui agita la France durant de si longues années. A son retour de Ferrare, diverses circonstances amenaient Calvin, contre sa volonté, dans les murs de Genève, et c'est alors que Farel, tout brûlant de zèle, l'exhorta à s'arrêter dans cette ville pour lui prêter l'appui de ses lumières, ce qu'il n'obtint qu'après avoir fait succéder aux prières les menaces et les imprécations. Voilà donc maître Jean Calvin professeur de théologie à Genève, « où il a plus fait et plus promptement que personne aie fait, surpassant non pas les autres seulement, mais soy-mesme, » ainsi que Farel l'écrivait au ministre Fabry, après la mort de l'auteur de l'*Institution chrétienne*, qu'il assista dans ses derniers moments[1].

---

[1] *Vie de feu heureuse mémoire de mons. Guillaume Farel, tirée de ses lettres, avec un raccourci de l'histoire de la réformation de Genève*, Ms. n° 147 de la bibliothèque de cette ville. — Mignet, *Mémoire sur l'établissement de la réforme religieuse et sur la constitution du calvinisme à Genève.* — Capefigue, *Histoire des guerres de religion.* — Audin, *Vie de Calvin.*

Près de vingt ans s'étaient écoulés lorsque Farel, alors établi à Neufchâtel, vint à Genève pour soutenir Calvin contre le parti des libertins qui, malgré la réforme, se plaisaient dans les tavernes, tournaient en ridicule leurs prêtres nouveaux et surtout notre irascible compatriote. Entre autres facéties, ils faisaient frire un poisson nommé Farel, et quand il était cuit, ils mangeaient ainsi le réformateur tout bouillant, au milieu des rires excités par la chair coriace du pauvre ministre. C'était en 1555 au moment où, contre le principe du libre examen, Servet avait été condamné à mort parcequ'il n'avait pas trouvé dans les Saintes-Ecritures les preuves de la divinité de J.-C. Le 27 octobre, Farel se chargea de le conduire au bûcher. Dans la prison, Servet tomba à ses genoux en s'écriant : — « Le glaive, de grâce, et non le feu où je pourrais perdre mon âme dans le désespoir ! Si j'ai péché c'est par ignorance. »

Farel le relevant et l'étreignant : — « Confesse ton crime, et Dieu aura pitié de ton âme.

— Je ne suis pas criminel et n'ai pas mérité la mort !

— En ce cas, replique Farel, je vais t'abandonner. »

Servet lève les yeux au ciel et dit d'une voix éteinte :— « O Jésus, fils du Dieu vivant, grâce ! grâce ! »

Puis arrivé au lieu du supplice, Servet tomba la face contre terre en poussant des hurlements affreux, et Farel se tournant vers le peuple : « Vous voyez cet homme qu'on va brûler, c'est un savant qui peut-être n'a voulu enseigner que la vérité ; mais le voilà dans les mains du diable qui ne le lâchera pas. Veillez sur vous de peur que Satan ne vous en fasse autant. » Ensuite se retournant vers le condamné, il lui dit : — « Servet, il en est temps encore, veux-tu faire l'aveu de tes crimes et te recommander au fils éternel de Dieu?

— A Dieu! à Dieu!

— Est-ce tout?

— Que voulez-vous de moi? A qui puis-je mieux recommander mon âme qu'à Dieu mon créateur?

— Il y a ici un notaire qui recueillera tes dernières volontés. As-tu laissé une femme et des enfants? »

Le patient hocha la tête et Farel ajouta : — « Ne veux-tu pas te recommander aux prières des assistants?

— Oui.

Et notre implacable réformateur crie au peuple : « Voici que Servet vous demande de prier pour son âme. » Se rapprochant du condamné il le conjure de confesser Jésus le fils éternel de Dieu. Les lèvres de l'hérétique espagnol ne s'ouvrent pas. Alors Farel se tournant de nouveau vers le peuple dit à haute voix : « Ecoutez ; Satan va s'emparer de cette âme. »

Il s'éloigne, et le sacrifice est consommé[1].

Ainsi de fanatiques réformateurs, qui niaient la présence réelle comme contraire à l'Evangile, osaient, par une terrible inconséquence, envoyer au supplice celui qui avait cru trouver dans le livre divin des preuves contre le dogme de la Trinité.

---

[1] Audin, *Vie de Calvin.*

Dans un ouvrage intitulé *Farel, Froment et Viret*, publié par M. Chenevière, en 1837, on passe sous silence une partie des moyens violents employés par notre compatriote. Ceux qu'on avoue sont justifiés par le succès de l'entreprise. N'est-ce pas dire en d'autres termes : *la fin sanctifie les moyens.*

J'ai signalé avec assez de détail dans le texte les prédications de Farel dans sa ville natale pour qu'il devienne superflu de les reproduire dans cette note; il suffira d'ajouter que Guillaume d'Avançon, archevêque d'Embrun, apprenant que notre ville était infectée de calvinisme, donna ordre au P. Louis Codret de s'y rendre. C'était, dit le P. Fournier, un infatigable athlète de la compagnie de Jésus, qui déjà avait étonné le diocèse d'Embrun par sa puissante dialectique et les foudres de son éloquence. A cette nouvelle, le peuple huguenot de Gap « s'élève, gronde, tempeste et proteste que le P. Codret ne mettra jamais le pied dans la chaire, et qu'on l'étrangleroit s'il estoit assez hardy d'entreprendre d'y monter. La jeunesse catholique de la ville le fut trouver en troupe : elle le prie de ne rien craindre, qu'il se mit seulement en estat d'aller prescher, et elle luy jure qu'on luy ouvrira le chemin de la chaire par le tranchant de l'épée à travers de tous ceux qui s'y voudroient opposer. Codret voyoit partout l'image de la mort, et il croyoit déjà de laisser avec son sang le témoignage de sa foy en cette occasion; il estoit enveloppé d'un peloton de soldats huguenots; et ayant fait une sage réflexion qu'il ne falloit pas animer à la sédition des gens qui estoient échauffez et qui avoient les armes à la main de part et d'autre, il aima mieux faire sa prédication en un village voisin que de causer quelque sanglante tragédie par un zèle hors de saison. En quel estat estoit cette pauvre ville ! ' »

' Le P. Fournier, *Histoire des Alpes Maritimes ou Cottiennes*, pag. 464 de la traduction de Juvenis.

J'ignore cependant si l'époque où le courage du P. Codret faiblit devant les menaces des hérétiques, coïncide avec celle où Farel entraînait l'évêque Gabriel de Clermont dans l'apostasie. Il paraît même que le voyage de l'éloquent jésuite d'Embrun n'eut lieu qu'en l'année 1567 au moment où les catholiques de Gap eurent l'imprudence de porter une croix blanche sur leurs habits pour se distinguer des huguenots.

Quoi qu'il en soit, notre hérésiarque subit les conséquences du principe de la réformation et son esprit tourbillonna dans les variations mises plus tard en évidence par Bossuet. Une dispute sur la Cène le fit chasser de Genève en 1538. Il changea si souvent le symbole de ses croyances qu'il fut accusé tour-à-tour d'Arianisme, de Sabellianisme, et de vouloir renouveler les erreurs de Paul de Samosatte, accusations dont il se justifia cependant aux synodes de Lauzanne et de Berne. Il eut de grands démêlés avec Erasme à qui il reprochait ses hésitations et ses lenteurs en le comparant au Balaam de l'Ecriture. Le fameux philologue le lui rendait avec usure: il ne cessait de déverser les saillies et le dénigrement sur la tête de Farel qu'il désignait sous le nom moqueur de *Phallicus*[1].

J'ai déjà dit, je crois, que Farel, né à Gap en 1489, mourut à Neufchâtel le 13 septembre 1565; il s'était marié à l'âge de 69 ans. Au bout de cinq mois de mariage, il lui naquit un fils dont j'ignore la destinée.

Malgré ses fréquentes prédications, notre hérétique

---

[1] Ch. Chenevière, *Farel, Froment et Viret*, pag. 30.

gapençais trouva encore du temps pour beaucoup écrire. Voici la liste des ouvrages qu'il composa à diverses époques, et dont les titres seuls sont venus à ma connaissance :

1° Du vrai usage de la Croix et de l'abus d'icelle.
2° Traité de la parole de Dieu.
3° De la Sainte-Cène.
4° Du glaive de l'Esprit.
5° Traité du purgatoire.
6° La confession de l'église de Genève.
7° Thèses publiées à Bâle.
8° Sommaire de la religion chrétienne.
9° *De oratione dominica*.
10° Conférence avec Guy Furbity.
11° Epitre au duc de Lorraine.
12° Réponse à Caroli.
13° Epitre à tous seigneurs.
14° Le glaive de la parole véritable.
15° Sommaire pour que chaque chrétien mette sa confiance en Dieu et aide son prochain.

Ceux qui ont lu ces ouvrages les ont trouvés fort médiocres et ont ajouté que Farel était un homme de peu de savoir. Cependant le *Glaive de l'Esprit* qui contient de bons préceptes de morale dirigés contre les libertins, a été loué par le bibliophile Guy Allard. Les écrits de notre compatriote sont devenus fort rares : la bibliothèque publique non plus que les bibliothèques particulières de la ville de Gap n'en possèdent aucun. Genève, le principal théâtre de ses exploits, n'en a que deux, indépendamment de la *Vie de feu heureuse mémoire de Mons. Guillaume Farel*, Manuscrit n° 147 de la bibliothèque de cette ville ; M. Merle d'Aubigné a pu visiter à Neufchâtel la bibliothèque particulière de notre héros ; il y a trouvé la plupart de ses livres, entre autres le *Vrai usage de la Croix* où Farel a écrit quelques détails sur son enfance. Cet ouvrage contient une légende assez curieuse et une anecdote fort piquante que M. d'Aubigné rapporte de la manière suivante :

La Sainte-Croix de la Sauce.

« A quatre lieues au sud de Gap, près de Tallard, sur une montagne qui s'élève au-dessus des flots impétueux de la Durance, était un lieu fort réputé, nommé la Sainte-Croix. Guillaume n'avait guère que sept ou huit ans quand son père et sa mère résolurent de l'y conduire en pèlerinage[1]. La croix qui est en ce lieu, disait-on, est du propre bois en lequel Jésus-Christ a été crucifié.

« La famille se mit en marche et atteignit enfin la croix tant vénérée, devant laquelle elle se prosterna. Après avoir considéré le bois sacré et le cuivre de la croix, fait, dit le prêtre, du bassin dans lequel Notre Seigneur lava les pieds à ses apôtres, les regards des pèlerins se portèrent sur un petit crucifix attaché à la croix. « Quand
« les diables, reprit le prêtre, font les grêles et les fou-
« dres, ce crucifix se meut tellement qu'il semble se
« détacher de la croix, comme voulant courir contre le
« diable, et il jette des étincelles de feu contre le mauvais
« temps ; si cela ne se faisait, il ne resterait rien sur la
« terre[2]. »

---

[1] J'estoye fort petit et à peine je savoye lire.... Le premier pèlerinage auquel j'ay esté a esté la Saincte-Croix. (*Du vray usage de la Croix*, p. 233 et 237.)

[2] *Ibidem*, p. 235 et suiv.

« Les pieux pèlerins étaient tout émus en entendant raconter de si grands prodiges. » Personne, continua le prêtre, ne sait et ne « voit rien de ces choses, si ce n'est moi et cet homme.... » Les pèlerins tournèrent la tête et virent près d'eux un homme d'extérieur étrange. « A le voir il faisait frayeur, » dit Farel. Des mailles blanches couvraient les deux prunelles de ses yeux, « soit qu'elles y fussent en vérité, ou que Satan les fît apparaître. » Cet homme extraordinaire que les incrédules appelaient le sorcier du prêtre, interpellé par celui-ci, répondit aussitôt que le prodige était véritable. »

« Un nouvel épisode vint achever le tableau et ajouter aux superstitions la pensée de coupables désordres.....¹.»

Ici, l'auteur protestant reproduit un passage du livre de Farel où est racontée une anecdote scandaleuse qui ne paraît ni vraie ni vraisemblable. Il en tire la conséquence que la morale et la doctrine étaient également empoisonnées au moment de la réformation, et qu'il fallait pour l'une et pour l'autre une puissante régénération. Je suis loin de le nier, mais la réforme aurait dû partir d'un concile ou de Rome, centre de l'unité, et non d'une foule de têtes exaltées et sans mission, qui n'étaient d'accord entre elles ni sur le dogme ni sur la morale.

Revenant sur la légende de la Sainte-Croix, j'ajouterai qu'il existe en effet à deux myriamètres de Gap, non près de Tallard, mais au-dessus de la Saulce, une montagne sur laquelle les habitants de ce village se rendent

---

¹ Merle d'Aubigné, *Histoire de la réformation du XVIe siècle*, 3e vol., pag. 144 et suiv.

processionnellement le dimanche qui suit la fête de l'Invention de la Sainte-Croix. Le bois sacré dont parle Farel est planté près des ruines de la chapelle élevée jadis sur ce mont, et dans laquelle il prétend qu'une profanation fut commise presque sous ses yeux à la fin du xv° siècle.

Vers la fin du xviii° siècle l'auteur de cet écrit a fait lui-même le pèlerinage de la Sainte-Croix : c'était au mois de mai de l'année 1793 ou peut-être de 1794, et il peut assurer que rien de semblable à ce que raconte Farel ne se passa sous les yeux des assistants ; mais on disait alors, comme on le répète encore chaque jour, sans y ajouter foi, qu'à l'époque où les Tartares (les Sarrasins) s'emparèrent de la contrée, la croix sainte s'éleva dans les airs, disparut, et ne reprit sa place accoutumée qu'après l'expulsion des mécréants.

La légende de la Sainte-Croix de la Saulce me porte à terminer cette dernière note par quelques contes de même nature entièrement oubliés, et qui nous ont été transmis par les chroniqueurs indigènes.

La fontaine de l'Epine.

Il existait et peut-être il existe encore à l'Epine, village situé entre la ville de Serres et le bourg de Rosans, une fontaine où les peuples se rendaient en procession pour demander de la pluie pendant les longues sécheresses et les ardentes chaleurs de l'été. Alors, une jeune vierge, dépouillée de tous ses vêtements fors de sa chemise, entrait dans le bassin de cette fontaine miraculeuse pendant que ses compagnes continuaient leurs chants religieux ; elle en nettoyait le lit avec respect, et aussitôt le ciel répandait abondamment sur la terre la pluie qui devait la reverdir¹.

La chapelle de Saint-Main près de Gap.

Après avoir parlé du voyage miraculeux de saint Arey à Rome, l'auteur du *Livre des Annales des Capucins* ajoute : « saint Arey s'en retourna de Rome à Gap, d'où l'on croit qu'il emporta les saintes reliques de saint Menns, à l'honneur duquel on a basti une chapelle au sommet d'une colline à trois quarts de lieue de Gap, auquel le peuple a grande dévotion, *particulièrement ceux qui sont galeux qui se dévouent et reçoivent la guérison par ses intercessions, et autres grâces extraordinaires*². » La chapelle de Saint-Main est toujours debout sur le monticule ; mais les galeux du xix⁵ siècle n'ont plus foi qu'aux drogues de l'apothicaire.

Les eaux de Saint-Philippe et les Casses de Faudon.

Je laisse à Juvenis le soin de raconter comment fut punie la curiosité de l'un de nos évêques, qui pour se débarrasser d'une troupe de démons les envoya dans les Casses de Faudon.

« Il y a proche de La Bastie-Neuve une montagne qui est appelée Saint-Philippe, mandement d'Ancelle, au haut de laquelle il y a comme un gouffre rempli de terre et de pierres, duquel sort une source noire et limoneuse. Ce gouffre est appelé les Casses de Foudon. Les gens qui sont en ce quartier font plusieurs récits de ce lieu et

---

¹ Chorier, *Histoire abrégée du Dauphiné*, p. 1.
² *Livre des Annales des Capucins de Gap*, p. 44.

disent qu'un homme de La Bastie-Neuve ayant perdu trois
cavales, alla en Avignon pour consulter un devin sur sa
perte, lequel estant venu audit La Bastie, l'évesque de
Gap nommé Gaucher de Forcalquier eut la curiosité de
le voir; et l'ayant fait appeler dans son chasteau, il
l'obligea de luy faire voir l'armée du Grand-Turc; et ce
magicien ayant usé des cérémonies accoustumées, fit
paroistre aux aisles de la cheminée de la chambre où ils
estoient un grand nombre de figures de gens en armes
en petit, ayant le général et chefs tout en ordre qui com-
mençoient mesme à remuer ladite chambre, lesquels se
rangeant sur ces aisles, donnérent de frayeur à cet
évesque, ce qui luy fit dire à ce devin de les faire dis-
paroître; mais il luy répartit que cela ne se pouvoit, à
moins qu'on leur assignat un lieu pour les renvoyer.
Comme on estoit dans cette inquiétude, il y eut un
homme dudit La Bastie appelé communément Jean de
Tube qui dit de les envoyer aux Casses de Foudon, et
que, devant qu'ils feussent arrivez à son verger, dit le
pré de Tube qui est au chemin droit desdites Casses, ils
auroient pris envie de boire. Cela fut cause que cet évesque et les autres qui y estoient et qui avoient une peur
étrange, leur dirent d'y aller. Ce qu'ayant fait, ils arra-
chérent les arbres dudit verger et pré, en telle sorte
que la racine reste en haut, et la terre fut toute boule-
versée. Ce pré n'a despuis rien produit, et despuis ce
temps-là on entendit remuer dans cet abysme desdites
casses, et les bouleverser tellement que la terre s'abysme, et la source qui en sort devenir noire. Il y eut des
assistants qui en moureurent de peur; l'évesque en eut
une fièvre de deux mois dont il faillit à mourir, et l'on
croit que pour ce, il fit des grands biens à son église.

Neuf ans après, cette ruine continuant au pays, il fallut qu'on y allât en procession l'évesque et clergé, et qu'on arrestat cette ruine par la vertu des exorcismes et prières de l'Église[1]. »

Le nom de l'évêque qui figure dans cette relation paraît avoir été trouvé par Juvenis seul, car il avait d'abord écrit celui de Sclafanatis : il l'a effacé pour lui substituer Gaucher de Forcalquier, prélat pour lequel il n'avait pas une grande vénération.

Malgré la simplicité du récit de notre chroniqueur, il ne faut pas croire qu'il ajoutât la moindre foi aux contes populaires qui, de son temps, étaient répandus dans la contrée et qui aujourd'hui y sont complètement oubliés. Dans son Histoire du Dauphiné, il est revenu sur les Casses de Faudon et s'est exprimé de la manière suivante : « Il y a (dans le Gapençais) un ruisseau que je ne saurais omettre ; il coule entre La Bastie-Neuve et Montgardin dans une petite ravine ; il sort d'une montagne du costé d'Ancelle, appelée Saint-Philippe, et d'un terrain qui porte le nom de Casses de Foudon. Ce terrain est attiré par les eaux souterraines qui y font des abismes, et l'eau du ruisseau qui en sort est si bourbeuse et si noire qu'elle ressemble à l'eau de l'Achéron des fables : aussi l'on fait des contes dans le pays que les démons y travaillent, et qu'un évesque de Gap, trop curieux de nouvelles, pour en apprendre de ces esprits infernaux, leur donna ce lieu en partage, *qui sont des récits ridicules qu'on a inventés pour effrayer les petits enfants*[2]. »

---

[1] Juvenis, *Notes autographes*, pag. 50.

[2] Id. *Histoire du Dauphiné*, p. 24 du manuscrit de Grenoble.

APPENDICE.

NOTICE HISTORIQUE

SUR LES ÉVÊQUES DE GAP,

DEPUIS SAINT DEMETRIUS JUSQU'A NOS JOURS.

I. SAINT DEMETRIUS, *fondateur de l'église de Gap.* (du 1ᵉʳ au ɪvᵉ siècle de l'ère chrétienne).

Par quel disciple de Jésus-Christ l'Evangile fut-il annoncé dans la cité de Gap ?

On peut répondre en deux mots : de la fin du 1ᵉʳ siècle à la fin du ɪɪɪᵉ, un disciple immédiat ou un successeur des apôtres nommé Demetrius, vint prêcher la bonne nouvelle aux habitants du Gapençais et principalement dans la ville qui en était la capitale ; il y souffrit le martyre, et l'église de Gap en célébrait la commémoration le 26 octobre.

Quel était ce Demetrius ? Quelle est l'époque précise de son apostolat ?

Cette double question a donné lieu à bien des controverses. Dans le bréviaire manuscrit de 1595, comme dans celui qui fut imprimé par Bertrand de Champsaur en 1499, il est appelé martyr, disciple des apôtres et le premier de l'église de Gap. En l'office propre de ce saint on trouvait : *Gloriosus Christi martyr apostolorum discipulus, et almæ ecclesiæ Vapincensis præsul*; En un autre endroit : *Felix radix fidei Vapincensis*; et dans l'antienne du magnificat aux secondes vêpres de sa fête, on insinuait qu'il eut la tête tranchée hors de la ville.

Selon la plus commune opinion, saint Demetrius était disciple de l'apôtre saint Jean et grec de nation; il fut envoyé dans les Alpes par saint Pierre ou par son successeur vers l'an 86; il eut la tête tranchée hors des murailles de la ville, et pour preuve de sa mission, Dieu permit qu'après son martyre, il portât sa tête dans ses mains jusque dans l'enceinte de la cité, ainsi que le marque sa légende.

Du reste si le fondateur de l'église de Gap eut pour successeurs quatre évêques qui, comme lui, reçurent la palme du martyre, il n'est pas vraisemblable qu'il fût disciple de saint Marcellin, 1er évêque d'Embrun, ainsi qu'on l'a avancé, puisque la persécution avait cessé à l'époque où le patron des Alpes-Maritimes vint dans cette province pour y ranimer la foi.

II. SAINT TIGRIS.
III. SAINT REMEDIUS.
IV. SAINT EREDIUS.
V. SAINT TERRITUS.

} Martyrs (du IIme au ve siècle).

Ces quatre successeurs de saint Demetrius vécurent au temps des persécutions et, à son exemple, souffrirent le martyre; mais les actes de leur apostolat sont très-peu connus. Ils sont également mentionnés dans les bréviaires de 1593 et de 1499. Du Saussay s'est exprimé sur l'un de ces martyrs de la manière suivante : « Dans l'église paroissiale de Bort, aux frontières du Limousin et de l'Auvergne, on conserve des cassolettes d'argent où sont renfermées les cendres de saint Remedius, évêque de Gap, et de saint Germain, patriarche de Constantinople, auxquelles les habitants ont une grande dévotion. »

VI. SAINT CONSTANTIN, *Constantinus.*
VII. SAINT CONSTANCE, *Constantius.* } (422-519).

Plusieurs auteurs ayant prétendu que ces deux noms désignaient un seul et même évêque, j'ai été forcé de les réunir. D'après le martyrologe romain, saint Constantin assista en l'an 441, sous Léon 1er, au concile d'Orange, et mourut le 12 du mois d'avril, sans indication de l'année. Saint Constance, son successeur, fut l'un des pères du concile d'Epaone tenu en 517.

Or, il paraît certain que le Constantin de 441 n'est pas le même que le Constance de 517; car, indépendamment de la diversité des noms, on ne peut guère admettre que le premier ait siégé pendant plus de 76 ans. Au surplus, les anciens bréviaires ont toujours distingué ces deux prélats.

VIII. VELLETIUS. (549-555).

Velletius ou Valesius, successeur de saint Constance, assista au ve concile d'Orléans en l'année 549 et au iie de Paris de l'an 555. D'après le Livre des Annales des Capucins de Gap, cet évêque aurait également assisté au ve concile d'Arles tenu en 554.

IX. SAGITTAIRE. *Sagittarius*. (560-579).

Les actes de cet évêque sont rapportés dans le texte page 10, et surtout dans la note C, page 171.

X. SAINT AREY. *Arigius*. (579-608).

Nous renvoyons encore au texte page 11, et à la note D, page 179, où la vie de cet ancien patron de Gap est suffisamment développée.

XI. VALATONIUS. (608-648).

Il était archidiacre de l'église de Gap et se trouvait près du lit de saint Arey au moment où ce prélat eut une vision céleste qui lui annonçait sa prochaine délivrance. Désigné par Grégoire-le-Grand pour succéder à saint Arey, plusieurs personnes répugnaient à reconnaître son élection, bien qu'elle procédât d'une ordonnance du souverain pontife, rendue à une époque où il l'avait honoré de la dalmatique, et qu'elle eût obtenu l'assentiment du clergé et des citoyens de Gap ; saint Arey, à son lit de mort, parvint à dissiper toutes les préventions, et laissa à son peuple un successeur qui continua la sainteté et la sagesse de son administration. L'on ignore la durée de l'épiscopat de Valatonius et l'époque de sa mort.

XII. POTENTISSIMUS. (650).

Nous ignorerions l'existence de ce pontife qui probablement succéda à Valatonius, s'il n'avait assisté en l'année 650 au concile de Châlon-sur-Saône, où furent réglés plusieurs points de discipline ecclésiastique.

XIII. CAMPHARONIUS ou SEMPHORIANUS. (759).

Cet évêque est mentionné par Juvenis à qui le P. Pagi l'avait fait connaître comme successeur de Potentissimus. Mais ne serait-ce pas le Semphorianus du patrice Abbon? Ce dignitaire, par son testament de l'an 739, donna à l'église Notre-Dame de Gap, des propriétés foncières situées en divers lieux, ainsi que les colons et les serfs qui y étaient attachés, plus les biens qu'il possédait aux environs de cette ville; le tout pour le salut de son âme, et pour se conformer aux volontés de Semphorianus, son oncle.

Ensuite éclipse totale pendant près d'un siècle, à cause des invasions des Sarrasins.

XIV. DONADEUS. (788).

Ce prélat nous apparaît sous le règne glorieux de Karl-le-Grand. En l'année 788, il assista au concile de Narbonne.

XV. BIRICO ou BIRAGO. (876-879).

Nous étions retombés dans une obscurité profonde dont nous ne sortons qu'en l'année 876, où Birico, le quinzième de nos évêques connus, assista au concile de Pontigni, et trois ans après, à la fameuse réunion de Mantaille entre Vienne et Valence, dans laquelle fut fondé un nouveau royaume de Bourgogne. Bozon, époux d'Hermengarde, fille de l'empereur Louis II, en fut élu souverain par les dix-sept évêques qui se trouvèrent à Mantaille et par les seigneurs de ce nouveau royaume, lequel s'étendit sur la Provence, le Dauphiné et la partie de l'ancienne Burgondie située au-delà du Rhône et de la Saone.

Et puis, nouveau silence jusque vers le milieu du siècle suivant, toujours à cause de la domination des Sarrasins.

XVI. HUGUES. (Époque inconnue).

Cet évêque a dû succéder à Birico. Son nom seul est venu jusqu'à nous.

XVII. CASTUS. (988-1005).

Le fameux critique Antoine Pagi a découvert ce prélat dans un acte de l'an 1005, portant donation d'une vigne que possédait *le seigneur Castus, évêque de Gap*, en faveur de l'église de la sainte Vierge et de saint Castor d'Apt. D'un autre côté, Juvenis avait appris du prélat Grossi qu'un Castus siégeait déjà dans notre ville en 988. Il est probable que ce pasteur, éloigné forcément de son troupeau par les Sarrasins, s'était retiré à Apt qui, peut-être, était sa ville natale.

XVIII. FERANDUS Ier (1010-1024).

Ferandus ou Gerandus Ier fut présent à une donation faite en 1024 au monastère de Saint-Victor de Marseille, par Bertrand, comte de Provence. En cette même année, le souverain pontife Benoit VIII écrivit à Ferandus, ainsi qu'à plusieurs autres évêques pour les inviter à faire rendre à l'abbaye de Cluny les biens dont quelques seigneurs s'étaient emparés. C'est alors sans doute que notre évêque rendit dépendante de l'abbaye de Cluny, l'église de Saint-André-lès-Gap qu'il avait consacrée et dotée en l'an 1010.

XIX. STORGIUS ou ASTORGA. (1027-1032).

Cet évêque succéda à Ferandus en l'année 1027, et fut témoin de la donation que Guillaume, comte de Forcalquier, fit de la terre de Saint-Denis près de Chorges, au prieuré de Saint-Michel de la Cluse qui, dans la suite, tomba au pouvoir de l'abbaye de Boscaudon. Pendant l'épiscopat de Stergius s'opéra un grand changement dans les destins du royaume de Bourgogne. Rodolphe-le-fainéant en avait disposé en faveur de Conrad-le-Salique ; mais cet empereur et ses successeurs n'y exercèrent qu'une souveraineté nominale : force leur fut de laisser en fief, à charge d'hommage, aux prélats, aux comtes et aux barons, les villes, les terres et les droits dont ils s'étaient emparés. Rodolphe mourut en 1032.

XX. FERANDUS II. (1040).

Ferandus ou Feraud II, successeur d'Astorga, assista en l'année 1040 à la consécration de l'église de saint Victor de Marseille, souillée et renversée par les Normands, et qui venait de se relever de ses ruines. Cette cérémonie fut faite par le pape Benoît IX, en présence de 22 évêques.

XXI. RIPERT. (1050-1064).

Profitant des abus qui s'étaient introduits dans l'élection des évêques, Ripert obtint le siège de Gap par simonie ; il faisait bonne chère, se donnait du bon temps et n'avait aucun soin de son troupeau. Les habitants de Gap, réunis en assemblée générale nommèrent des députés pour se rendre à Rome avec ceux du clergé, et y exposer la conduite de leur évêque et le vice de son élection. Alexandre II, qui alors occupait la chaire de saint Pierre, les écouta favorablement et leur donna pour succéder à Ripert, Arnoux, moine du couvent de la Sainte-Trinité de Vendôme.

XXII. SAINT ARNOUX. *Arnulphus.* (1065-1078).

La vie miraculeuse de ce saint patron de la ville et du diocèse de Gap a été rapportée dans le texte p. 18, et dans la note F, page 192.

XXIII. LÉGER Ier. *Leodegarius.* (1078-1084).

Le plus grand éloge que l'on puisse faire des mérites du successeur de saint Arnoux, c'est de dire que Grégoire VII l'honora de son estime. En l'année 1079, ce pontife chargea Leodegarius de procéder avec Hugues, évêque de Die, à l'installation de l'archevêque d'Arles. Dans la suite, notre prélat confirma des acquisitions faites par le prieuré de Saint-André, ainsi que les donations de Pierre Eycard en faveur de ce monastère; il donna lui même au prieuré de Saint-André les églises d'Orcières, de Saint-Léger, de Saint-Etienne, d'Agnières et de Saint-Disdier en Dévoluy. Isoard, comte de Gap, présent à ces donations et Bertrand son frère firent aussi des donations au même prieuré. En 1081, Leodegarius et son chapitre cédèrent aux moines d'Oulx le prieuré de Beaumont et les terres qu'il possédait depuis le rif de Gruel jusqu'à Pont-Haut, sous le cens de trois livres de poivre et de deux livres d'encens. On pense que notre évêque termina sa carrière en 1084 et le 5 du mois d'août, jour auquel on célébrait l'anniversaire de sa mort au couvent de Saint-André-lès-Avignon.

XXIV. RODOLPHE ou RADULPHE. (1085).

Cet évêque dut prendre possession du siège de Gap en l'année 1085. Il donna au prieuré de Domène près de Grenoble un mas dans le Vaunavais, (*Vallis Navensis*).

XXV. OTHON Ier (époque inconnue).

On ne connaît aucun acte de ce prélat. Il vécut peu de temps après avoir été sacré évêque de Gap.

XXVI. ISOARD. (Epoque inconnue).

La remarque précédente s'applique à Isoard.

Auquel de ces trois derniers prélats le pape Urbain II adressa-t-il le bref portant excommunication du dernier comte du Gapençais ? — A Rodolphe, dit l'auteur anonyme de l'*abrégé historique des évêques de Gap*. — A aucun des trois, mais à Leodegarius, répond Juvenis. — Non ; c'est à Guillaume Ier leur successeur médiat, dit Chorier. — Trois fois non, dis-je à mon tour ; l'excommunication dut être lancée alors que l'évêque Armand occupait le siège de ce diocèse : je tâcherai de l'établir dans l'article suivant.

XXVII. ARMAND. (1092-1106).

D'après nos vieux bréviaires, Armand était moine l'on ne sait de quel ordre, et menait une vie édifiante. Il fut sacré en l'année 1092, et il finit ses jours en 1106. Les restes de saint Arnoux avaient été déposés dans les caveaux de l'église de Saint-Jean-le-Rond. Or, le jour des ides de juin et la trentième année après la mort du saint pontife, Armand descendit dans les caveaux, s'approcha dévotement du tombeau d'Arnoux, et après avoir adressé sa prière au Seigneur, il fit enlever la pierre tumulaire ; il trouva le corps du saint parfaitement conservé et sa robe intacte. Un bras fut séparé de ce corps en présence des assistants, et alors plusieurs miracles furent opérés et plusieurs guérisons obtenues.

Le concile de Clermont, à la suite duquel le pape Urbain II excommunia Hugues, comte du Gapençais, fut tenu en 1095. C'est donc à l'évêque Armand que dut être adressée la sentence d'excommunication, puisque ce prélat avait été sacré en 1092, et que Léger II, son successeur immédiat ne prit possession du siège qu'en l'année 1106 ou 1107.

XXVIII. LÉGER II, *Leodegarius*. (1106-1123).

Pendant l'épiscopat de Leodegarius II, la chartreuse de Durbon fut fondée dans le désert de ce nom. En l'année 1116, huit ans après la mort de saint Bruno, ce prélat « eut la consolation de favoriser l'établissement dans son « diocèse, de ces anges du désert que le monde ne « mérite pas de posséder, et qui se cachent dans les « cavernes des montagnes et dans l'épaisseur des forêts « pour se dérober de la vue et de la conversation des « hommes. » (*Abrégé historique*, p. 24). Leodegarius fit abandon à Lazare, premier prieur du monastère, des droits de dîme qu'il percevait dans le territoire de Durbon, et sur les terres qu'il pourrait acquérir dans la suite.— Voir au surplus la note I, page 213.

Cet évêque vivait encore en 1121, car il est dit dans un acte du 1er octobre de cette année, qu'il assista avec l'évêque de Die, à la consécration de l'église de Durbon. On pense qu'il mourut en 1123.

XXIX. PIERRE Ier DE GRAFINEL. (1123-1129).

A peine installé dans la chaire épiscopale, Pierre de Grafinel eut à donner des soins à Augier, évêque de Riez, qui, parvenu à une extrême vieillesse, s'en allait à Rome visiter le tombeau des SS. apôtres ; mais la mort le surprit à Gap le 2 des ides de mars 1125. Dans le courant de la même année, notre prélat consentit à l'établissement des pères de Saint-Antoine dans le sein de la ville, et les affranchit de la dîme. En 1126, il homologua l'acte par lequel Bertrand de Roux disposait de tous ses biens en faveur de Dom Lazare, prieur de Durbon et du monastère. Pierre Ier cessa de vivre vers l'année 1129.

XXX. GUILLAUME Ier, (1130-1149).

Cet évêque prit possession de l'évêché de Gap en 1130 ; il eut à combattre sa vie durant l'hérésie des Pétrobrusiens, laquelle, dit-on, prit naissance dans la Val-Louise où sans-doute s'étaient refugiés, comme à Freissinières, quelques uns des Lombards et des Sarrasins vaincus dans nos contrées. Henri, successeur de Pierre de Bruis, prêcha particulièrement dans les diocèses de Gap, de Die et d'Embrun ; mais il en fut chassé par les soins des prélats de ces diocèses, ainsi que nous l'apprend une lettre de Pierre-le-Vénérable, abbé de Cluny. « Vous « avez banni les chefs de cette secte, par les secours des « princes catholiques, écrit le saint abbé ; mais il en « reste encore des membres.... Toutefois la charité chré- « tienne ordonne qu'on cherche plutôt à les convertir qu'à « les exterminer. »

Guillaume Ier confirma pendant son épiscopat un grand nombre de donations faites aux chartreux de Durbon, et termina sa carrière militante en l'année 1149. Il est fait mention de ce prélat dans l'obituaire de Saint-André-lès-Avignon, au 2 de novembre de la même année.

XXXI. RAYMOND Ier (1150-1156).

Raymond Ier fut élu évêque de Gap en 1150. Nous rencontrons ce prélat dans les chartes de Durbon, d'abord en cette même année, et ensuite en 1156 qui fut celle de son décès. Le *Livre des Annales des Capucins* porte que Raymond fut témoin en 1151 du don des régales fait par l'empereur à l'archevêque d'Embrun, et qu'il approuva ce don. L'erreur est manifeste, car la bulle de concession des régales impériales en faveur de l'église métropolitaine d'Embrun, rapportée presque en entier par le P. Fournier, est de l'année 1147, c'est-à-dire qu'elle précéda de trois ans l'élection de notre évêque. Du reste, qu'aurait-il eu à approuver ou à improuver en cette affaire ?

XXXII. GRÉGOIRE Ier. (1157-1160).

Le successeur de Raymond au siège de Gap acquit en droit sur cette ville, par des titres incontestables et bien des fois contestés, une souveraineté temporelle dont ses prédécesseurs, je pense, s'étaient déjà quelque peu emparés de fait. A cet égard, le lecteur voudra bien se reporter à la page 20 ; il y verra comment notre évêque Grégoire devint prince du Saint-Empire et fut investi des droits régaliens dans l'étendue de son diocèse.

Aussi attentif à s'attirer les biens du ciel qu'à conquérir ceux de la terre, Grégoire Ier résolut, en 1167, d'aller en pèlerinage visiter le tombeau de saint Jacques de Compostelle, ce qu'il exécuta fort dévotement. L'année suivante, Bertrand, comte de Forcalquier, ayant disposé d'une partie de ses biens en faveur des hospitaliers de Saint-Gilles, supplia notre évêque de défendre cette libéralité contre les prétentions de son héritier naturel ; et lorsque celui-ci, par le trépas de Bertrand, eut recueilli l'héritage de son frère, Grégoire assista à l'assemblée des parents du nouveau comte de Forcalquier, encore mineur. Vers la fin de l'année 1180, Grégoire I*r* *quitta la terre*, comme le dit un de nos chroniqueurs, *pour aller prendre possession d'une vie plus heureuse.*

XXXIII. GUILLAUME II. (1184-1201).

Il a été parlé, page 24, des nouvelles prérogatives accordées à cet évêque en 1184 et 1186. Il devint ensuite abbé du monastère de Saint-Denis, où l'on croit qu'il mourut vers l'année 1204, après avoir traduit la vie de Secundus et celle du patron du monastère. Avant de quitter son diocèse, il avait terminé un différend qui s'était élevé entre les Templiers de Lus et les Chartreux de Durbon, au sujet de pâturages dont les moines guerriers et les moines pasteurs se disputaient la propriété.

XXXIV. GRÉGOIRE II. (1202-1205).

L'existence de cet évêque a été niée par quelques-uns de nos annalistes, et soutenue par d'autres. Ces derniers ne sont pas même d'accord pour lui assigner sa place dans l'ordre de succession de nos prélats. Quoi qu'il en soit, aucun des actes de l'administration de Grégoire II n'est venu jusqu'à nous.

XXXV. GUILLAUME III DE GIBELIN. (1205-1212).

Artus de Lionne (*Rolle des évesques de Gap*) avait appris de dom Barthélemy, moine de Durbon, qu'il existait aux archives de cette chartreuse des titres où l'on trouvait qu'en l'année 1205, Guillaume de Gibelin,

prieur du monastère, avait été nommé évêque de Gap. En 1208, notre prélat et Pierre, évêque de Digne, terminèrent, par une sentence arbitrale, un différend qui s'était élevé entre l'archevêque d'Embrun et son chapitre au sujet des mines d'argent de l'Argentière. Guillaume de Gibelin assista au concile tenu à Avignon l'année suivante, et consentit à l'établissement des pères de la Trinité à la Motte-du-Caire, paroisse de son diocèse située de l'autre côté de la Durance. Enfin, sur l'ordre du pape Innocent III, il rendit hommage en 1212 au roi de Sicile, en sa qualité de comte de Provence et de Forcalquier, malgré le diplôme impérial de 1178 qui soumettait les évêques de Gap à ne reconnaître pour suzerains que les empereurs d'occident. « Je pense, dit Juvenis, que ce
« fut vers ce temps (1206) que saint François passa en
« cette ville, et qu'il y laissa quelques-uns de ses disci-
« ples pour s'y établir, et ce fut sous Guillaume III,
« évesque de cette mesme ville. »

XXXVI. GRÉGOIRE III. (1212-1214).

Cet évêque, troisième du nom de Grégoire d'après l'auteur de l'*Abrégé historique*, n'est que le second d'après le *Livre des Annales des Capucins*. Pendant son épiscopat l'on jeta les fondations du couvent des frères mineurs.

XXXVII. HUGUES II. (1214-1218).

Hugues II prit possession de l'évêché de Gap en 1214, et autorisa la donation faite dans le courant de cette année aux religieuses de Berthaud, par Reybald de Auresia et les trois frères Rostan d'Agoult, Guirand de Simiane et Reybaud d'Agoult, de toutes les seigneuries et de tous les droits qui avaient appartenu à Guillaume Hugon dans le lieu et mandement de Ventavon.

XXXVIII. GUILLAUME IV, D'ESCLAPON. (1219-1235).

Ce prélat appartenait à la noble et ancienne maison de Sclapon ou Esclapon en Provence; il était abbé de Saint-Honoré de Lerins lorsqu'il fut tiré de son monastère *pour être mis sur le chandelier de l'église de Gap.* — Le 15 des kalendes de novembre 1232, le dauphin André lui rendit hommage pour tout ce qu'il possédait ou pourrait posséder à l'avenir dans le diocèse. Cet hommage fut reçu dans un pré situé hors des murailles de la ville en face de la maison du dauphin, en présence de plusieurs hauts et puissants seigneurs du Dauphiné, et de divers citoyens de Gap ou des environs, parmi lesquels je me borne à signaler Guillaume Augier, G. Flotte, Bertrand et Raymond de Mévouillon, Lantelme de Rostaing, R. Beaujeu, Lantelme de Vau-Serres, Raymond, prévôt de Gap, Jacques de Vitrolles, et les frères Guillaume et Arnaud de Montorcier. — Ce même dauphin se trouvait à Romette le 26 juin 1235, dans le verger appartenant aux bénédictins établis dans cette petite ville; il y faisait dresser l'acte portant donation par le chartreux Guillaume Augier, seigneur de Montbrand, en faveur de Roger, son frère, prieur d'Aspres, de la terre de Montbrand et de la moitié de celle de la Baume-des-Arnauds. Ensuite le dauphin approuvait cette donation, en présence de notre évêque. — Guillaume d'Esclapon sanctionna en outre diverses libéralités faites aux chartreux de Durbon, et vit s'établir définitivement à Gap les frères mineurs, en l'année 1252.

XXXIX. ROBERT. (1236-1251).

Robert, moine de l'ordre de Saint-Dominique, fut

sacré évêque de Gap en 1236. Revenant au pouvoir légitime, il passa les monts en 1238, se rendit à Turin où se trouvait Fréderic II, plus excommunié que ne l'avait jamais été son aïeul Barberousse, et rendit hommage à cet empereur pour les villes et les châteaux épiscopaux du diocèse. S. M. impériale voulut bien alors confirmer les priviléges de l'église de Gap. A son retour, notre évêque s'arrêta à Embrun dont les habitants s'étaient révoltés contre leur souverain spirituel et temporel : il eut le bonheur de les mettre d'accord et d'appaiser tous les différends.—Son esprit conciliant le fit nommer arbitre par le pape, pour terminer le débat qui s'était élevé entre l'archevêque d'Embrun et le dauphin, au sujet du serment dû à ce prélat et que le dauphin avait prêté au comte de Provence. Il y parvint avec l'assistance du pape, car Guigues XI rendit hommage à l'archevêque dans la maison du prieuré de Romette, le 17 des kalendes de décembre 1245, en présence de Robert qui en dressa l'acte.—Deux ans après, ce même dauphin ratifiait une transaction intervenue en 1210 entre son père, le duc de Bourgogne et l'archevêque Raymond. L'acte en fut également dressé par notre évêque le 7 juin 1247, dans un verger qui joignait la maison des pères de Saint-Antoine à Gap.—Le 12 octobre 1251, Robert fut témoin, avec les évêques de Digne et de Vence, de l'enregistrement de la bulle par laquelle Conrad II, roi des Romains, avait accordé en 1147 aux archevêques d'Embrun, les régales impériales, la justice, la monnaie et les péages.— En cette même année 1251, il y eut dans le diocèse de Gap un changement d'évêque, car Robert alla reposer en Dieu.

Pendant son épiscopat, les frères prêcheurs s'établirent

à la Baume-lès-Sisteron, paroisse du diocèse de Gap située sur la rive gauche de la Durance, et comprise par conséquent dans la partie du comté de Forcalquier qui avait été réunie au comté de Provence. C'était en l'année 1248, sous le règne de la comtesse Béatrix. Notre évêque posa lui-même la première pierre de leur église dans les caveaux de laquelle il fut ensuite inhumé.—En 1242 et 1247, Robert fut au surplus témoin et approbateur de divers contrats en faveur de la chartreuse de Durbon.

XL. OTHON II. (1254-1282).

Nom funeste dans nos annales. C'est à lui que se rattache l'origine de ces dissentions qui ne cessèrent de diviser nos prélats et nos municipaux durant tant de siècles. Je renvoie le lecteur à la page 25 du texte, et surtout à la note G, page 194, où les troubles survenus pendant l'épiscopat d'Othon sont longuement développés.

J'ajouterai seulement qu'en l'année 1256, cet évêque autorisa une donation faite à la chartreuse de Durbon par la dame Aulasia, femme de noble Geraud Arnoux, seigneur de Sigoyer.—Le 4 juillet 1262, Othon II acquit du dauphin, au prix de trente mille sols viennois, la juridiction que Rolland de Manteyer avait dans la ville de Gap, et que ce seigneur avait aliénée en faveur du dauphin. L'acte en fut passé près de Corp, en présence de très-nobles Raymond de Montauban, Guillaume de Rovéria, commandeur de Saint-André-lès-Gap, Lantelme de Saint-Marcel, chanoine de l'église cathédrale, et de plusieurs autres gentilshommes et ecclésiastiques.—Le 50 octobre 1265, Othon publia une ordonnance par laquelle il interdisait l'entrée des vins étrangers dans sa ville épiscopale.—S'il faut s'en rapporter au *Livre des Annales des Capucins*, notre évêque aurait eu des démêlés non seulement avec le corps municipal, mais encore avec le chapitre de sa cathédrale. En l'année 1274, il aurait fulminé sentence d'excommunication contre le doyen, le prévôt, le sacristain et quelques chanoines.—En 1277, Rambaud de Manteyer lui céda ce qu'il possédait dans ce village, consistant en juridiction, hommes, terres, prés et autres droits.—Deux ans après, des différends s'élevèrent entre notre irascible prélat et le prieur du couvent de Berthaud. Il s'agissait des fruits, taisses et services que ce monastère prélevait dans le territoire de Lazer, paroisse dont l'évêque de Gap était seigneur. Les chartreusines de Berthaud y possédaient en outre diverses propriétés foncières relevant du domaine épiscopal et qui payaient à l'évêque une redevance avec une partie du blé qu'elles y recueillaient. Or, comme dans ce monde tout progresse par un perpétuel changement, le prieur de Berthaud désira changer le blé en vin. A cet effet, il planta des vignes dans les champs du monastère, et crut pouvoir se soustraire au paiement de la 8º partie du vin perçu, quotité égale à celle qui, avant la transformation, était donnée en grains; mais l'évêque rendit une ordonnance en 1279 qui prescrivait de déplanter les vignes, avec défenses d'opérer de semblables changements à l'avenir.—Enfin, l'âme *d'Othon alla chercher le repos en l'autre vie* vers la fin de 1282, année fatale où la ville de Gap tomba au pouvoir de Charles-le-Boiteux, après trente ans de troubles et de désordres.

XLI. RAYMOND DE NÉVOUILLON. (1282-1289).

Frère Raymond de Mévouillon (*de Medullione*), prieur des dominicains de la Baume-lès-Sisteron, et successeur d'Othon au siège de Gap, appartenait à la maison souveraine des Baronnies, laquelle possédait en outre beaucoup de terres dans le Gapençais, entre autres celles de Pomet et de Barret. Après un règne de sept ans, les mérites de notre prélat le portèrent sur le trône archiépiscopal d'Embrun dont il prit possession en l'année 1289. En revenant de Montpellier, où il avait assisté au chapitre général de son ordre tenu en 1294, il fut attaqué de maladie au Buis, et mourut dans cette ville le 28 juin. Ainsi qu'il l'avait ordonné, son corps fut porté à la Baume et enseveli dans l'église des frères prêcheurs.— Pour les actes de son épiscopat dans le diocèse de Gap, et ses rapports avec la ville et Charles II, comte de Provence, je renvoie le lecteur à la page 28.

XLII. GÉOFFROY DE LIONCEL. (1289-1304).

Géoffroy de Lioncel, de Lincel ou de Lausel (*Gaufridus I*er) qui succéda à Raymond de Mévouillon, était prévôt de l'église d'Apt où il institua la fête de saint Arnoux, lorsqu'en l'année 1289, il fut nommé évêque de Gap. Divers actes de son épiscopat ont été rapportés aux pages 29 et suivantes. J'ajouterai qu'en cette même année, Raynaud de Montauban lui prêta foi et hommage pour son château de Montmaur.—En 1290, il reçut également l'hommage de noble Pierre Reynier, doyen de l'église de Gap, pour la terre de Manteyer.—Il présida en 1293 une assemblée dans laquelle furent dressés les statuts du chapitre.—Le 28 décembre 1295, sur une requête présentée par les habitants de la Bâtie-Neuve, plus prévoyants que leurs arrière-neveux, il défendit d'introduire aucun bétail dans les pâturages de cette communauté.— En l'année 1297, il se trouva à Chorges et à Embrun avec Pierre Gautier, prévôt de l'église de Gap, au moment où le dauphin Jean II refusa l'hommage et le serment de fidélité à l'archevêque Guillaume de Mandagot, malgré les ordres de Charles II, roi de Sicile et comte de Provence, et les protestations énergiques des vicaires de cet archevêque, ainsi que l'attestent les actes de protestation dans lesquels Géoffroy et le prévôt figurent comme témoins.— Le 9 août 1303, il maintint les habitants de Mison dans la possession de moudre leur blé et de parer leurs draps aux usines qu'il possédait dans cette paroisse.— En 1304, Géoffroy 1er cessa de vivre, ou du moins il quitta le siége de notre ville.

Pendant son épiscopat, parut le fameux roman du *Petit Jehan de Saintré*, attribué à Claude du Ponet, l'un de ses chanoines, par quelques bibliophiles; malheureusement Barbier, le premier d'entre eux, donne cet ouvrage à Antoine de la Salle.

XLIII. GANTELME, *Gantelmus*. (1304).

L'existence de cet évêque a été contestée ; mais le P. Pagi ayant trouvé dans les actes de l'abbaye de Lerins qu'un *Gantelmus* était évêque de Gap en 1304, Juvenis a fini par l'admettre, en ajoutant qu'il devait appartenir à l'illustre famille de ce nom, laquelle descendait des rois d'Ecosse, et avait donné de célèbres prélats à l'Église, des conseillers aux rois de Sicile, des sénéchaux aux Vénitiens, des chambellans, des comtes et de vaillants

capitaines au royaume de Naples, et des dames aussi
nobles que spirituelles aux cours d'amour des comtés de
Provence et de Forcalquier.—Le seul acte de son épiscopat est écrit à la page 55 du texte.

XLIV. GÉOFFROY II. (1303-1314).

J'ajoute à ce qui a été dit de cet évêque aux pages 54
et 55, qu'en l'année 1306, il obtint du roi Charles des
lettres de commission adressées au juge d'Aix, afin de
mettre un terme aux différends qui s'étaient élevés entre
lui et Guillaume Augier, seigneur de la vallée d'Oze,
Pierre Reynier, son frère, et Osasicho Flotte seigneur de
la Roche-des-Arnauds, au sujet de la juridiction de la
terre de Monteyer qu'ils occupaient à son préjudice.—
Le 15 mai 1307, il se fit céder par le prieur de Romette,
Hugues de Ingoniis, les dîmes que le couvent percevait à
Venterol, Saint-Charbonnières et Piégu. En échange,
Géoffroy confirma le droit de patronage qu'avait le prieur
sur diverses églises ou chapelles du diocèse.—En 1308,
serment de fidélité lui fut prêté par quinze habitants de
Tallard-le-Vieux, qui avaient été sujets et vassaux du
commandeur des Templiers.—Le 16 septembre de la
même année les seigneurs de Monteyer furent tenus de
le reconnaître pour leur suzerain.—Mais l'année suivante,
il fit lui même hommage à Robert, roi de Sicile, comte
de Provence et de Forcalquier.—En 1311, il obtint des
lettres de commission qui enjoignaient à Guillaume de
Valserres, co-seigneur d'Avançon, et à ses sujets, de
ne plus le troubler à l'avenir en la possession de la ville
et du territoire de la Bâtie-Neuve. Ce petit seigneur de
Valserres avait osé lever des gens avec lesquels il s'était
emparé du bétail appartenant aux vassaux du prélat,

et avaient commis d'autres actes d'hostilité que ce dernier ne pouvait laisser impunis.—En l'année 1514, la dernière du règne de Géoffroy II, son procureur investit la communauté de Reynier des biens à elle vendus par dame Matilde, femme de noble Guillaume du Caïro.— Enfin, le 24 décembre de la même année, noble Jean Bonfils (*Joannes Bonifili*), devenu, je ne sais comment, seigneur de Montalquier, fit hommage à notre évêque de tous les biens, fiefs et juridictions qu'il tenait dans la ville et le territoire de Gap, dans lequel se trouve enclose ladite seigneurie.

XLV. OLIVIER DE LAYE. (1315-1316).

La maison de Laye était aussi noble qu'ancienne. L'historien Nostradamus a parlé de Jean de Laye, l'un des barons qui suivirent en 1525 Charles, duc de Calabre, à la conquête de la Sicile. Juvenis assure que de son temps, cette maison dégénérée avait dans Gap un représentant qui se trouvait réduit à exercer la profession de charpentier. J'ajouterai que de nos jours on voit encore dans cette ville des rejetons du baron du xive siècle et du noble charpentier du xviie.—Olivier, qui prit possession du siège en 1315, était doyen de l'église de Gap et propriétaire du château de Laye. J'ai dit, page 55, qu'un sieur des Diguières, au rapport de Videl, le fit sauter par la fenêtre de son château.—Le 14 octobre 1315, des statuts faits en sa présence prescrivirent qu'il serait tenu régulièrement deux chapitres généraux chaque année, et le 28 février suivant, c'est-à-dire de la même année puisqu'alors elle ne finissait qu'au 24 mars, Pierre de Reynier, seigneur du château de Manteyer, lui rendit hommage au nom de dame Sybille Bonfils, son épouse.

XLVI. BERTRAND DE LORINCELLO. (1516-1518).

Bertrand de Lorincello, de Lioncello ou de Liencel, neveu de Géoffroi II et prévôt du Gap, fut élu évêque de ce diocèse en l'année 1516. J'ai parlé dans le texte, page 141, des statuts de 1517 par lesquels ce prélat octroya aux habitants de sa ville épiscopale la permission de rompre, détruire et bouleverser le chemin de traverse que l'on restaure dans ce moment vers l'Echine de l'Ane. Par ce privilège, sur la perte duquel soupirent encore quelques illustres rejetons des Gapençais du xiv° siècle, fut rabaissé l'orgueil des populations environnantes. En allant aux foires et aux marchés de la contrée, n'avaient-elles pas la malice d'éviter la ville de Gap et de suivre la voie romaine qui longe la Durance et la petite rivière de l'Avance depuis Tallard jusqu'à Montgardial...—Bertrand de Lorincello promit au surplus d'obliger toute personne qui ferait des acquisitions dans notre ville et son territoire, de contribuer à tous les impôts, alors même que l'acquéreur n'y aurait pas élu domicile.—Ensuite, il fonda dans l'église cathédrale une chapelle dédiée à Notre-Dame, et la dota de ses revenus. Là se termine l'histoire de notre généreux prélat.

XLVII. GUILLAUME V DE STEPHANI. (1518-1528).

Guillaume Stephani ou d'Estienne, issu d'une ancienne maison de Provence, était doyen du chapitre au moment où il parvint à l'épiscopat.—Le 18 octobre 1518, il acquit de Bertrand, co-seigneur de Reynier, la 24° partie de cette seigneurie dont nos prélats avaient le majeur domaine.—Se trouvant à la Baume-lès-Sisteron le 22 juillet de l'année suivante, il donna des lettres au sujet d'une sentence rendue par Bertrand de Donclo, prévôt d'Embrun, relativement aux dîmes d'Aspremont, et pour l'exécution de laquelle le pape l'avait commis.—Le 16 juin 1320, des causes notoires qui ne leur avaient pas permis de s'assembler à Gap[1], obligèrent l'évêque et son chapitre de se rendre à Carpentras où ils dressèrent de nouveaux statuts et renouvelèrent les anciens.—En la même année, Mathilde, femme de noble Guillaume du Caire, vendit à Guillaume d'Eatienne la part lui appartenant dans la seigneurie de Reynier, sur la juridiction, les hommes, les cens, les taisses et les autres droits. Les reconnaissances vinrent sur sa tête pleuvoir pendant le cours de l'année suivante. Les hommes de Châteauvieux, de Lettret et de La Bâtie lui en firent tant qu'il en voulut ; car, selon la remarque de Nostradamus, la constellation était tellement fatale aux devoirs et hommages rendus par les seigneurs et les gentilshommes, les vassaux et les hommes-liges, que le dauphin Guigues, fils de Jean, rendit lui-même hommage au roi Robert pour le comte de Gap, le 6 juillet 1321.—Lors du chapitre général tenu à la Saint-Arnoux de l'année 1328, Guillaume de Stephani était mort, ainsi que l'exprime le procès-verbal de cette assemblée.

XLVIII. DRAGONET DE MONTAUBAN. (1328-1346).

Cet évêque appartenait à l'illustre famille de Montauban (*Monte-Albano*) de laquelle sortirent plusieurs grands

---

[1] *Cum ex certis causis quæ ipsis omnibus notæ erant non posset Vapinci dictum capitulum congregari.*

hommes, sans compter ce Raynaud de Montauban dont les exploits contre les chartreux de Durbon ont été signalés dans la note I, page 216. Cette maison produisit même des chevaliers errants qui couraient le monde, cherchant les aventures, redressant les torts, protégeant les faibles, châtiant les forts, secourant les veuves et les jouvencelles, et détroussant quelquefois les passants lorsque la bourse était trop dégarnie[1]. Les dauphins donnèrent à l'aîné de cette maison, qui n'est autre que la maison de Flotte, le quatrième rang entre les chefs de la noblesse du Dauphiné, et à cet effet, érigèrent en baronnie la terre de Montmaur, avec la charge de grand-veneur, rendue héréditaire.

Le 25 septembre 1528, le siège étant encore vacant, Jean d'Auberuffe, prévôt et administrateur du diocèse, assembla le chapitre afin de pourvoir à un mandement du bailli de Sisteron, qui ordonnait une levée de chevaux pour l'armée du roi Robert, comte de Provence, selon les traités anciens et nouveaux. La délibération fut ajournée au troisième jour après l'arrivée du prélat. En effet, le seigneur Dragonet assista à cette réunion ainsi qu'à celle du 10 janvier suivant, où, sur la réquisition des chanoines, il jura de conserver leurs libertés et leurs priviléges, même les exemptions à eux accordées par le pape Alexandre III, d'heureuse

---

[1] M. de Laplane, *Histoire de Sisteron*, t. I, p. 263, rapporte les exploits de trois jeunes gentilshommes du Capençais qui, dans le siècle suivant, dévalisèrent un riche marchand italien entre Laragne et Lazer. C'étaient Antoine de Moustiers, seigneur de Ventavon, N. de Saint-Marcel, seigneur de Valserres, et Guillaume de Bévolhon, seigneur de Riblers.

mémoire. — Dans une troisième assemblée tenue par le chapitre le 10 janvier suivant, on réforma le bréviaire de l'église cathédrale et du diocèse, afin de se trouver à l'unisson des diocèses voisins et de l'église d'Aix, notre métropolitaine. — Dragonet se rendit à Sisteron en 1329 pour remplir envers le comte de Provence et de Forcalquier une obligation que lui imposaient les traités souscrits par ses prédécesseurs. Le 24 juillet, étant dans la maison épiscopale de Sisteron, il rendit hommage au roi Robert de tout le temporel de son évêché, entre les mains du sénéchal des deux comtés [1]. — Notre évêque assista-t-il en personne au concile provincial tenu en 1337 dans l'église de saint Ruf hors des murailles d'Avignon, ou bien s'y fit-il représenter par un procureur ? Les deux opinions ont été soutenues, et il nous importe fort peu de savoir laquelle est la mieux fondée. — En 1340, il acquit le droit de faire moudre 80 charges de blé au moulin de Tallard, en consentant à ce que l'on fît usage de l'eau du canal dérivé de la Durance dans le territoire de Lettret dont il était seigneur. — Plus tard, il eut quelques démêlés avec le prieur de la Baume-lès-Sisteron;

---

[1] Malgré l'empereur et les prétentions du dauphin, Dragonet reconnut tenir de son suzerain le comte de Forcalquier, *civitatem Vapincensium, et castrum de Lazero, et castrum Veteris-Tallardi, villum de Strictis, castra Rambaudi, Bastidæ-Veteris et Bastidæ-Novæ, et castra, seu loca, seu villas de Tornaforti et Montis-Roverti, de Farà, de Polignato, de Noerio et de Glaisillo, et dominia castrorum de Manteerio et de Monte-Mauro et Bruincelli cum eorum territoriis et pertinentiis, et dominia castrarum de Rsynerio, de Sigoterio-Malipili, et generaliter quidquid tenet et possidet vel quasi nomine ecclesiæ Vapincensis in comitatu Forcalquerii, excepto dominio castri de Redortorio*.....

mais une sentence arbitrale du 19 mai 1544, rendue par Jacques de Corno, évêque de Toulon, fit rentrer dans l'ordre l'économe de la Baume.—Il paraît que l'année 1546 fut la dernière de l'épiscopat de Dragonet; la date précise de sa mort est restée inconnue.

XLIX. HENRI DE POITIERS. (1548-1554).

Henri, successeur de Dragonet, ne prit possession de l'évêché de Gap qu'en l'année 1548. La famille de Poitiers, non moins illustre que celle de Montauban, était alliée aux dauphins et aux ducs de Bourgogne, possédait les comtés de Valentinois et de Diois, et prétendait descendre des anciens ducs de Guienne. Notre nouvel évêque était fils d'Aymar IV et de Sybille de Baux issue de la branche des princes d'Orange. Nous avons vu dans le texte, pages 56-57, comment avec le secours de ses nobles parents, il parvint à soumettre les habitants de sa ville épiscopale, indignés du meurtre commis par un bâtard de sa maison, sur Ismidon de Montauban.—En 1354, Henri de Poitiers passa dans le diocèse de Troyes. Dans ce nouveau poste, il se signala contre les Anglais, et les défit en diverses rencontres, particulièrement à Nogent-sur-Seine où il fonda cinq chapelles. Il cessa de vivre et de guerroyer en l'année 1370, et fut enseveli devant le grand-autel de l'église de Saint-Pierre à Troyes.

L. JACQUES DE DÉONCIO. (1354-1355).

Quel fut le successeur immédiat de Henri de Poitiers ? Tous nos auteurs, à l'exception de Juvenis, placent Gilbert à la suite de cet évêque et ne font régner Jacques de Deoncio ou de Déoncio qu'après Guillaume Fournier. Cependant la bulle de Pie II du 14 des kalendes de mai 1461, confirmative des priviléges de la ville, rapporte une transaction du 11 juin 1392, dont une copie existe aux archives de la préfecture, où l'on trouve le passage suivant: *Comperto insuper quod bonœ memoriœ Reverendissimi in Christo patris et domini de Dragonetus de Monte-Albano, Henricus de Pictavia, JACOBUS DE DEONCIO, Gilbertus de Mendegaches, et Guillelmus Fornerii, Vapincensis episcopi, predecessores dicti episcopi moderni retroactis temporibus ad dictam cotam visegimœ partis vindemiœ......* Or, puisque en cette transaction, les rédacteurs ont suivi un ordre de succession qu'ils devaient parfaitement connaître, nous ne devons pas hésiter à conserver le rang qu'elle assigne à Deoncio.

Sa présence dans le diocèse a encore pour garant un acte d'investiture fait en l'année 1331 par le trésorier de Jacques, évêque de Gap, et la guerre qui s'alluma l'année suivante entre lui et le vicomte de Tallard. (Elle est mentionnée dans le texte page 57). Il appartenait, du reste, à la famille de Déoncio l'une des plus illustres du comté de Nice : Jacques quitta la vie ou le diocèse en 1333.

LI. GILBERT DE MENDEGACHES. (1333-1338).

Cet évêque occupait le siège de Gap le 14 mai 1333, puisque ce jour-même, il prêta hommage au sénéchal des comtés de Provence et de Forcalquier, et reconnut tenir en fief du roi Louis et de la reine Jeanne son épouse, les villes, les châteaux et les seigneuries dont la nomenclature est rapportée dans les pages précédentes, sous la réserve du château de Redortier et de la *bastide* de Charance, attendu que ces objets avaient été acquis postérieurement au traité de 1271.

La reine Jeanne envoya Gilbert en qualité d'ambassadeur près de l'empereur Charles IV. Cinq ans après sa promotion à l'évêché de Gap, notre prélat quitta cette ville pour aller prendre possession du siège de Lodève, où ses talents l'avaient appelé.

[1] GUILLAUME FOURNIER, VIe DU NOM.
(1359-1367).

Guillaume VI, élu évêque de Gap en 1359, assista au concile d'Apt tenu en 1365. Il était chanoine de Fréjus au moment de sa promotion.

LIII. JACQUES ARTAUD DE MONTAUBAN.
(1367-1399).

On ignore en quelle année Jacques Artaud, administrateur de l'évêché de Saint-Paul-Trois-Châteaux, fut porté sur le siège de Gap. Un acte de 1367 prouve qu'il l'occupait à cette époque, et que dès-lors la tranquillité dont notre ville avait joui sous ses derniers pontifes, commença à être troublée. Le nouveau prélat appartenait à cette illustre famille de Montauban à laquelle le diocèse

---

[1] M. l'abbé Aucel (*Recueil des circulaires*, etc. de *Mgr. Arbaud*), dans sa nomenclature des évêques de Gap, place avant Guillaume Fournier un *second* Othon II, d'après le *Gallia Christiana* qui évidemment commet ici une erreur. C'était bien assez du *premier* pour nos ancêtres. Au reste, si je m'écarte quelques fois de cet estimable auteur pour le rang qu'il assigne à nos prélats et pour l'époque de leur pontificat, ce n'est qu'après m'être livré aux plus exactes recherches.— Voir au surplus le traité de 1392 ci-dessus mentionné.

devait l'un de ses administrateurs les plus estimables et les plus aimés. Nous renvoyons aux pages 58 et suivantes du texte, et à la note J, page 219, où les actes de Jacques Artaud se trouvent développés.

Cependant il convient d'ajouter quelques mots à ce qui est rapporté dans le texte et dans la note.

S'il faut en croire Nostradamus, notre évêque assista en 1390 à l'assemblée des trois états de Provence, tenue à Aix pour s'opposer aux troubles suscités par Raymond de Turenne. — Le 12 mai 1392, il confirma aux habitants de La Bâtie-Neuve, de La Bâtie-Vieille, de Poligni, de la Fare et du Glaizil, les libertés et les franchises dont ils avaient joui sous ses prédécesseurs. Les autres terres épiscopales ne sont pas mentionnées dans cet acte; peut-être que les habitants en étaient soumis au régime du bon plaisir. — Le 22 septembre 1394 il régla, par une sentence arbitrale les tailles des deux communautés de La Bâtie-Neuve et de La Bâtie-Vieille, et traça les limites de leurs territoires. — Le châtelin du Champsaur ayant empiété sur la juridiction de Jacques Artaud dans les terres épiscopales de la vallée du Drac, celui-ci obtint du gouverneur de dauphiné, en 1594, sa réintégration dans ses droits. — Il avait fait dresser en 1393 le plus ancien bréviaire que l'on connaisse. « De tous les bréviaires manuscrits à l'usage de l'église « et du diocèse de Gap, dit Artus de Lionne, je n'en ai « pu rencontrer qu'un seul écrit sur du vélin, et que le « sieur Raymond Juvenis, procureur du Roy au baillage « de Gap, conserve comme une pièce antique[1]. » Enfin,

---

[1] N'est-ce pas le même que possède aujourd'hui M. Amat, avoué licencié et ancien maire de la ville de Gap ?

un acte du 5 septembre 1599 annonce que Jacques Artaud avait cessé de vivre, puisqu'il y est dit qu'alors le siège était vacant.

LIV. RAYMOND III DE BARO OU DE LIONCEL.
(1599-1401).

Raymond III, que Juvenis, les Annales des Capucins et l'auteur de l'Abrégé historique nomment Raymond de Baro, à qui le Livre rouge et Artus de Lionne ne donnent d'autre nom que celui de Raymond, que Chorier et Rochas appellent Raymond de Lioncel, fut élu évêque de Gap en l'année 1399. Le 14 octobre de cette même année, il se présenta devant le roi Louis II, comte de Provence et de Forcalquier, siégeant à Aix en son palais royal, où il lui fit hommage-lige pour tous les biens possédés par l'évêché de Gap dans ce dernier comté. Trois jours après avoir accompli ce devoir, il se présenta à la porte Colombe qu'il trouva fermée, et ne put pénétrer dans la ville qu'après avoir juré d'en maintenir les libertés et les franchises, ainsi que nous l'avons rapporté à la page 45 du texte.—En l'année 1400, cet évêque confirma les libertés et les priviléges pour la levée des dîmes, accordés par son prédécesseur aux habitants de la Fare, de Poligni et du Glaizil.—Et le 1er septembre de l'année suivante, il transigea avec toutes les communautés rurales dont il était seigneur.

Pendant l'épiscopat de Raymond de Baro, vers l'an 1400, la ville de Gap vit avec étonnement un fameux missionnaire suivi d'un grand nombre de disciples, traverser, en priant, la vallée de la Luye pour se rendre dans cette Val-Pute, naguère l'objet des persécutions de

F. François Borelli, où il allait combattre l'erreur *couvert des armes du ciel et nullement de celles de la terre.* Ce missionnaire n'était rien moins que saint Vincent-Ferrier, cette grande lumière de l'ordre de Saint-Dominique, ce grand serviteur de Dieu et le thaumaturge de son siècle, selon l'expression du P. Fournier, de la compagnie de Jésus. Déjà il avait parcouru la péninsule hispanique et une grande partie du royaume de France, lorsqu'il vint dans le diocèse d'Embrun pour ramener à la foi les Vaudois de cette contrée *presque barbare.* Ses prédications et les miracles qu'il opéra obtinrent le plus étonnant succès. Quelques jours suffirent pour toucher le cœur de plusieurs familles et pour les convertir. On les vit alors quitter leur humeur *farouche et sauvage*, « ce « qui obligea cet homme de Dieu d'establir que cette « vallée ne seroit plus appelée *Puta* ou sale, mais *Pure*. » (Fournier, *hist. des Alpes-Maritimes ou Cottiennes*).

LV. JEAN DES SAINTS, *Joànnes de Sanctis.*
(1404-1407).

Tel était le nom du successeur de Raymond III au siège épiscopal de Gap. Il fut élu en 1404 ainsi que le prouve une procuration du 1ᵉʳ février de cette année, par laquelle il donne pouvoir de prendre possession du temporel et de prêter serment pour l'observation des priviléges de la ville.—Le 17 du même mois, il obtint de l'empereur la permission de tenir toutes les terres dépendant de son évêché, et d'en exiger les droits.—En 1405, il fit son entrée dans Gap aux applaudissements de tous les ordres de la ville, après avoir juré, étant à la porte Lignole, l'observation de ses libertés. Le notaire Thibaud de Bénévent en dressa l'acte le 8 octobre, et les consuls firent présent au nouveau prélat d'un navire d'argent sorti de l'orfévrerie d'Avignon.—Appartenait-il à la famille des Sanctis de Pignerol dont parle Augustin Della Chieza ? Etait-il issu de cette noble famille dauphinoise du même nom, de laquelle Marie de Delphinel entretient ses lecteurs ? C'est ce que ni Juvenis ni moi ne saurions dire.—Il a été parlé dans le texte, pages 44 et 142, du règlement de Police qu'il dressa sur la réquisition des consuls nobles Pierre Balbi et Giraud de Poligny, le 5 février 1405, « fort utile à la chose publique pour que « les vitailles soient bonnes, pures et par juste et rai- « sonnable prix. »—Jean des Saints dut quitter la ville de Gap pendant l'année 1406 ou la suivante pour se rendre à Meaux où il venait d'être transféré ; à moins qu'on ne lui attribue, comme l'a fait Joseph-Dominique de Rochas, les actes qui appartiennent à Antoine Juvenis, son successeur. Cet écrivain a soutenu que jamais la ville de Gap n'avait eu de prélat du nom d'Antoine ; mais Juvenis, arrière-neveu de cet évêque, Artus de Lionne et Chorier ont admis son existence, laquelle est constatée par les documents qui se trouvent aux archives du chapitre.

J'ai oublié de consigner ailleurs qu'en l'année 1406, on bâtit le clocher de la maison consulaire qui s'élève encore de nos jours près de l'hôtel de ville. Les syndics Saurel et Lombard avaient demandé la permission de le construire à Jean de Sainte-Marie (*Joanni de Sancta-Maria*), vicaire général du diocèse. Ce dignitaire accorda non seulement la permission qui lui était demandée, « mais encore il leur promit un pot de cuivre pour cela. » (Juvenis, *Notes autographes*, p. 15).

LVI. ANTOINE JUVENIS. (1407-1410).

Notre chroniqueur Raymond Juvenis, selon sa louable habitude, commence par nous apprendre quel fut le lieu de naissance de cet évêque et de quelle tige illustre il était sorti. La ville de Gap le vit naître dans son sein l'on ne saurait dire précisément en quelle année. Il appartenait à la famille des Juvenis issue des vicomtes de Marseille, par un Géoffroi et un Guillaume appelé *Juvenis* parce qu'il était le plus jeune de ses frères, ainsi que notre historien l'avait lu dans un mémoire de l'an 1410, transcrit en marge d'un registre de la maison consulaire de Gap, et dans le livre du chapitre de cette ville. Le père de ce prélat n'était rien moins que chambellan et capitaine de l'un de nos grands suzerains, Louis 1er, roi de Sicile et de Jérusalem. Antoine Juvenis eut en outre un frère aîné nommé Jean qui assista de ses conseils et de son bras la reine Marie et Louis II, son fils, en la guerre qu'ils eurent à soutenir contre le vicomte de Turenne. Notre évêque lui-même était chancelier de Louis II, et ce n'est qu'en revenant de Pise, où il avait assisté à l'investiture du royaume de Sicile donnée par Alexandre V à ce prince, qu'il prit possession de l'évêché de Gap.—Le 21 septembre 1410, il jura d'observer les statuts et les priviléges du chapitre. Son arrière-neveu ne nous apprend rien de ce qui advint dans la suite à Antoine Juvenis, ni de quelle manière se termina un différend élevé entre lui et le concurrent que le pape Alexandre lui avait donné, pour avoir suivi le parti de Pierre de Lune (Benoît XIII); car, à cette époque le nombre des souverains pontifes s'éleva jusqu'à trois.

Le plus zélé, le plus agissant pour Benoît XIII qui

siégeait à Avignon, le plus redouté par Grégoire XII
qui occupait la ville éternelle, c'était, d'après Chorier,
Antoine Juvenis. Le roi de France Charles VI, s'étant
déclaré pour le pape de Rome, fit arrêter notre évêque
ainsi que l'abbé de Saint-Denis, et ils eurent l'un et
l'autre le Louvre pour prison : au bout de quelques mois
la liberté leur fut rendue.

Antoine Juvenis avait paru, en qualité d'ambassadeur
du roi de Sicile, aux assemblées du clergé de France
tenues à Paris en 1407 et 1408.

LVII. FRANÇOIS-ALEXIS DE SIREGNO. (1409-1412).

Tel est le nom du concurrent que le pape Alexandre V
avait donné, le 20 août 1409, à Antoine Juvenis. Siregno,
d'origine milanaise et de l'ordre des frères mineurs,
fut d'abord évêque de Bobio, ville dépendant de la
métropole de Gênes. D'après Ughelli, auteur de l'*Italia
sacra*, notre évêque aurait quitté Gap en 1411 pour passer
à Plaisance. Selon Lucas Vadingus, Alexandre V lui
aurait confirmé la grâce que lui avait accordée le général
de son ordre de pouvoir tenir auprès de sa personne
quatre religieux, et Jean XXIII l'aurait transféré à
Plaisance le 6 décembre de ladite année. Ces deux auteurs
ne sont nullement d'accord avec nos documents, car on
trouve dans les archives du chapitre que François-Alexis
jura le 26 novembre 1412 d'observer les libertés et les
statuts de cette compagnie. Peut-être ne fut-il appelé à
Plaisance que le 6 décembre de cette dernière année.
Dans cette hypothèse, les auteurs cités et les documents
locaux peuvent se concilier. Or, comme le prédécesseur de Siregno se trouvait dans Gap en 1410, ainsi que

nous l'avons établi, il s'ensuit que ce dernier, bien que nommé en 1409, ne prit pas d'abord possession du siège occupé alors par Antoine Juvenis, et qu'à cette époque si la chrétienté avait trois papes, la ville de Gap ne se trouvait pas trop en arrière du mouvement puisqu'elle possédait deux évêques, l'un nommé par Benoît XIII, l'autre par Alexandre V.

Antoine Juvenis ne fit qu'une courte apparition dans le diocèse. En effet, le 25 novembre de l'année même où il s'était présenté devant le chapitre, nous voyons *Alexius, Dei gratiâ, Vapincensis episcopus*, donner des lettres datées de Gap par lesquelles il prescrit à tous les prêtres, curés et autres de son diocèse, de prélever cent florins d'or sur les legs pies faits aux diverses paroisses, pour être employés aux réparations du monastère de Durbon. Ces lettres et le serment prêté en 1412 sont tout ce qui nous reste de la présence de François-Alexis de Siregno dans sa ville épiscopale.

LVIII. LÉGER D'EYRARGUES. *Leodegarius III.*
(1412-1428).

Ce prélat appartenait à la maison des Amys ou d'Eyrargues, l'une des plus illustres et des plus anciennes de Provence. Une charte de Durbon de 1412 prouve qu'il avait succédé à Siregno en cette année. Leodegarius y renouvelle l'ordre donné par son prédécesseur de prélever en faveur de la chartreuse cent florins d'or dans l'étendue du diocèse.— Nous avons rapporté dans le Précis pages 14 et 15, les différends élevés entre la ville de Gap et son évêque, et comment la terre d'Eyrargues fut enlevée à Léger par Louis III, roi de Sicile et comte de

Provence —Le grand vicaire de notre prélat voulut bien autoriser le 16 juillet 1417, une rève sur l'avoine et sur le foin dont le produit était destiné à la réparation des murailles, avant-murs et fossés de la ville. Cet impôt frappait d'un patac chaque bête conduite par les étrangers qui couchaient dans Gap. L'hôtelier qui leur vendait le foin et l'avoine était tenu de percevoir les patacs et de les verser ensuite dans la caisse du receveur de la ville ; ce qui fit donner à la rève de 1417 le nom de *droit d'hostache*, néologisme du xv° siècle que Napoléon Landais a omis d'insérer dans son grand dictionnaire.—Léger d'Eyrargues ne plaida pas seulement contre sa ville capitale ; il eut encore une affaire à soutenir envers Guillaume de Roux et ses partisans au nombre desquels se trouvait le prieur des Baumes d'Embrun. D'abord agité devant les commissaires du concile de Constance, puis renvoyé au jugement du patriarche de Constantinople, ensuite à Jean, évêque de Lombez, plus tard à Jacques, évêque de Spolette, ce procès fut enfin terminé le 20 novembre 1419 par Thomas de Ameglia, évêque de Vintimille.—L'année suivante le conseil de la ville envoya deux députés à Saint-Bonnet où se trouvait un grand prédicateur, pour le prier de se rendre à Gap. La demande fut accueillie, et lorsque le prédicateur se présenta dans la ville, les syndics s'empressèrent de lui faire une visite. C'était le 21 juillet 1420. Léger d'Eyrargues avait quitté la vie ou le diocèse en 1426. Malgré les troubles de son épiscopat, cet évêque put encore s'occuper de ses droits utiles et honorifiques. Pour ceux-ci, les hommages ne lui firent pas défaut. Pour les droits utiles, une procédure close le 1ᵉʳ août 1416, atteste qu'il fixa à dix sols par radeau le droit de péage sur la Durance perçu à son profit dans sa terre de l'Estrech (Lettret) et de Tallard-le-Vieux (Châteauvieux) *qui n'est qu'une mesme chose.*

LIX. LOUIS. (1426-1433).

Cet évêque nous aurait échappé si son nom (*Ludovicus*) ne s'était trouvé dans une reconnaissance donnée par son vicaire général au sujet d'un procès existant entre nos consuls, André Rambaud, percepteur du droit de Casse, et le procureur général du dauphiné, et s'il n'avait accordé à Pierre Douvat, le 19 décembre 1426, la permission de construire un four au quartier de Charance.

LX. GUILLAUME VIII. (1434-1442).

Si la ville de Gap jouit de quelque repos pendant le règne de l'évêque Louis, il n'en fut pas de même sous l'épiscopat de Guillaume VIII, dont le nom patronymique nous est inconnu comme celui de son prédécesseur. Cependant ce nom devait être fort noble, puisqu'on voyait dans les armes du nouveau prélat un lion rampant à un chef chargé de trois rôles. Guillaume dut prendre possession de l'évêché en 1434 : car il existe une transaction de cette année, intervenue entre les habitants de La Bâtie-Neuve et ceux de *Rivo merdoso*, sous le bon plaisir de *Guillelmus*, leur seigneur.—On a vu, page 46, comment la paix fut troublée en 1441 par les extravagances de l'official de cet évêque. Sa mort arriva l'année suivante.

LXI. GAUCHER DE FORCALQUIER. (1442-1484).

Ce terrible prélat, auquel les habitants de Sisteron eurent le bonheur d'échapper, se nommait Gaucher et non Gautier comme l'ont écrit quelques auteurs, entre autres Nicolas Chorier. Sa naissance était illustre : il descendait de Louis de Forcalquier, seigneur de Cereste, lequel justifia en 1510 qu'il sortait en ligne directe de la troisième race des comtes de Forcalquier. Le nom du père de notre évêque ne nous est pas connu, mais nous savons qu'Angélique, sa mère, était fille de Buffile de Brancas, maréchal de l'église romaine, et sœur du cardinal Pierre-Nicolas de Brancas. Gaucher avait la charge de protonotaire apostolique et d'administrateur du diocèse de Sisteron en 1442, époque où Guillaume VIII cessa de vivre. C'est alors que le pape Eugène IV le pourvut de l'évêché de Gap.

Au mois de décembre de la même année notre nouvel évêque donna pouvoir de prendre possession du siège à Balthazar de Brancas, seigneur de Cereste, son oncle, à Jacques de Forcalquier, son frère, à Pierre Villon, prévôt de Barjols, à Palamède de Carette, prévôt de Saint-Didier d'Avignon, et à quelques autres seigneurs ecclésiastiques et séculiers. Cet acte est daté de Florence où Gaucher se trouvait alors. De tous ces illustres fondés de pouvoirs, deux seulement se présentèrent le 9 février 1443 : c'étaient le prévôt de Barjols et Jacques de Forcalquier. Ils furent reçus par les deux consuls, nobles Raymond-le-Vieux et Jacques d'Obverche, assistés d'un traître qui dans la suite embrassa avec fureur la cause de Gaucher dont il devint le juge dans Gap. Ceux qui connaissent nos annales ont déjà nommé

Pierre Gruel, licencié en droit, procureur de la ville, et fils d'un mince notaire du Saix[1]. Avant d'introduire les ambassadeurs de l'évêque, nos consuls les requirent, au nom de la grande charte de 1378, de jurer sur les SS. Évangiles de maintenir et observer les libertés et les franchises de la communauté; le serment fut prêté dans la chapelle de la Sainte-Trinité de l'église des frères mineurs en présence d'un grand nombre de citoyens.

Les rapports de Gaucher de Forcalquier avec sa ville épiscopale et les souverains de Provence et de Dauphiné ont été exposés dans le texte pages 47-58. J'y renvoie le lecteur. J'ajouterai toutefois que, par son testament fait le jour de Sainte-Madelaine de l'an 1485, Gaucher institua pour son héritier Georges de Castellane, fils de sa sœur Alix de Forcalquier, avec charge de substitution masculine en faveur de son cousin Gaucher de Brancas. Si ces deux branches venaient à s'éteindre, son autre cousin Roux de Brancas leur était substitué. Mais, si tous ces héritiers directs ou substitués venaient à disparaître sans laisser de descendants, les biens de Gaucher passaient à l'université de son église cathédrale et à la chapelle de Sainte-Marie-Madelaine par lui fondée en la même église. Il voulut être inhumé dans cette chapelle,

---

[1] Pierre Gruel, étant juge de Gap, poursuivit à outrance le seigneur de Manteyer dont il se fit adjuger la terre en récompense de ses poursuites. Par la protection de Gaucher, il devint ensuite conseiller au parlement de Grenoble, et président au même parlement lorsque Guillaume de Corbie mourut en 1462. Il fut l'un des exécuteurs des mandements de Louis XI en cette province. Enfin, parvenu à une extrême vieillesse, il se démit de sa charge en faveur de Jean Palmier (1484). Telle est la tige des futurs gouverneurs de Gap. (Juvenis, *Mémoires inédits.*)

et il prescrivit d'y apporter les restes de son frère Jacques de Forcalquier, alors défunt. A cet effet, deux tombeaux devaient y être creusés, et couverts l'un et l'autre de plaques d'airain ou de cuivre. Enfin, le testateur appelait à ses obsèques tous les corps ecclésiastiques de la ville de Gap sous une rétribution ; mais son ressentiment inextinguible contre les Cordeliers qui avaient donné asile à Jean de Montorcier, était exprimé dans le testament de la manière suivante : *Exceptis ecclesiâ et conventu minorum, imò vocari prohibemus nec in communi, nec in particulari, et si in particulari aliquis temerariè se injecerit, nihil sibi detur.*

Joseph-Dominique de Rochas, l'un des hommes les plus religieux qui aient honoré la ville de Gap a porté sur Gaucher un jugement que les contemporains de ce prélat n'auraient pas trouvé trop sévère. « A Guillaume
« VIII, *dit notre chroniqueur*, avait succédé Gaucher
« de Coreste dès l'an 1446 (erreur de 4 ans). Cet évêque
« était de l'illustre maison de Forcalquier et de la bran-
« che des seigneurs de Coreste ; il était sacristain et
« archidiacre de l'église de Fréjus, (Juvenis prétend qu'il
« administrait l'évêché de Sisteron[1]), lorsqu'il fut fait
« évêque de Gap. Mais, aussi rempli des idées de sa
« naissance qu'il était vide de l'esprit de son état, il
« devint le tyran le plus cruel que cette ville ait peut-
« être jamais eu !... Gaucher voulait se rendre souve-
« rain dans Gap ; c'était là son unique objet, qu'il

---

[1] M. de Laplane, dans l'excellent ouvrage qu'il vient de publier, assure que Gaucher de Forcalquier avait été nommé évêque de cette ville en 1441. (*Histoire de Sisteron*, t. 1, p. 278.)

« tâchait d'avancer de jour en jour sous prétexte des
« droits de sa juridiction ecclésiastique, à laquelle il
« donnait une étendue sans bornes. Jean de Montorcier
« rompit ses mesures en devenant son ennemi[1]. »

LXII. GABRIEL DE SCLAFANATIS. (1484-1526).

Le Précis, aux pages 58 à 64, fait connaître avec assez d'étendue les tribulations qu'eut à éprouver cet évêque par suite de l'élection de Thibaut de la Tour, ses bons procédés envers sa ville épiscopale, et les persécutions que lui suscita le procureur général du Dauphiné. Juvenis ne connaissait guère sa famille, mais il savait que les Sclafanatis d'Italie et ceux qui s'établirent dans Gap, avaient toujours pris la qualité de nobles italiens : ils portaient d'argent à un pont cantonné de deux tours de gueule, maçonné et crénelé de sable, surmonté d'un bouclier d'azur chargé d'or, à deux faces de sinople en pointe. C'était magnifique ! « Et leur
« bouclier fait voir, ajoute Juvenis, que cette maison
« estoit sortie de corsaires. » Illustre origine, en vérité !

Notre grand chroniqueur n'a pu pardonner à Gabriel de Sclafanatis la double innovation dont il a été parlé dans le texte page 64. Ce vétilleux citoyen, ce noble consul de Gap a écrit contre lui deux pages virulentes que je me permets de transcrire sans y ajouter un mot d'approbation ou d'improbation.

« Cet évesque fut le premier qui usurpa sans aucun

[1] Rochas, *Mémoires inédits*, p. 58 et suiv., 1re série.

« titre la qualité de comte de Charance que ces devan-
« ciers n'avoient jamais porté, car Gaucher et les autres
« évesques devant luy, s'estoient contentés de se dire
« évesques et seigneurs de Gap, et n'avoient nullement
« usé de cet ambitieux titre qui, pour parler avec un
« concile, introduit dans l'ordre ecclésiastique *fumosum*
« *seculi typum;* en quoy on peut dire qu'il fut extrême-
« ment dissemblable, en cette rencontre, de ses pré-
« décesseurs ; car ils furent si modérés qu'ils ne prirent
« jamais la qualité de prince que l'empereur Fréderic Ier
« avoit donnée à Grégoire en 1178, croyant qu'ils ne
« devoient rien ajouter au titre d'évesque qui, leur com-
« muniquant le nom de voyant, leur doit faire connoistre
« la vanité du monde et de ses titres. Ce mesme prélat
« ajouta dans ses armoiries une épée en pal au costé
« gauche pour signe de la jurisdiction temporelle que
« les évesques ont dans la ville de Gap, quoique cette
« fatale marque de sang et de carnage ne s'accorde
« jamais bien avec une crosse et une mitre. Celui-cy
« néanmoins n'appréhenda pas de devenir irrégulier par
« leur union, et de souiller la sainteté de son ministère
« qui est, selon la parole sainte, pour édifier et non
« pour détruire ; et bien que l'évesque de Vorms, aye
« droit, ainsy que l'a escrit Munster, de porter cette
« marque en qualité de duc de Franconie, on ne la fait
« jamais pourtant paroistre qu'en sa main gauche dans
« la cérémonie de ses obsèques, pensant qu'il est seule-
« ment loisible aux prélats qui ont quelque jurisdiction
« temporelle d'en porter le symbole après leur mort, et
« de s'en parer en un temps auquel ils sont du tout inca-
« pables de souiller leur volonté par cet instrument de
« carnage, de peur que l'Eglise leur épouse qui abhorre

« si fort la violence et l'homicide, ne leur fit ce piquant
« reproche : Vous m'estes des époux de sang ! En quoy
« l'on voit que cet évesque fit un chose peu séante à sa
« profession, et contraire à ce que ses devanciers avoient
« fait ; car, Gaucher et les autres qui l'avoient précédé
« ne s'estoient jamais avisés de se parer de cette marque
« cruelle et homicide, quoiqu'ils fussent seigneurs tem-
« porels de cette mesme ville, estimant, suivant la
« parole de l'évesque Othon au sénéchal de Gonesse,
« que la sainteté de leur emploi devoit désarmer leur
« esprit et ne leur laisser en partage que la gloire du
« pardon ; partage certes plus glorieux que toutes ces
« vaines marques de sang et de vengeance, puisqu'il les
« rend serviteurs de Dieu et cohéritiers de son fils qui
« n'eut d'autre glaive que celuy de sa parole sainte[1]. »

LXIII. GABRIEL DE CLERMONT. (1527-1562).

Le siége épiscopal de Gap fut-il jamais occupé par un prélat d'une origine plus illustre que celle du successeur de Sclafanatis ? Gabriel de Clermont, fils de haut et puissant seigneur Bernardin, comte de Clermont et vicomte de Tallard, et d'Anne de Husson d'Uzès, était frère d'Antoine de Clermont qui, en 1558, fut lieutenant du roi en Dauphiné en l'absence du duc de Guise. Nommé évêque de ce diocèse en l'année 1527, Gabriel ne fit son entrée dans la ville de Gap que le 30 mai de

---

[1] Juvenis, *Mémoires inédits*. Cet auteur n'avait pu prévoir que l'un de nos évêques, et le plus modeste d'entre eux, prendrait le titre de prince. C'est pourtant ce qui arriva en 1727, au concile d'Embrun.

l'année suivante. Divers actes de son épiscopat ont été mentionnés dans le texte pages 65-74. Il convient d'en reproduire quelques autres avant de signaler sa honteuse apostasie.

Gabriel de Clermont accorda gracieusement à ses vassaux de Sigoyer-de-Malpoil une réduction sur les droits de fournage qu'il percevait dans cette seigneurie. Cet acte de libéralité porte la date du 19 juillet 1529. — Le 23 avril 1531, il approuva les priviléges et les franchises des habitants de Rambaud sur les bois et les pâturages épiscopaux situés dans cette paroisse. — Le 21 septembre suivant, il intervint entre ce prélat et son chapitre une transaction qui détermina la part contributive de l'évêque aux réparations de l'église cathédrale et à diverses dépenses détaillées dans cet acte, dont les témoins furent Louis Rostollan, chanoine d'Embrun, Claude Olier, vi-bailli de Gap, Etienne de Montorcier, seigneur de Sigoyer, Jacques de Saint-Germain, citoyen de Gap, et François Duplessis, viguier de Tallard. — Il parait que la vigilance de nos consuls était assoupie en 1528 lorsque Gabriel prit possession de l'évêché de Gap; ils l'avaient laissé pénétrer dans la ville sans qu'au préalable il eût rempli les obligations imposées aux prélats par la charte de 1378. Les consuls de 1531 réparèrent la faute de leurs prédécesseurs. Au retour d'un voyage, notre évêque trouva fermées les portes de la ville, et sur la réquisition de sire Jehan Chalvin-Chamois, 1er consul, de noble Sixte du Tanc, 2e consul, et de Barthélemi Poncet, 3e consul, qui l'attendaient *sur la meule* hors de la ville, près de la porte Jaussaude, il prêta le serment prescrit par les constitutions municipales, le 25 mai 1531. L'acte en fut incontinent dressé par Chérubin Rambaud, notaire et secrétaire de la ville, et la porte s'ouvrit devant le prélat.[1]

En l'année 1540, noble Jehan Abon, co-seigneur de Reynier, lui avait fait hommage pour ce qu'il possédait dans cette terre.—Le prélat prêta serment le 27 février de la même année, devant la chambre des comptes d'Aix, pour cette terre de Reynier et pour celle de Sigoyer-de-Malpoil, situées en Provence.— Le 22 juillet 1542, il commit Antoine de Rosset, son vicaire général et prévôt de l'église cathédrale, et le chanoine Gaspard Finetti, pour recevoir l'hommage et le serment de fidélité que noble Jehan de Bonne était tenu de lui prêter pour la seigneurie des Diguières, en vertu d'un arrêt du parlement. Lesdiguières, vassal de l'évêque! Que les temps vont changer![2]

Il a été parlé dans le Précis historique de la rentrée de

---

[1] Juvenis, *Notes autographes.*

[2] Dans le courant de l'année 1561, Gabriel de Clermont prenait possession et donnait à ferme, en vertu de sa directe universelle si peu reconnue par la ville de Gap, l'emplacement qu'avait occupé une maison par trop deshonnête, laquelle a donné son nom à la rue *Bon-Hôtel*, ainsi que nous l'apprend un mémoire de Paparin de Chaumont signifié aux consuls le 17 décembre 1584 : « aiant anciènement ung b..... « en ladicte ville, qui communément *per troniam* estoit appelé *Bon-* « *hostau*, lequel comme deshoneste et contre Dieu estant chassé, « ledict sieur de Clermont donna en l'an mil cinq cent soixante un, « la place dudict b..... à nouveau bail, etc. » Ce lieu de prostitution, nommé en toutes lettres par l'évêque Paparin, avait sans-doute été établi pour le service des reitres et des lansquenets de François Ier, voire des muguets de sa cour dissolue, alors que les uns et les autres traversaient la ville de Gap pour se rendre en Italie. Gardons-nous d'en rien conclure contre les mœurs de la cité.

Farel dans Gap après que les protestants se furent emparés de cette ville le 1ᵉʳ mai 1562. C'est alors que l'on vit le descendant de cet Eynard de Clermont qui, par un zèle généreux et tout chrétien avait levé à ses dépens, en 1120, une armée avec laquelle il conduisit à Rome le pape Calixte II, et le rendit paisible possesseur de la chaire de saint Pierre, malgré les efforts de l'anti-pape Philippe Bourdon[1]; c'est alors, disons-nous, que l'on vit notre prélat consommer son apostasie dans l'église de Sainte-Colombe. « Gabriel de Clermont, s'écrie Juvenis, « abandonnant son troupeau et la foi de ses pères, se « révolta malheureusement contre sa mère et son épouse « tout ensemble; et pour insulter davantage cette déso- « lée, il alloit luy-mesme, avec les ornements de son « ordre, ouïr les faux prédicateurs, et assistoit à leurs « assemblées avec ces gages précieux qu'elle luy avoit « donnés au jour de son mariage. » L'évêque apostat se retira ensuite dans sa terre de Selles en Berri, où il fit son séjour ordinaire avec sa femme le reste de ses jours, continuant néanmoins d'administrer le temporel de l'évêché de Gap par le moyen d'un vicaire et d'autres officiers de cet évêché, jusqu'à ce qu'il eût donné sa démission en faveur de Paparin, dont les méchantes langues prétendaient qu'il avait épousé la sœur. (Voir au sujet de cette démission la note N, page 232).

Je ne saurais terminer la notice consacrée à Gabriel

---

[1] Calixte II permit à Eynard de Clermont et à ses descendants, de toucher les choses saintes, de porter dans leurs armes une thiare d'or pour cimier, et de prendre pour devise ces paroles de saint Pierre à J. C.: *Etiam si omnes te negaverunt, ego non te negabo.*

de Clermont, sans faire mention de deux évènements extraordinaires survenus pendant son épiscopat.

Le 23 mars 1536, plus de dix mille lansquenets conduits par Guillaume de Wissemberg s'arrêtèrent à Gap. Ils se rendaient en Italie pour joindre l'armée de François 1er. Professant presque tous le luthéranisme, ils mangèrent de la viande la veille de l'Annonciation de la sainte Vierge. « Et parce que les peuples qui estoient extrême-
« ment chrestiens ne voulurent point manger les restes
« de cette viande, on la jeta aux chiens, lesquels, par
« un merveilleux secret de la providence, n'y touchèrent
« en aucune manière. Ceci, ajoute Juvenis, est tiré des
« registres de Chérubin Rambaud, notaire de Gap, qui
« estoit de ce temps, et qui dit l'avoir appris de plusieurs
« témoins oculaires. (Juvenis *Mém. inédits*). »

(1540.) Quatre ans après, apparut dans les murs de cette ville un grand serviteur de Dieu, italien de naissance, éloquent prédicateur, et parfaitement entendu du peuple bien qu'il ne prêchât qu'en sa propre langue. Au surplus, il n'imita nullement les lansquenets du comte de Vissemberg, car jamais il n'avait mangé de viande. Sa renommée se répandit bientôt dans toute la contrée ; alors l'église cathédrale ne pouvant plus contenir le grand nombre d'auditeurs accourus des villages voisins, le prédicateur s'établit sur la place de Saint-Arnoux. Là, il tirait des larmes des yeux de tous les assistants en leur parlant du royaume de Dieu et de la nécessité de faire pénitence. Il prédit plusieurs malheurs qui ne tardèrent pas à s'appesantir sur notre ville, entre autres, les grands troubles des guerres civiles et la peste qui survint l'année suivante ; il annonça que cette maladie ferait de si grands ravages dans Gap qu'il se chargerait d'en nourrir les habitants avec trois sétiers de blé, et enfin que la citadelle de Puy-Maure serait encore détruite et rebâtie trois fois, ce qu'il ne fallait pas trop appréhender pour les deux premières; mais que la troisième menaçait la ville d'une ruine totale. Notre prédicateur anonyme se rendit ensuite à Tallard au moment où l'on faisait de grandes réparations au château. « J'ai vu construire bien des édifices, « dit-il un jour aux habitants de cette ville, mais cette « maison ne restera pas long-temps dans la famille de « celui qui la fait réparer. » Ce qui n'arriva pourtant qu'en l'année 1600 où Etienne de Bonne en fit l'acquisition d'Henri de Clermont-Tonnerre.

ETIENNE D'ESTIENNE. (1568).

Cet évêque ne figure ici que pour mémoire, puisqu'il ne fut jamais institué canoniquement.

Etienne d'Estienne, chanoine de l'église cathédrale d'Aix lorsqu'en l'année 1568 le roi le nomma à l'évêché de Gap, appartenait à la maison de Saint-Jean de la Salle et de Monfuron en Provence. Vainement il demanda au Saint-Siège l'institution canonique: malgré les démarches d'Antoine Quinelli, agent du cardinal Strosi, qu'il avait chargé de recevoir 470 écus d'un banquier de Rome, pour être employés à l'expédition de ses bulles, il ne put jamais les obtenir; « Car, en ce temps, dit Juvenis, la « cour de Rome, avec raison, marchoit avec des pieds « de plomb à accorder des bulles aux François, prenant « auparavant bien des précautions et d'instructions sur « les sujets qui luy estoient proposés, à cause de l'apos- « tasie et du naufrage que plusieurs avoient fait en la

« foy. » — Nous avons vu (p. 80) que M. d'Estienne avait sollicité, vers la fin de l'année 1568, le secours du gouverneur de Provence pour délivrer les catholiques de ce diocèse du joug que faisaient peser sur eux les protestants, alors en possession de Gap, de Tallard et de quelques autres places du Gapençais. A cette époque, il demanda au clergé et aux notables habitants de notre ville des lettres pour Rome, dans lesquelles le pape serait supplié de lui expédier ses bulles; il se rendit même à Gap l'année suivante; mais il y reçut tant d'injures et d'affronts de la part des hérétiques qu'il fut obligé de s'en retourner à Aix.

LXIV. PIERRE PAPARIN DE CHAUMONT.
(1572-1600).

Paparin, homme de cœur et d'une prudence consommée, avait occupé des emplois importants dans les armées catholiques et s'était distingué dans plusieurs combats, lorsqu'il prit possession de l'évêché de Gap en 1572, après avoir traité avec Gabriel de Clermont, ainsi que nous l'avons fait connaître dans la note N, page 232.

Le roi Charles IX l'avait nommé le 5 juin 1570, au préjudice d'Etienne d'Estienne qui mourut dans le courant de cette même année, et le pape Grégoire XIII l'avait pourvu du siège le 15 septembre 1572. Ce fut vers la fin du mois de novembre qu'il arriva dans son diocèse, après avoir reçu du roi des instructions particulières *pour essayer de rétablir ce qui y estoit dissipé en la religion et contenir ce qui y estoit encore entier*. Les humiliations et les outrages qu'il eut à essuyer pendant son administration ont été suffisamment développés dans le Précis, pages 82 et suiv. auxquelles nous renvoyons le lecteur, ainsi qu'à la note N, où il trouvera la notice de cet évêque.

LXV. CHARLES-SALOMON DU SERRE. (1600-1657).

Ce prélat institué le 22 août 1600, fut sacré à Aix le 28 mai 1601 et prit possession de l'évêché le 1er juillet suivant. Issu des Seigneurs de Thèxe et de Saint-Léger, Ch. Sal. du Serre vit succéder dans sa ville épiscopale aux tourmentes qui l'avaient agitée durant de si longues années, un calme que l'édit de Nantes et le règlement du mois d'avril 1601 semblaient ne plus permettre de troubler. Il imprima une forte impulsion à la réaction catholique qui se manifesta dans son diocèse plus que sur les autres points de la France, et n'employa d'autres armes que celles de l'éloquence. Rarement vit-on pendant son épiscopat sortir du fourreau, où Henri-le-Grand l'avait fait rentrer, le glaive sanglant des temps calamiteux qui venaient de s'écouler. Après les grandes commotions politiques ou religieuses, se présente ordinairement quelque relâchement dans les mœurs ; aussi notre prélat se vit-il obligé de sévir contre quelques membres de son clergé qui semblaient vouloir renouveler les saturnales proscrites vers le milieu du siècle précédent. Nous avons rapporté ses longs démêlés avec les habitants de Gap et les divers actes de son administration, dans le Précis historique p. 111 et suiv. et dans la note P. page 246. Nous y renvoyons le lecteur.—Charles-Salomon du Serre mourut à Gap le 16 mai 1657, et fut inhumé le lendemain dans la chapelle de Saint-Sébastien, laquelle se trouvait à gauche en entrant dans l'église cathédrale par la grande porte.

Nous avons vu que pendant son épiscopat les Capucins s'étaient établis sur les bords du Turelet. En 1629, il fonda le couvent des religieuses Ursulines sur les ruines de celui des pères de Saint-Antoine, renversé par les protestants en 1577.

LXVII. ARTUS DE LIONNE. (1657-1661).

Bien que le 15 août 1634, un coadjuteur eût été donné au dernier évêque, que cette nomination eût été confirmée le 16 janvier 1636, et plus récemment encore par un acte du mois de mai 1657, le nouveau prélat ne prit possession du siège épiscopal qu'en l'année 1640. C'était le célèbre Artus de Lionne qu'une de ces pertes immenses qui désolent une vie entière, lorsque la religion ne prête pas son secours, avait poussé dans la carrière ecclésiastique. Artus, fils cadet de Sébastien de Lionne et de Bonne de Portes, après avoir terminé ses études d'une manière brillante, fut pourvu d'une charge au parlement de Grenoble. Bien jeune encore, il épousa dans cette ville Isabelle de Servien, fille du seigneur de Biviers, et sœur d'Abel de Servien, surintendant des finances de France. Cette noble dame, aussi belle que vertueuse, après avoir donné à son époux un rejeton digne de tout point de la maison de Lionne, fut enlevée à la tendresse de sa famille lorsque à peine elle avait fait quelques pas dans la carrière de la vie. La mort vint la frapper dans la 21e année de son âge. Dès lors toutes les pensées de M. le conseiller de Lionne se tournèrent vers Dieu; sa dévotion devint exemplaire, et il finit par se lier aux ordres sacrés. Nommé par le roi à l'évêché de Gap, il eut beaucoup de peine à accepter cette dignité; mais dans la suite il ne voulut jamais abandonner son Eglise, et lorsque en 1648, Louis XIV voulut le transférer sur le siège archiépiscopal d'Embrun, il n'obtint qu'un refus de notre évêque.

Institué canoniquement le 11 avril 1639 par le pape Urbain VIII, Artus de Lionne fit son entrée dans Gap le 19 avril de l'année suivante, après avoir juré à la porte Lignole d'observer les libertés et les priviléges de la ville. Il a été parlé dans le Précis des démarches faites par les jésuites d'Embrun dans le but de s'établir à Gap et on a dit comment, selon l'expression du Livre des Annales des Capucins, ils furent *rebreltés* par le chapitre, les moines de tous les couvents et le conseil de la communauté [1]. La voie de fait commise par les calvinistes sur les frères pénitents a été également rapportée dans le texte; mais

---

[1] Le rédacteur du Livre des Annales des Capucins ajoute, p. 122, au sujet du refus de recevoir les jésuites : « Lesdits pères jésuites nous « ont fait ensuite tout ce qu'ils avoient peu contre nous et faschés en « toutes les rencontres. . . . . . L'on peut voir les Mémoires que le « P. Scolastique, gardien, en a escript, qui sont dans les archyves « dudict couvent, pour donner une plaine connaissance de ce qui se « passa pour lors, *et de ce qu'il faut faire*, *en cas que lesdits pères* « *jésuites voulussent de rechef reprendre le dessein de s'establir* « *dans Gap en forme et mission, pour les empescher.* »

L'espace nous manque pour transcrire la recette du P. Scolastique sur la manière dont les jésuites doivent être *rebreltés* au cas où ils se présenteraient de nouveau. Supposez, avec Lafontaine, *qu'un moine est toujours charitable*, et que les moyens indiqués par le R. P. gardien sont des plus licites.

La délibération du conseil général de la ville de Gap sur le même sujet est du 13 mars 1644. Les consuls en exercice étaient Raymond Juvenis, avocat et procureur du roi au baillage; Laurent de Bouffier, sieur de Salaucet, aussi avocat; et Jehan-Luc Eyraud. Au conseil général anti-jésuite figurent 60 membres, parmi lesquels on trouve noble Jehan Abon, sieur de Reynier; Antoine Rochas, procureur; Gaspard Combassive; Pierre Marchon; Honoré Gautier; Antoine Vallon et Noë Bontoux.

je dois ajouter que pendant l'épiscopat d'Artus de Lionne, la vieille cathédrale ruinée par les protestants en 1577 fut presque entièrement rétablie sur de nouveaux plans. En 1646, l'évêque, le chapitre et la ville donnèrent par adjudication la construction du clocher et la réparation des murs d'enceinte, d'après les dessins du P. Vincent Léotaud, jésuite né dans la Val-Louise. La dépense devait être supportée par le prélat, le chapitre et la communauté dans des proportions inégales. Les travaux s'exécutèrent avec lenteur, puisque, par son codicille du 16 avril 1661, Artus de Lionne légua 21,000 livres qu'il reconnaissait devoir depuis le mois de mars 1640. Cette somme devait être employée par moitié à l'église et à la maison épiscopale, et payée par son fils Hugues de Lionne, marquis de Breni, l'un des premiers ministres du conseil d'en haut, à compte de ce qu'il devait à son père sur les revenus de l'abbaye de Solignac en Limousin. Sans-doute que les intentions du testateur furent exactement remplies par le *fils très connu d'un si glorieux père*. Artus de Lionne fit au surplus des legs à l'église cathédrale et aux églises paroissiales de Lettret, de Châteauvieux, de Lazer de Rambaud, de La Bâtie-vieille, de La Bâtie-neuve, de Poligni, de la Fare, du Glaizil et du Noyer; ces anciennes seigneuries de l'évêché de Gap, obtinrent chacune 500 livres.—Trois jours après, c'est-à-dire, le 19 avril 1661, notre prélat agé de 80 ans environ, quittait presque furtivement sa ville épiscopale, et allait donner sa démission de l'évêché. Retiré à Paris, il y termina sa glorieuse carrière le 21 mai 1663. Le prieur de Charmes vint prononcer à Gap son oraison funèbre, laquelle fut imprimée à Grenoble en 1675.

Cet évêque aussi recommandable par les vertus qu'il

montra sur le trône épiscopal que par ses hautes connaissances en mathématiques, fut le premier qui tira de l'oubli le nom et la mémoire de ses prédécesseurs au siège de ce diocèse, « pour satisfaire à la sainte intention de nos« seigneurs du clergé de France et à la prière de MM. de « Sainte-Marthe, » ainsi qu'il le dit lui-même dans le préambule de son recueil auquel il a donné ce titre : *Rolle des évesques de Gap, desquels nous avons pu avoir quelque mémoire.* Afin de débrouiller ce cahos, il fit faire des recherches dans toutes les archives du Gapençais et dans celles de la chambre des comptes d'Aix. Raymond Juvenis et le P. Pagi lui fournirent aussi quelques documents, ainsi que le premier nous l'apprend dans ses Mémoires. Artus de Lionne est auteur de l'*Amantor curvilineorum comtemplatio*, que le P. Léotaud fit imprimer à Lyon en 1654. Notre prélat considère principalement dans cet ouvrage la lunule d'Hippocrate et celles formées à son imitation par des cercles de rapports différents de celui de deux à un, ainsi que divers espaces circulaires dont il détermine les quadratures absolues. Le premier, il a remarqué la quadrabilité absolue des deux parties de la lunule d'Hippocrate, coupées par une ligne partant du centre du plus grand cercle.

LXVII. PIERRE MARION. (1661—1675).

Pierre Marion né à Paris, s'était acquis de la réputation dans les armées du roi avant d'entrer dans le saint ministère ; il devint ensuite abbé de Saint-Paul, et, le 14 décembre 1661, il reçut son brévet de Louis XIV pour remplacer M. de Lionne. L'année suivante il obtint ses bulles du pape Alexandre VII, et fut sacré à Paris par

Hardouin de Perefixe, alors évêque de Rhodez, Jean de Montpeau, évêque de Châlon-sur-Saone, et Jacques Séguier, évêque de Lombes. Cependant, il ne fit son entrée dans Gap, que le 8 septembre 1665.

Cet évêque s'occupa de la réédification du palais épiscopal et de la discipline ecclésiastique. En 1669, il enjoignit aux chanoines et aux prêtres de son diocèse qui se trouvaient dans ce cas, de quitter leurs longs cheveux, de se faire tonsurer, et de porter des habits convenables à l'état ecclésiastique. Il eut ensuite quelques démêlés avec son chapitre relativement aux annates et aux réparations de l'église cathédrale, auxquels mit un terme la sentence arbitrale de 1675, portant, entre autres dispositions, que la crosse donnée par Artus de Lionne serait convertie en une croix d'argent. C'est la même sans doute qui, de nos jours, figure encore dans les cérémonies religieuses.

L'événement le plus important survenu pendant l'épiscopat de Pierre Marion fut la fondation d'un séminaire dans le diocèse de Gap. La première impulsion fut donnée par une noble dame de la ville, damoiselle Marguerite Baud, veuve en dernières noces d'Albert de la Villette, seigneur de Furmeyer. Par son testament du 1er juin 1671, après avoir donné mille livres pour enchasser les reliques de saint Arnoux, elle institua l'évêque pour son héritier, le suppliant, après que son héritage aurait été li-liquidé, d'employer le restant en œuvres pies et charitables et particulièrement à l'érection d'un séminaire où seraient instruits les jeunes clercs, les prêtres et les curés, à condition qu'il serait célébré à perpétuité dans l'église dudit séminaire une messe basse les jours de fête et les dimanches de chaque année. Le 5 mars 1675, Marion établit le séminaire au lieu de Corrié, mandement de la Roche-des-Arnauds, paroisse des Beaux. Il en commit la conduite à son vicaire général, au curé de Saint-André, et à Sauvaire Clément, prêtres de N. D. de Sauveterre et promoteur. A ces trois ecclésiastiques, l'évêque substitua dans la suite les pères de la Doctrine Chrétienne de la province d'Avignon, sans songer que le fameux évêque d'Ypres avait publié depuis long-temps ses quatres propositions, et que les doctrinaires étaient véhémentement soupçonnés de ne pas vouloir les trouver dans le livre de Jansenius.

Pierre Marion mourut le 25 août 1675, après avoir légué 600 livres au couvent des Capucins, et 200 écus aux Chartreux de Durbon. Le testateur avait désiré que son cœur fut inhumé dans l'église de ce dernier couvent; mais les pères de Durbon déclarèrent qu'ils ne pouvaient recevoir le dépôt que l'évêque avait voulu leur confier qu'au préalable les 200 écus ne leur fussent comptés; alors la dame Duché, nièce de M. Marion, fit placer le cœur du prélat dans la chapelle de N. D. de l'église des Capucins, à l'endroit où une plaque d'étain fut posée dans le mois de septembre de l'année même du décès.

Pendant l'épiscopat de Pierre Marion, il n'était bruit dans les vallées des Alpes comme au sommet des monts, que des merveilles que Dieu opérait au Laus par l'intercession de la sainte Vierge; et ces merveilles se prolongèrent durant la seconde moitié du XVII° siècle, alors que Louis XIV étonnait l'Europe par ses conquêtes. Elles continuèrent à se manifester pendant le siècle du scepticisme; elles se montrent encore de nos jours aux esprits simples, aux âmes pieuses, et aux cœurs purs que la foi n'a pas délaissés. A ce sujet, voir la Note Q, page 255.

LXVIII. GUILLAUME DE MESCHATIN-LA-FAYE.
(1677-1679).

Après la mort de Pierre Marion, le siège resta vacant pendant deux années. Ce ne fut qu'en 1677 qu'un noble comte de Saint-Jean de Lyon, messire Guillaume de Meschatin-la-Faye, fut nommé évêque de Gap. Il fit son entrée dans la ville le 4 décembre, siégea peu de temps, et mourut le 20 février 1679. Son érudition, sa rare piété avaient fait concevoir de grandes espérances à ses diocésains qui le regrettèrent beaucoup, principalement les Capucins qu'il aimait avec tendresse, et auxquels il avait fait des aumônes considérables.

LXIX. VICTOR DE MEILLAN[1]. (1680-1684).

Dans le courant de l'année 1680, le roi pourvut à la vacance de l'évêché de Gap, en nommant pour en occuper le siège un ancien aumônier de la reine Anne d'Autriche, sa mère. Cet ancien aumônier regardait avec frayeur cette nouvelle dignité et la refusait. C'était messire Victor de Meillan. Le cardinal de Bouillon dont il avait acquis l'estime et l'amitié lui conseilla d'accepter cette charge, et l'emmena à Rome où il se rendait en qualité d'ambassadeur. Son Éminence fit un portrait si avantageux de notre évêque à Innocent XI que le pape lui accorda ses bulles gratuitement.

Avant de se rendre dans son diocèse, Victor de Meillan

---

[1] Dans divers actes authentiques, on donne à cet évêque les noms de Méliand, Mioland et Meillan. Ce dernier a prévalu.

obtint de Louis XIV des lettres-patentes portant confirmation de l'établissement d'un séminaire à Gap. Le diocèse est présenté dans ces lettres comme renfermant un grand nombre d'hérétiques *qui ne cessent d'y répandre le venin de l'hérésie*. L'évêque fut autorisé à unir des bénéfices au séminaire jusqu'à concurrence de 3,000 livres de revenu annuel, et d'imposer sur tous les produits du diocèse, autres que ceux des cures, la somme de 1000 livres par année. Il était permis aux pères de la Doctrine Chrétienne d'acheter et de faire bâtir la maison du séminaire en tel lieu de la ville de Gap qui serait jugé le plus convenable, et de recevoir tous les legs et donations qui pourraient leur être faits. Enfin, le lieu sur lequel serait construite l'église ou la chapelle ne devait être sujet à aucune finance envers le roi et ses successeurs. Ces lettres-patentes sont du mois de novembre 1680.

Le nouveau prélat fit son entrée dans la ville épiscopale le 15 décembre suivant. « Comme l'ambition n'entra « point avec lui au gouvernement de son diocèse, il « l'exerça sans reproche »; mais non sans éprouver quelque tribulations de la part du notaire Armand, commissaire pour le papier terrier du roi. Ce notaire exigeait des reconnaissances des particuliers qui possédaient des maisons ou des domaines engagés, au préjudice des droits de l'évêché. Il en adressa ses plaintes à l'intendant de Grenoble, qui sans-doute s'empressa de le rassurer. Meillan eut aussi quelques démêlés avec son chapitre, parceque, seul il voulait connaître des causes criminelles des bénéficiers de la cathédrale, contrairement aux transactions, aux sentences arbitrales, aux statuts et usages observés de tout temps par les évêques, d'après lesquels les députés du chapitre assistaient comme juges à l'instruction et au jugement des procès.

La paix fut sans doute bientôt scellée entre l'évêque et ses chanoines. En l'année 1683, ces derniers prirent la résolution de faire confectionner une chasse en argent fin pour y déposer les reliques du glorieux saint Arnoux. Dans la suite, ils s'aperçurent que par le traité intervenu entre Christophe Cilbert, maître orfèvre à Aix et messire Louis du Serre, sieur de Melve et doyen du chapitre, le buste du saint n'avait pas de bras. Par un nouveau traité, il fut convenu qu'il aurait ses deux bras et sa crosse ; ce qui fut ainsi exécuté à la satisfaction du chapitre et des habitants de Gap, lesquels virent chaque année, le 19 septembre, la brillante effigie du bienheureux patron du diocèse, jusqu'à l'époque où le citoyen Beauchamp, représentant du peuple, en mission dans les Hautes-Alpes, en l'an II de la république, vint *défanatiser* le département. Ce député, considérant que les *matières* d'or et d'argent « sont des objets de luxe pour la divinité sans aucun « objet d'utilité pour elle....», empila dans la même caisse les deux chasses rivales de saint Arnoux et de saint Grégoire, patron de Tallard, et envoya leurs bustes fleurdelisés battre monnaie, non sur la place de la Révolution, mais sur l'autel de la patrie, pour opérer la descente en Angleterre[1]. Lorsque le culte public fut rétabli en France, il fallut revenir au vieux buste de bois qui,

---

[1] *Arrêté du directoire du département pris en présence du citoyen Beauchamp, le 15 frimaire an II (5 décembre 1793), signé. . . . . . Que vous importe par qui ?*

comme le buste d'argent, avait échappé au pillage opéré par les Barbets du duc de Savoie en 1692.

Victor de Meillan ne jouit pas du bonheur de bénir la nouvelle châsse de saint Arnoux. Il était parti pour Aleth où le roi l'avait appelé en 1684. Cependant, il se trouvait encore à Gap au mois de novembre, époque à laquelle il fit à son successeur la remise du service et de tous les fonds destinés aux réparations de l'église cathédrale et à la reconstruction du palais épiscopal. Il mourut à Paris en 1711.

LXX. CHARLES-BÉNIGNE D'HERVÉ. (1684-1704).

Or, le successeur de M. de Meillan n'était évêque de Gap qu'à demi; il était arrivé dès le mois d'octobre 1684 avec le titre de vicaire général et d'évêque nommé du diocèse. A cette époque la cour de France et le trône pontifical ne donnaient pas au monde chrétien l'exemple de la bonne intelligence qui toujours aurait dû régner entre le chef et le fils aîné de l'Eglise. Aussi Charles-Bénigne d'Hervé ne put obtenir l'institution canonique qu'en l'année 1694. Mais, comme avant sa nomination, il avait été chef d'une mission royale, il continua sa mission en prenant le gouvernement du diocèse, et, en cette qualité, il fit deux visites générales.—Pendant son épiscopat trois grands événements vinrent surprendre, affliger ou réjouir la ville de Gap, savoir: la révocation de l'édit de Nantes, l'invasion des troupes alliées sous le commandement du duc de Savoie, et les graves différends qui s'élevèrent au sujet des feux de joie, entre l'évêque et le sieur du Saix, comte de Villebois, gouverneur de la ville et descendant de ce Pierre Gruel anobli par Gaucher de Forcalquier.

M. d'Hervé fit exécuter de son mieux l'ordonnance de révocation ; il envoya prêcher d'un côté les pères jésuites, de l'autre les pères cordeliers, au nord les pères dominicains, et au midi les pères capucins. D'après les Annales de ces derniers, il résulta de toutes ces prédications un grand fruit pour les anciens catholiques et assez d'instruction pour les nouveaux convertis. Le prêche, autrefois l'église de Sainte-Colombe fut démoli, et sur la demande du chapitre, le roi fit don du terrain où il était construit pour servir de cimetière. Toutefois ce lieu ne reçut jamais les dépouilles mortelles d'aucun habitant de Gap, car on y éleva le palais du bailliage.—Il a été parlé dans le Précis, de la ruine de Gap par les troupes alliées, et de la guerre des feux de joie. Les bornes assignées à cet ouvrage ne permettent pas de développer davantage ce qui a été rapporté aux pages 122 et 126.

Bien que notre évêque n'eût encore dans le diocèse d'autre titre que celui de vicaire et official général, il voulut néanmoins exercer la juridiction épiscopale dans toute sa plénitude. Il prit en main le différend élevé entre son prédécesseur et le chapitre. Vainement les chanoines invoquèrent ces vieilles bulles qui les avaient exemptés de la juridiction de l'ordinaire. Par une transaction du 19 novembre 1687, ils furent obligés de reconnaître que le seigneur évêque pouvait punir les crimes et les contraventions aux ordonnances du diocèse commis par eux ou par les bénéficiers et les ecclésiastiques de l'église cathédrale, en appelant à son tribunal le doyen et un chanoine. Ainsi tomba devant les exigences du seigneur d'Hervé, évêque gallican s'il en fut jamais, la bulle du souverain pontife Alexandre III du mois de septembre 1176. En cette même année 1687, l'évêque donna pouvoir à Etienne Richaud de Cervoules, son théologal, d'aller retirer à Aix la chasse de saint Arnoux.

Lorsque M. d'Hervé n'eut plus sur les bras l'immense affaire des feux de joie, il mit tous ses soins à surveiller la discipline ecclésiastique, la police de la ville et l'emploi du revenu des prieurés et des couvents de son diocèse. Depuis l'incendie de 1692, le cimetière de l'église cathédrale était devenu une place publique. Par ordonnance du 25 octobre 1695, l'évêque enjoignit au maire perpétuel et aux consuls de faire fermer de murailles ce cimetière, à peine d'interdiction si, dans la quinzaine, l'ordonnance épiscopale n'avait pas reçu son exécution. Le mur de clôture ne fut pas élevé dans le délai prescrit; la sentence d'interdiction fut prononcée, et alors les habitants de Gap étaient contraints « de garder « les corps morts dans leurs maisons pour ne savoir où « les enterrer, ce qui causoit une infection capable « d'attirer de grandes maladies dans la ville. » Heureusement un ami des vivants et des morts tira le conseil municipal de l'embarras où le jetait le défaut de finances, en donnant à la ville un jardin situé près de la porte Chauchières. M. d'Hervé leva son interdiction le 1ᵉʳ mars 1696 et bénit le jardin cédé par Daniel Meyssonier, conseiller municipal et procureur du roi à l'hôtel de ville, pour servir de cimetière succursal, en attendant que le maire et les consuls eussent fait clore, selon leur promesse, celui qui entourait l'église cathédrale.

En 1704, Charles-Bénigne d'Hervé se vit contraint de donner sa démission entre les mains du roi qui le pourvut d'une abbaye de 20,000 livres de revenu. Sa conduite peu régulière était connue à la Cour et amèrement censurée dans sa ville épiscopale. D'après l'annotateur anonyme des Mémoires de Dangeau. « Cet évêque était « parvenu à l'épiscopat par ses missions et par une vie « fort sainte. Son épiscopat le fut de même jusque vers « l'âge de cinquante ans qu'il se dérangea, et la dégrin- « golade fut rapide et affreuse...... » Mais, je dois ajouter que vers la fin de sa carrière, il montra un grand repentir de ses dérèglements et travailla à des missions avec les capucins du lieu où il s'était retiré. Si, pendant son séjour à Gap, sa conduite, sous le rapport des mœurs, ne fut pas toujours exempte de reproches, il veilla avec un soin extrême sur celle du clergé de son diocèse, ainsi que le témoignent les ordonnances synodales qu'il rédigea et qui furent imprimées en placard.

LXXI. FRANÇOIS BERGER DE MALISSOLES.
(1706-1738).

M. de Malissoles, né à Vienne en Dauphiné, fut le successeur de M. d'Hervé au siège de notre diocèse. Il était doyen de l'église de Die lorsque, au mois d'avril 1706, Louis XIV le nomma à l'évêché de Gap. Dans le courant du mois de mai suivant, il adressa un mémoire au souverain pontife dans le but d'obtenir gratuitement la délivrance de ses bulles. Le nouveau prélat y expose des faits sur la situation de la ville et du diocèse qui méritent d'être rappelés.

1° Depuis le concordat, l'évêché de Gap avait perdu 25,000 livres de rente, par les guerres de religion ;

2° Le nombre des calvinistes s'élevait encore dans le diocèse à 80 mille ;

3° En 1692, le diocèse avait été ruiné et désolé par les hérétiques des montagnes de la Savoie ; la plus grande partie des terres y était restée sans culture depuis que les villages avaient été brûlés et détruits ;

4° A la même époque, la ville de Gap fut entièrement saccagée, l'église cathédrale brûlée et la sacristie dépouillée de tous ses ornements ;

5° Le palais épiscopal était en très mauvais état, etc[1].

J'ignore quel fut le résultat de la demande de M. de Malissoles ; mais ce prélat obtint l'institution de Clément XI, fut sacré à Vienne, et prit possession du siège épiscopal le 15 avril 1707.

Notre évêque avait connaissance des ordonnances synodales de Gabriel de Sclafanatis, de celles dressées vers la fin du XVIᵉ siècle par Paparin de Chaumont, et sans doute aussi de celles publiées par son prédécesseur, bien qu'il ne les cite pas comme les premières; toutefois, il crut devoir en rédiger de nouvelles qui témoignent hautement de la rigidité de ses mœurs et de la roideur de ses principes; et pourtant il fut très zélé moliniste. Elles portent la date du 1ᵉʳ mai 1712 et sont terminées par une oraison où sont invoqués les évêques de Gap reconnus pour saints et dont la liste fut singulièrement raccourcie par son neveu lorsque celui-ci fut appelé sur le siège du diocèse. Les ordonnances de M. de

---

[1] Il semble qu'il y a exagération dans la plupart des faits exposés dans ce mémoire, entre autres dans le chiffre des protestants existant alors dans le diocèse. Jamais leur nombre n'a dû s'élever à 80 mille, et à l'époque où nous sommes parvenus beaucoup de religionnaires avaient dû quitter le diocèse par suite de l'édit de révocation.

Malissoles firent l'admiration des âmes pieuses répandues en grand nombre dans la vaste étendue de l'évêché. On dut surtout les trouver remplies de sagesse et d'une sainte prévoyance dans la vicomté de Tallard, érigée, cette année même en duché-pairie; car c'est au sein de la vieille cité d'Alarante que le pieux évêque voulait établir ou transférer son séminaire, (page 142). Les ordonnances de M. de Malissoles ne furent jamais modifiées par ses successeurs; on en observa les dispositions jusques en 1791.

Je puis à peine indiquer les nombreux travaux apostoliques de ce prélat. On le vit toujours parcourir le diocèse, prêcher sans-cesse pour ramener au bercail les brebis égarées, entourer du plus grand éclat les cérémonies religieuses, et veiller avec un soin extrême à ce que les subtiles erreurs de Jansenius ne vinssent infecter son troupeau. Toutefois ce digne pasteur ne négligea nullement les droits qu'il tenait de ses prédécesseurs. En 1710, le maire perpétuel, fonctionnaire municipal de création nouvelle, prétendit avoir le pas dans les cérémonies publiques sur le juge épiscopal. M. de Malissoles en porta ses plaintes jusqu'aux pieds du trône : à cet époque il fit un voyage à Paris, de sorte qu'il put remettre lui-même son mémoire à Louis XIV; mais le fier monarque dut maintenir la préséance établie par l'édit de 1702, et messire Jean Masseron, maire royal, précéder en toutes circonstances le juge du ci-devant feudataire de l'empire.—Trois années plus tard se liait entre notre évêque et le vi-bailli une instance au sujet du bois de Rambaud, laquelle se prolongea jusqu'en 1724.—Enfin « par transaction passée entre la ville de Gap,

« d'une part, et M. de Malissoles d'autre, le 20 mai 1718,
« reçue Escallier, notaire de Gap, les bois de Charance
« furent cédés à l'évêque contre toute sorte de droit,
« n'étant pas douteux que les communaux apartenaient
« à la ville. » Ainsi s'exprime, dans ses Mémoires inédits,
Joseph-Dominique de Rochas, l'un des plus sincères admirateurs des vertus de notre prélat.

Ce chroniqueur ajoute plus loin: « M. de Malissoles
« mourut en odeur de sainteté le 20 septembre 1738. »
Il fut enseveli dans l'église cathédrale devant le grand
autel. L'inscription gravée sur la pierre tumulaire nous
apprend qu'au jour de son trépas, il avait atteint la 70^e
année de son âge.

Si l'espace qui m'est réservé l'avait permis, j'aurais
exposé dans tous ses détails l'épisode le plus intéressant
de l'histoire des Hautes-Alpes et même des annales ecclésiastiques pendant la première moitié du xviiie siècle.
C'est la tenue en 1727 du concile d'Embrun où un vieillard de quatre-vingts ans, luttant seul mais vainement,
contre les prélats de la province des Alpes-Maritimes et
de plusieurs autres métropoles de France, fut condamné
et déposé pour cause de jansénisme. M. de Malissoles y
assista, et ne fut pas mieux traité que ses collégues par
Jean Soanen, évêque de Senez. Comme eux il fut recusé
par ce prélat: « Déclare ledit seigneur évêque qu'il
« recuse personnellement Mgr. l'évêque de Gap pour la
« profession qu'il a faite dans son mandement, d'une
« doctrine corrompue et depuis long-temps condamnée
« par l'Eglise; ledit mandement fait en l'année 1714. »

Les évêques de Marseille, de Viviers, d'Apt, d'Autun
et ceux de la métropole d'Embrun, étaient censurés

comme le nôtre dans les actes que M. Soanen fit notifier au concile. A la suite de la sentence rendue contre ce prélat, Louis XV l'exila à la Chaise-Dieu, où il prolongea sa vie jusqu'à l'âge de 94 ans. Il ne signait plus que *Jean évêque de Senez, prisonnier de J. C.*, et le jansénisme tout entier recevait ses lettres comme celles d'un martyr. On taxa d'inique la condamnation de M. Soanen; les réfutations ne se firent pas attendre, et le monde chrétien fut inondé de chansons, de libelles et de satires[1]. Le plus grand partisan de M. de Senez avait été le diacre Pâris, appelant, réappelant et adhérant au prélat avant sa condamnation, car il était mort au commencement de 1727. Il avait été inhumé à Paris au cimetière de Saint-Médard où les malades et les estropiés éprouvaient sur son tombeau des convulsions extraordinaires, et d'où il revenaient battus, roués de coups et à moitié guéris. C'est l'œuvre de Dieu, disaient les jansénistes; c'est l'œuvre du démon, disaient les acceptants de la fameuse bulle; c'est l'œuvre des hommes, disaient les philosophes qui commençaient à poindre. Et tout ce ridicule se termina à peine en 1732 où l'autorité fit fermer le cimetière. Alors un malin plaisant s'avisa d'écrire sur la porte:

« De par le roi, défense à Dieu
« D'opérer miracle en ce lieu. »

Ce qui n'empêcha nullement le bon et savant Rollin

---

[1] On descendit même jusqu'au Calembour : en parlant du cardinal-archevêque d'Embrun, président du Concile, les jansénistes disaient: M. de *Tencin* pas *tant saint*.

d'aller chaque jour s'agenouiller devant la porte fermée, et d'invoquer comme à l'ordinaire le saint diacre Pâris[1].

M. de Malissolles revint à Gap fort content, puisque, en faisant triompher le principe de l'unité, il avait abaissé l'orgueil des jansénistes. Dans la suite ils cherchèrent vainement à secouer le joug d'une dépendance légitime dans le diocèse confié à sa sollicitude, comme le prouve sa correspondance avec le fameux de Belzunce, évêque de Marseille; au concile d'Embrun, il s'était lié d'amitié avec ce prélat si recommandable par son dévouement lors de la peste de 1720.

Voir au surplus ce qui a été dit de M. de Malissoles dans le Précis, page 127.

LXXII. CLAUDE DE CABANNES. (1739-1741).

Après la mort de François Berger de Malissoles, Claude de Pina, doyen du chapitre et vicaire général, administra le diocèse jusque au 10 septembre 1739, époque à laquelle Claude de Cabannes, chanoine en la métropole d'Aix, fit son entrée dans la ville de Gap. Il avait les mérites et marchait sur les traces de son prédécesseur; mais la mort l'enleva à la vénération de ses diocésains le 10 septembre 1741. Il fut inhumé dans l'église cathédrale près de l'autel de la sainte Vierge.

---

[1] Voilà où en étaient venus les arrière-disciples des Arnaud, des Nicole, des Sacy, des Duvergier de Hauranne. Mais, pouvons-nous dire avec le comte Joseph de Maistre que Pascal n'est qu'un menteur, et tout Port-Royal *une coterie au service de quelques hommes médiocres?*

LXIII. JACQUES-MARIE DE CARITAT DE CONDORCET.
(1741-1754).

De toutes les familles nobles du dauphiné à l'époque où la doctrine de Luther pénétra dans cette province, la première qui se déclara pour la réformation fut celle des Caritat de Condorcet dont le principal manoir se voit encore près de Nions. Henri de Caritat se trouvant à Orange lors des affreuses journées de la Saint-Barthélemy, à la tête de quelques gentilshommes et d'un petit nombre de soldats, résista aux brigands venus d'Avignon pour surprendre la ville d'Orange, et obtint la permission de se retirer.

C'est dans le château de Condorcet que naquit en 1703 Jacques-Marie de Caritat de Condorcet, descendant de Henri le huguenot. Dans son jeune âge il suivit la carrière des armes. Après plusieurs années de service, il prit l'habit ecclésiastique et devint d'abord grand vicaire de son oncle Jean d'Yse de Saléon, évêque de Rhodez et ensuite archevêque de Vienne. M. de Condorcet fut nommé par le roi à l'évêché de Gap en l'année 1741, et fit son entrée solennelle dans cette ville le 4 août 1742. Nos consuls, plus courtois que leurs devanciers, se rendirent au palais épiscopal munis du Livre rouge, dans lequel le nouveau prélat voulut bien souscrire la déclaration de respecter ce qui restait des vieux droits et des anciennes franchises de la cité. Nous avons rapporté dans le Précis comment le premier consul, M⁰ Barbier, usant de sa force musculaire, contraignit le rejeton des Caritat d'accompagner le corps municipal jusqu'à la porte d'entrée du palais dont il venait de prendre possession.

M. de Condorcet s'occupa d'abord de la police rurale ; et eut ensuite à se plaindre des féaux de son chapitre, lesquels avaient montré quelque velléité de faire revivre leurs franchises plus que surannées. Dans un mémoire non daté, l'évêque se plaignait que les chanoines et les autres bénéficiers de la cathédrale, sous le prétexte de leurs priviléges, avaient refusé de le recevoir de la manière prescrite par le pontifical romain et l'arrêt du conseil de l'année 1663. Jamais, dit le prélat, ils n'avaient voulu renvoyer leurs jeunes servantes, et ne plus aller à la chasse avec des fusils, et pourtant il n'exigeait que ce qui était prescrit par les ordonnances synodales du diocèse, à l'observation desquelles ils étaient soumis par le traité de 1687. Une transaction du 22 août 1745 mit un terme au débat élevé entre l'évêque et son chapitre, et régla même quelques autres affaires relatives à la reconstruction des moulins de Chararje et à la succession de M. de Cabannes. Messieurs du Chapitre et de l'Université de l'église cathédrale promirent de se conformer au cérémonial romain expliqué et commenté par Dumoulin. En conséquence, les jours d'œuvre comme les jours de dimanche et de fête, les chanoines devaient aller prendre l'évêque pour l'accompagner lorsqu'il voulait assister aux offices.

En 1754, M. de Condorcet obtint le poste d'Auxerre, d'où il fut transféré à celui de Lizieux en 1761. Il mourut le 21 septembre 1785, âgé de quatre-vingts ans, et généralement regretté pour ses vertus, bien qu'à Lizieux comme à Gap et à Auxerre, il eut excité quelques troubles par sa rigidité. Un de nos chroniqueurs (Rochas, *Mém. inédits*) a mêlé à son égard la louange et le blâme,

en s'exprimant de la manière suivante : « M. de Condor-
« cet aimoit la vaine gloire et avoit l'esprit processif; il
« étoit fort charitable, tout appliqué au gouvernement
« de son diocèse, et exemplaire dans ses mœurs...... Il
« commençait à se faire aimer dans sa ville épiscopale et
« dans tout son diocèse lorsqu'il fut transféré à l'évêché
« d'Auxerre..... Il est certain que lorsqu'il quitta Gap,
« ce ne fut qu'avec regret tant de son côté que de celui
« de la ville. »

M. de Condorcet avait obtenu en 1744 la permission de faire arracher les arbres des vieilles allées du château de Charance, de former une nouvelle allée et de planter de nouveaux arbres. Ainsi, sont dus à cet évêque ces vieux tilleuls végétant encore au milieu des arbres verts groupés entre les allées sinueuses, et qui, avec les parterres, les massifs, les cascades et les autres embellissements que lui a donnés M. Brochier, receveur général à Nîmes, font de Charance le jardin paysager le plus beau et le plus pittoresque des Alpes. M. de Condorcet, avait, au surplus, fait doubler les appartements du château.

Pour les autres actes de son épiscopat, nous renvoyons le lecteur au Précis historique, p. 129.

LXXIV. PIERRE-ANNET DE PÉROUSE. (1754-1762).

A l'amateur d'une vaine gloire, au seigneur temporel d'un esprit processif, nous voyons succéder un pontife d'une piété solide, se chargeant d'accomoder les procès de ses diocésains, et n'en suscitant jamais aucun aux habitants de sa ville épiscopale; « en quoi, dit son pieux
« contemporain (M. de Rochas), il est plus louable et
« plus heureux que ses prédécesseurs. » Cet évêque,

le plus savant qui soit monté sur le trône épiscopal de Gap, était le digne neveu du bienheureux Berger de Malissoles, et, comme lui, il était né à Vienne. Pierre-Annet de Pérouse, conseiller clerc au parlement de Grenoble, fut nommé en 1754 pour remplacer M. de Condorcet. Cependant, il ne prit possession du siège épiscopal qu'en l'année 1756.

Cet évêque ne pouvait voir sans un vif chagrin les habitants de Gap possesseurs de prairies au quartier de Charance et le long du Turelet, se disputer avec acharnement pendant les ardeurs de l'été, l'eau qui coule de la montagne dans le grand bassin, et de là se répand sur les prairies. Chaque propriétaire voulait arroser au même moment, et d'autre droit n'était connu que celui de la ruse, de l'adresse ou de la force ; des propos insultants, on en venait aux rixes les plus violentes et plus d'une fois le sang avait coulé. M. de Pérouse mit un terme aux scènes déplorables dont il put être témoin, en obtenant du parlement, le 27 mai 1766, l'homologation d'un règlement par suite duquel deux *prayers* ou distributeurs des eaux furent établis pour l'arrosage des prairies et notamment pour le pré et le jardin de l'évêché, avec défense à tout autre de les dériver.

Pierre-Annet de Pérouse voulut ensuite réformer le bréviaire du diocèse ; et sans motifs connus, dédaignant la constante tradition, cédant peut-être au rationalisme qui à cette époque avait envahi la société, il ne fit nullement figurer dans celui qu'il rédigea ni Demetrius, le disciple des apôtres, qui annonça la bonne nouvelle à nos ancêtres, ni les martyrs Erédius et Territus. Des deux saints confesseurs Constantin et Constance il ne fit qu'un seul et même évêque ; ce qui lui a attiré les reproches de ses contemporains et même des savants ecclésiastiques de l'époque actuelle, entre autres de M. l'abbé Aucel, en ce moment directeur de l'hospice royal du Mont-Genèvre. Dans une dissertation lumineuse insérée dans l'ouvrage qu'il a publié en 1858, cet auteur a fait triompher l'antique tradition et a rétabli sur le siège dont ils avaient été expulsés, les saints fondateurs de l'église de Gap.

M. de Pérouse mourut dans cette ville le 25 juillet 1762, âgé d'environ 70 ans, et fut inhumé dans l'église cathédrale à côté de M. de Malissoles, son oncle. Il avait institué le chapitre et l'hôpital général de cette ville pour ses héritiers. Le chapitre répudia sa part dans la succession, de sorte que l'hôpital seul la recueillit ; mais, hélas ! comme celle de la plupart des gens de bien, elle était peu considérable !

Voir au surplus le Précis, p. 180.

LXXV. FRANÇOIS DE NARBONNE-LARA.
(1763-1775).

Cet évêque, de la famille des vicomtes de Narbonne, naquit dans le diocèse de Condom, et fut le successeur de M. de Pérouse dont il publia le bréviaire. On a dit et imprimé que M. de Narbonne se trouvait au nombre des quatre prélats de cour qui refusèrent de parler de confession à Louis XV mourant. L'auteur pseudonyme des *Mémoires de Louis XVIII*[1] a tracé de notre prélat le portrait peu flatté que je transcris ici :

---

[1] Dans le monde littéraire on attribue ces Mémoires à M. Lamotie-Langon.

« L'évêque de Gap, M. de Narbonne, aumônier de
« mes deux autres tantes (Mesdames Victoire et Sophie),
« était plus grand seigneur qu'humble prélat. C'était un
« bel homme fort en odeur de sainteté auprès de nos
« vieilles douairières, et qui était plus occupé de son
« avancement temporel que du salut de son âme. »

L'auteur de la charte ne s'est pas montré fort charitable s'il a réellement tenu le propos qu'on lui attribue dans les Mémoires publiés sous son nom. Quoi qu'il en soit, il est certain que M. de Narbonne songeait à son avancement, et qu'en l'année 1775, il fut transféré au siège d'Evreux.

Pour les autres actes de son épiscopat, nous renvoyons au Précis, p. 131.

LXXVI. FRANÇOIS-GASPARD DE JOUFFROY-GONSANS. (1774-1777).

Le successeur de M. de Narbonne prit possession de l'évêché de Gap le 25 octobre 1774. Il était chanoine de Saint-Claude au moment où il fut élevé à l'épiscopat. La douceur de son caractère, la pureté de ses mœurs, le zèle qu'il montra pour la religion, ont été remarqués par ses contemporains, car ces vertus devenaient alors assez rares, même en province. Sur le siège du Mans, où il fut transféré en 1778, M. de Jouffroy s'occupa d'abord de rétablir l'ordre et la paix dans son diocèse; mais il ne put y parvenir qu'en unissant à la patience une grande fermeté. Député aux Etats généraux en 1789, il protesta contre les décrets de l'assemblée constituante, et se retira, vers la fin de 1792, à Paderbon en Westphalie. Les chanoines de cette ville l'accueillirent avec les égards dus à son rang et à sa position, et lui assignèrent un revenu de 1,200 florins. Comme il était naturellement économe, il se trouva assez riche avec ce faible revenu pour venir au secours de ses compatriotes plus malheureux, sous le rapport de la fortune, qu'il ne l'était lui-même. M. de Jouffroy, né au château de Gonsans près de Besançon en 1725, mourut dans l'exil à l'âge de 74 ans. (1797).

Nous renvoyons encore au Précis historique page 151, pour compléter sa notice.

LXXVII. JEAN-BAPTISTE-MARIE DE MAILLÉ DE LA TOUR-LANDRY. (1778-1784).

Voici venir le prélat le plus gai, le plus jovial, le plus spirituel de France, le représentant le plus fidèle du siècle évaporé qui usurpa le titre de philosophique. Voici venir M. de Maillé que l'on nous donne pour succéder au pontife un peu morose qui s'en allait vers le Mans. Il va effacer dans tous les esprits les traces de l'orage épouvantable qui avait précédé son entrée dans la ville de Gap, laquelle entrée eut lieu sans façon le 26 juillet 1778, et sans que le nouveau prélat se fût fait annoncer. M. de Maillé fit bientôt de Charance son séjour ordinaire. Sa table était toujours ouverte à la bonne compagnie de la ville et de la banlieue. Là se montrait en première ligne M. le vi-bailli Philibert, bien que chaque jour il eût à supporter les sarcasmes de M. l'abbé de Lavillette, grand vicaire du diocèse et abbé de Clausonne, et les railleries fort piquantes de M. le chanoine Flour de Saint-Genis. On y voyait encore figurer avec avantage M. Vallon, président de l'élection, et surtout le R. P. Vincent, le plus aimable des capucins de la ville.

La famille toute puissante de M. de Maillé croyant qu'un évêché plus riche que l'évêché de Gap lui permettrait de payer les dettes qu'il avait contractées dans cette ville, lui fit obtenir le siège de Saint-Papoul en Languedoc, où notre prélat se rendit en 1784. Il ne quitta sa nouvelle résidence qu'après la promulgation de la constitution civile du clergé ; et quoi qu'en ait dit le journal janséniste de l'abbé Grégoire, (*Annales de la Religion*, tom. *XI*), M. de Maillé n'abjura jamais sa religion. Pendant la révolution, il demeura presque toujours à Paris : il y rendit beaucoup de services jusqu'au moment où il fut déporté à l'île de Rhé avec plusieurs autres ecclésiastiques qui, comme lui, furent rassasiés de souffrances et d'amertumes. A l'époque du concordat M. de Maillé fut nommé évêque de Rennes ; mais dans ce nouveau poste, il ne vécut pas toujours dans une harmonie parfaite avec le fameux Mounier, préfet à la même époque du département d'Ille et Vilaine. J'ai déjà annoncé dans le Précis, p. 152, que M. de Maillé était mort à Paris en 1804 au moment du sacre de Napoléon.

Bien avant cette époque il avait apporté de la réforme dans ses mœurs, et en était venu aux pratiques les plus strictes de la dévotion ; il avait eu même assez d'ascendant sur ses associés aux fêtes équivoques du château de Charance, pour les ramener à une conduite très régulière. Notre siècle est trop décent pour que je l'expose à rougir des contes graveleux, des couplets satiriques que les contemporains de M. de Maillé nous ont transmis. Le poëme de *La Landoride* ou *La Landryade*[1], qui n'est pas venu jusqu'à nous et que l'on attribua à M. l'abbé

---

[1] Allusion au nom de Landry, l'un de ceux de notre évêque.

Rolland, depuis député à l'assemblée constituante, fit, dit-on, les délices des connaisseurs gapençais. Je préfère terminer cette Notice par un éloge parti du couvent des capucins de notre ville. « M. de Maillé avait pour nous
« une bonté singulière. Le P. Vincent résidait avec lui
« à Charance. En son absence un autre religieux lui
« donnait la messe. Il nous témoignait la plus tendre
« amitié quand nous le visitions ; il nous a donné pour
« achever l'aqueduc de la fontaine, en trois temps diffé-
« rents, 244 livres. *Vivat ad longos annos.* »

La conduite tenue par notre évêque pendant et après la révolution a effacé bien des fautes ; et je m'associe de bon cœur au *Vivat* du rédacteur des Annales des Capucins.

LXXVIII. FRANÇOIS-HENRI DE LA BROUE DE VAREILLES.
(1784-1794).

On a déjà pu remarquer dans la succession de nos évêques les contrastes les plus frappants. A Sagittaire on a vu succéder saint Arey ; à Ripert le simoniaque, le glorieux saint Arnoux ; à l'irascible Othon II, le doux et pacifique Raymond de Mévouillon ; à Gaucher de Forcalquier si violent et si cruel, le bon Gabriel de Sclafanatis ; à Clermont l'apostat, Paparin de Chaumont qui versa son sang pour le triomphe de l'Eglise ; à l'amateur d'une vaine gloire, au prélat à l'esprit processif, à Caritat de Condorcet en un mot, Pierre-Annet de Pérouse qui terminait les procès et n'en intentait jamais à personne. Après M. de Maillé, le ciel nous devait donc un prélat de mœurs austères, d'une piété non équivoque, d'une gravité imposante, devant lequel vinssent s'émousser les traits malins lancés par les gapençais contre l'épiscopat, à l'occasion de la légèreté et de la conduite imprudente de leur dernier pasteur. Le roi et le souverain pontife furent les instruments du Très-Haut lorsqu'ils nous envoyèrent pour succéder à M. de Maillé, François-Henri de La Broue de Vareilles, abbé commendataire de l'abbaye royale de la Grâce-Dieu, et vicaire général du diocèse de Metz.

Né le 2 septembre 1734 au château de Sommières en Poitou, M. de Vareilles fit ses études à Paris au séminaire de Saint-Sulpice. Elevé au sacerdoce, il fut nommé chanoine de Meaux en 1760, grand vicaire de Metz en 1762, et évêque de Gap en 1784. Au mois d'avril de l'année suivante, il termina un différend qui s'était élevé entre le Chapitre et MM. Bontoux et Escallier, curés de la paroisse Saint-Arnoux[1]. Les bonnes œuvres, les soins charitables du nouveau prélat continuèrent jusqu'au mois de juillet 1791, époque où il se vit contraint de sortir de la ville pendant la nuit et sous des habits empruntés, après avoir essuyé un assaut au palais épiscopal, lequel eut pour résultat beaucoup de vitres cassées[2].

---

[1] Voici le nom des chanoines tels qu'on les trouve dans les délibérations qui précédèrent la sentence arbitrale rendue par M. de Vareilles le 24 avril 1785 : Jean Busco, doyen ; Jean-François-Arnoux Blanc, archidiacre ; Ignace Céas, prévôt ; Joseph de Labastie ; Jacques-Marie Flour de Saint-Genis ; Pomponne Gautier ; Félix-Étienne Bonnard ; Joseph Brutinel ; Ignace de Cazeneuve ; Augustin-Pierre-Joseph Dupuy, et François Marchon. La révolution les trouva presque tous dans les stalles de l'église cathédrale.

[2] Quelques jeunes patriotes avaient porté une cocarde nationale à l'évêché, et invité M. de Vareilles à s'en décorer. On prétendit quelques jours après que l'évêque avait fait placer cette cocarde sur la queue de

M. de Vareilles se cacha pendant quelque temps à Grenoble et dans les environs de Lyon ; ensuite il passa en Savoie et fixa sa résidence à Chambéry. Mais forcé bientôt de quitter cette ville qui allait être occupée par l'armée Française, il se retira à Fribourg où les évêques émigrés avaient établi une table commune pour cent vingt prêtres indigents, expatriés comme eux. « M. de Vareilles devint le trésorier de la caisse de secours; il « inventait chaque jour de nouveaux moyens pour se « procurer des aumônes ; il allait souvent servir ces « prêtres qui pleuraient d'attendrissement à la vue d'une « charité si touchante. » M. Beaupoil de Saint-Aulaire, évêque de Poitiers, mourut à Fribourg dans les bras de notre prélat qu'il avait nommé son exécuteur testamentaire. En 1796, M. de Vareilles se retira à Munich, et ne rentra en France qu'au mois d'août 1814 : il était alors âgé de 80 ans. Il habita la ville de Poitiers où il dirigea l'association des jeunes personnes dont le but était de faire élever de pauvres orphelins. Chaque année on donnait, et on donne encore dans cette ville, une retraite à quatre-vingts femmes pauvres. M. de Vareilles assistait aux exercices et servait ces pauvres femmes le jour de la communion générale ; il fut nommé chanoine de Saint-Denis en 1825, et il mourut à Poitiers qu'il n'avait pas quitté, le 25 novembre 1831, à l'âge de quatre-vingt-dix-huit ans. Par décision royale du 30 du même mois, il fut inhumé dans la cathédrale de cette ville.

l'un de ses chevaux, et qu'il avait, lui, la cocarde noire des aristocrates, non à son chapeau, mais dans le cœur. Afin de mettre un terme à ces clameurs, M. de Vareilles se vit obligé de parcourir la ville avec la cocarde tricolore à son chapeau. (*Souvenirs d'un contemporain.*)

« Tous les jours de la vie de notre pieux pontife furent
« *des jours pleins*, selon la belle expression des livres
« sacrés. Méditer les vérités du salut, assister au sacri-
« fice de nos autels, lire des livres édifiants, entendre
« la parole sainte, tels furent les devoirs qu'il remplit
« avec fidélité jusqu'au tombeau......... Au bruit de la
« mort du pontife, toute la cité est plongée dans la dou-
« leur ; il faut défendre sa dépouille mortelle des empres-
« sements de la vénération publique ; les magistrats les
« guerriers, tout un peuple suit son cercueil dans un
« recueillement profond...... »

Après cet éloge, extrait de l'oraison funèbre de notre ancien évêque, prononcée le 22 décembre 1831 par M. l'abbé Lambert, vicaire général de Poitiers, il ne nous reste qu'à renvoyer le lecteur à la page 136 du Précis et surtout à la note R, page 260. Il y trouvera le complément de ce que nous avons pu dire de M. de Vareilles, de ce doyen des évêques de France, qui dans l'âge mûr vit éclater la première révolution, et vécut assez long temps pour être témoin de la dernière.

IGNACE DE CAZENEUVE, chanoine de Gap,
N..... GARNIER, curé d'Avançon,
Élus successivement évêques constitutionnels des Hautes-Alpes.

(1791-1801.)

J'ai pensé qu'il ne serait pas superflu de présenter ici la ville et le diocèse de Gap sous le rapport des croyances religieuses vers la fin du XVIIIe siècle et pendant la révolution.

Le souvenir des excès commis dans cette contrée par les religionnaires, transmis de génération en génération, sans tenir compte des violences exercées contre eux pendant le règne de Louis XIV, subsistait encore avec beaucoup de force dans la ville de Gap avant la révolution. On voyait alors de bonnes et vieilles dames, sur qui le philosophisme avait glissé sans produire la moindre altération dans l'ancienne croyance, ne parler des huguenots qu'avec une espèce d'horreur. Mais si les vénérables matrones de 1789 croyaient toujours fermement au dogme catholique et pratiquaient religieusement les devoirs qui en découlent, la foi de leurs époux et de leurs fils était déjà fortement ébranlée à cette époque. Aux querelles de la réforme avaient succédé les discussions non sanglantes du jansénisme ; et sur les ruines de celles-ci s'était élevé le philosophisme qui tâchait de faire table rase en balayant devant lui toute croyance religieuse. Vers les deux tiers du *siècle des lumières*, M. le procureur fiscal de la ville de Gap était abonné au Mercure de France, rédigé alors par les déistes Laharpe et Marmontel, bien différent de ce Mercure qui, au commencement du xixe, changea de nature et de couleur sous la plume des Fontane, des Châteaubriand et de ce même Laharpe devenu chrétien. M. le procureur fiscal s'empressait de communiquer son Mercure à M. le premier consul, devenu plus tard M. le maire, qui, en échange lui glissait sous le manteau le Zadig et le Candide du sieur Arouet de Voltaire, ou le Discours du citoyen de Genève sur l'inégalité des conditions, voire le Système de la Nature attribué alors à ce pauvre Mirabaud, secrétaire de l'académie française, devenu après sa mort le bouc émissaire de la secte Holbachique. On vit même circuler dans Gap ce fameux livre de l'Esprit qui divinisait la Matière, dans lequel Helvétius, plus conséquent que ses co-religionnaires, jetait les fondements de la morale de l'individualisme. Les gentilshommes des environs recevaient dans leurs châteaux les livraisons innombrables du grand-œuvre encyclopédique ; de sorte que l'on commençait à préconiser dans tout le diocèse la sublime Philosophie, et à prêcher la Tolérance, ou pour mieux dire, l'indifférence universelle, lorsque éclata la révolution.

Nos pères n'eurent garde de repousser la Constitution civile du clergé. L'évêque constitutionnel des Hautes-Alpes fut élu au milieu des acclamations, et M. de Vareilles, abandonné alors par la plus grande partie de son clergé, ne quitta le diocèse qu'après avoir lancé l'excommunication contre l'évêque intrus. Cette arme autrefois si terrible et aujourd'hui si impuissante, n'excita que le dédain et la pitié. M. Ignace de Cazeneuve alla se placer à Embrun sur le trône du fier M. de Leyssin qui l'avait également excommunié, et trouva, plus qu'il n'en voulait, des grands-vicaires et des chanoines pour occuper les stalles de la superbe métropole des Alpes-Maritimes, descendue au rang d'église cathédrale du département des Hautes-Alpes.

Cependant le clergé assermenté fut ramené presque en masse à la saine doctrine par la bulle du pape contre la Constitution civile. Le P. Rossignol de Val-Louise, le dernier des jésuites (anciens), en publia une version française qui suscita une espèce d'insurrection à Embrun. Des pierres furent lancées contre le traducteur par le peuple constitutionnel, et des chansons grivoises improvisées par les patriotes goguenards de la vieille cité. Puis, tout culte chrétien fut abandonné à Embrun comme à Gap, pour faire place aux cérémonies d'une religion nouvelle dont le culte était resté inconnu jusqu'à nos jours : c'était celui de l'athéisme.

(1793-1794). On promenait dans les rues de la ville de Gap chaque jour de décadi, quatre ou cinq déesses de la Raison, intronisées dans de vieux fauteuils sortis du ci-devant évêché. Elles étaient portées tour-à-tour par de braves et robustes sans-culottes du quartier de la Drôme ci-devant Saint-Arey, ou de la rue Peyrolière devenue rue des Piques, lesquels dénonçaient régulièrement au comité de surveillance et à la société populaire réunie dans cette chapelle des pénitents profanée en 1650 par les derniers des Calvinistes, quelques vieux prêtres célébrant encore le dimanche, et par surcroît les bonnes vieilles femmes qui, fuyant le prêtre assermenté, assistaient en cachette à la messe catholique dans une chambre obscure de quelque maison écartée des rues du Fraisse ou du Noyer, lesquelles n'avaient pas changé de nom, attendu qu'elles figuraient parmi les saints du calendrier du citoyen Romme.

Cependant lorsque l'incorruptible Maximilien eut fait décréter l'Etre-Suprême et l'immortalité de l'âme, on commença peu à peu à délaisser les déesses de la Raison, et à faire du déisme tant bien que mal dans les grandes cérémonies du pré de la foire. Ensuite, vint la théophilantropie du Directoire qui ne jetta parmi nous aucunes racines vivaces, bien que nos administrateurs départementaux et communaux fissent célébrer de temps à autre la fête du râteau et de la charrue, et celles du printemps et des vendanges. En ce temps-là, l'on établit des écoles centrales où, selon le précepte d'Emile, il fut défendu de parler religion aux étudiants, sauf à leur enseigner le Sabéisme de Dupuis, citoyen français, qui vint inspecter notre école supérieure au moment de son apogée, c'est-à-dire, au moment où elle était parvenue avec effort à réunir dix élèves.

(1799) Au mois de juin 1799, tout ce déisme, tout cet athéisme théorique et pratique s'évanouirent devant le sentiment véritablement religieux qui se manifesta avec un éclat inattendu le jour de la fête de saint Pierre. Dès l'aurore la ville de Gap était debout pour se porter à la rencontre d'un vieillard nommé Jean-Ange Braschi, traîné depuis plus d'un an de ville en ville, de station en station par ordre du gouvernement français. Mais ce vieillard était le successeur du prince des apôtres, et ce vieillard était tombé du Vatican dans l'hôpital de Briançon! Il venait d'en être tiré pour être transféré à Valence. C'est au milieu du respect et de la vénération des habitants, dont la foule s'était grossie de la foule des populations environnantes, que le souverain pontife Pie VI fit son entrée dans la ville de Gap le 29 juin 1799. L'illustre captif, plus qu'octogénaire, était placé dans une méchante voiture escortée de quelques gendarmes : un moment arrêté sur la place Saint-Etienne, il put, en ce jour solennel, bénir la *Ville et le Monde*[1] !

---

[1] Le Directoire exécutif avait ordonné le 22 prairial an VII, la translation du pape de Briançon à Valence. Un des articles de son arrêté et la lettre du ministre de l'intérieur François (de Neufchâteau) au commissaire du directoire dans ce département, recommandaient d'avoir pour ce vieillard les égards dus à son âge, en empêchant néanmoins toute communication avec lui qui ne serait pas nécessaire, notamment

La révolution du 18 brumaire nous ramena aux cérémonies de la religion catholique. Chacun redevint ostensiblement bon chrétien, et de nos jours si quelques retardataires osent soutenir que l'étoile de Voltaire brillera toujours du plus grand éclat, on leur répond avec vérité qu'elle a fini par devenir nébuleuse. On peut dire avec cet honnête et excentrique boulanger de Nîmes:

> Chaque jour enfante et dévore un système;
> L'impiété commence à se dire anathème:
> La foi d'un souffle impur a sauvé son flambeau.
> Brisant son front d'airain contre nos cathédrales,
> L'antechrist Arouet est à ses derniers râles.
> (Jean REBOUL).

Le concordat de 1801 ne fit qu'un seul diocèse des deux départements des Hautes et des Basses-Alpes. Le siège en fut placé à Digne.

YRÉNÉE-YVES DESSOLLES. (1801-1805).

M. Dessolles fut le premier évêque de ce diocèse. Il passa au siège de Chambéry en 1805.

---

avec les personnes suspectes. M. Bontoux, alors commissaire du Directoire, se rendit à Briançon, montra pour le voyageur paralytique plus que les égards officiels qui lui étaient commandés, et ne trouvant dans Gap aucun *suspect*, permit à tous ceux qui en montrèrent le désir de visiter le Saint-Père dans la maison de M. Labastie, où il était descendu et où il passa la nuit.

Ce même jour, 29 juin, que firent nos administrateurs théophilantropes? Ils statuèrent sur le sort de quelques prêtres prévenus d'émigration. Ainsi, ils arrêtèrent que le nom d'Augustin Allard, ci-devant curé de Breziers, originaire de Valserres, serait rayé provisoirement de la liste des émigrés et rangé dans la classe des déportés.

CHARLES-FRANÇOIS-MELCHIOR-BIENVENU MIOLLIS.
(1800-1823).

M. Miollis, successeur de M. Dessolles, administra le département des Hautes-Alpes, jusqu'à l'année 1823 pendant laquelle le siège de Gap fut rétabli.

Rétablissement de l'évêché de Gap en 1823.

LXXIX. FRANÇOIS-ANTOINE ARBAUD. (1823-1836).

Ce digne successeur de M. de Vareilles naquit à Manosque le 12 juin 1768, mourut à Gap le 27 mars 1836, et fut inhumé derrière le grand autel de l'église cathédrale. Que pourrais-je ajouter au touchant éloge que M. l'abbé Aucel a fait de notre prélat dans l'ouvrage ayant pour titre : *Recueil des circulaires, mandements, etc. de Mgr. Arbaud, évêque de Gap ?* Je renvoie le lecteur aux pages LXIV et suivantes où il trouvera développés les talents, les vertus et les travaux apostoliques de cet évêque ; on pourra consulter encore l'éloquente oraison funèbre, prononcée par M. Jullien, curé de Gap, dont un fragment est cité dans la note D, page 188.

LXXX. Mgr. NICOLAS-AUGUSTIN DE LA CROIX.
(1837-1840).

Ce prélat et son successeur au siège de Gap ne sont pas encore, grâce à Dieu, tombés dans le domaine de l'histoire. Je me borne donc à rappeler que Mgr. de La

Croix nommé au mois de juillet 1837, prit possession de l'évêché, le 14 septembre suivant, et qu'il fut transféré sur le siège archiépiscopal d'Auch dans les premiers mois de 1840.

LXXXI. Mgr. LOUIS ROSSAT. (1841-1844).

Après le départ de M. de La Croix, le chapitre de la cathédrale nomma deux vicaires généraux pour administrer le diocèse pendant la vacance du siège. Leur choix tomba sur MM. Blanc et Dusserre. La sage administration de ces deux vénérables chanoines dura jusqu'au 10 mars 1841, époque à laquelle Monseigneur Louis Rossat, ancien curé de la paroisse de Saint-Jean de Lyon, fit son entrée dans Gap. Il s'était fait précéder par une lettre pastorale datée du 14 février, jour de son sacre. Ensuite, il nomma pour ses vicaires généraux M. Rossat, son frère et son fondé de pouvoirs, et M. Borel, supérieur du séminaire. M. l'abbé James, chanoine honoraire et ancien vicaire de Gap, fut appelé pour remplir les fonctions de secrétaire général de l'évêché.—A ces talents distingués, à leur habileté, à leur sagesse et à leur prudence, est confiée encore en ce moment l'administration ecclésiastique des Hautes-Alpes[1].

———o·o———

Afin de ne pas trop augmenter ce volume et ne pas faire

---

[1] Depuis que ces pages sont écrites, nous avons appris que la ville et le diocèse allaient perdre Mgr. Rossat. Ce digne prélat est transféré à Verdun et remplacé à Gap par M. Depéry, grand vicaire de Belley.

gémir outre mesure les presses de notre bienveillant éditeur, j'ai négligé de citer les autorités sur lesquelles repose l'authenticité des Notices biographiques des évêques de Gap. J'aurais pu, comme dans le Précis historique et dans les Notes et éclaircissements, renvoyer le lecteur au bas de chaque page et invoquer les *chartes et les manuscrits* de la préfecture, de l'hôtel de ville et de la Chartreuse de Durbon, le *Rolle des évêques de Gap*, d'Artus de Lionne, le *Livre*, si naïf et quelques fois si exagéré dans ses chiffres, des *Annales des Capucins*, l'incomparable Juvenis en ses *Mémoires et ses Notes autographes*, et enfin les *Mémoires* non moins précieux de Joseph-Dominique de Rochas. A la vérité, j'ai réduit à leur plus simple expression les faits que nous fournissent ces divers documents; j'ai même passé sous silence les moins intéressants; mais je puis assurer que dans cet essai, il n'en est aucun de mon invention.

LISTE CHRONOLOGIQUE

Des Consuls et Secondaires de la ville de Gap, cités dans les Lettres inédites sur l'histoire de cette ville.

1257.	Guillaume de Saint-Jacques.	Consul.
1282.	N....... Bontoux.	id.
	Jean Bonnet.	id.
	Jacques Nicolas.	id.
1286.	Guillaume Abon.	id.
	Guillaume Gras.	id.
	Guillaume Oddou.	id.
1303.	Lantelme de Saint-Marcel.	id.
	Jean Odon.	id.
	Pierre Savine.	id.
1378.	Arnaud Sancelli.	id.
	Jean Aymonet.	id.
	Jean Raynetmi.	id.
1383.	Jacques de Saint-Germain, avocat.	id.
	Lantelme Aymeric.	id.
1392.	Pierre Balbi.	id.
	Baudoin Chassanches.	id.
1399.	Justet de Bardonesche.	id.

1405.	Giraud de Poligny.	consul.
	Pierre Balbi.	id.
1406.	Jean Sauret, docteur en droit.	id.
	Jean Thomaoü.	id.
	Jean Balbi.	id.
1414.	Jean Sauret.	id.
	Arnoux d'Aspres.	id.
1441.	Pierre Gruel.	id.
	Lantelme Arnaud.	id.
	Jean Gras.	id.
1445.	Jacques d'Obverche.	id.
	Raimond-le-Vieux.	id.
1474.	Lazare Artaud.	id.
	Lantelme Rambaud.	id.
1485.	Pierre de Montjeu, licencié en droit.	id.
1496.	Benoit Olier.	id.
	Elzéar Artaud.	id.
	Jean Blanchet.	id.
1511.	Antoine de St-Germain, avocat.	id.
1513.	Pierre Mutonis, avocat.	id.
1515.	Claude Olier, avocat et vi-bailli.	id.
1531.	Jean Fabre.	id.
	Guillaume Fortune.	id.
	Jean Meyer.	id.

1536-1560. Chérubin Rambaud, notaire et secrétaire de la ville.

1551.	Jehan Chalvin-Chamois,	1ᵉʳ consul.
	Sixte du Tanc,	2ᵉ id.
	Barthélemy Poncet,	3ᵉ id.
1558.	Raymond Juvenis, 1ᵉʳ du nom.	id.
1561.	Antoine Gaillard, procureur.	id.
	Nicolas Cappel, marchand.	id.
	Etienne Philibert-Caresme, laboureur.	id.
1562.	Guillaume Barban.	id.
	Benoit Gelin.	id.
	Mathieu Hugues.	id.
1569.	Benoit de Flandria.	id.
1572.	Claude de Servel dit Oreysil, écuyer.	2ᵉ consul.
1573.	Bernardin Boyeri.	consul.
1575.	Jacques Velin.	id.
	Jean Clavel.	id.
	Antoine Gallabrun, de Montalquier.	id.
1576.	Benoit Baud.	id.
1582.	Hugues Davin, médecin.	id.
1598.	Arnoux de Bardonesche.	id.
	Gaspard de Rostaing.	id.
	Georges Philibert.	id.

1604-1614. Jean-Ariey Rostaing, notaire, secrétaire de la ville.

1611.	Jacques Baud, avocat.	consul.
	Antoine Rizoul-Barret.	id.
1614.	Hector Baud, sieur de Sagnon,	1er id.
	Le capitaine Gabriel Gandalle,	2e id.
	Le capitaine George Patac,	3e id.
1614.	Le sieur de Montalquier, gouverneur de Puy-Maure,	1er consul.
	Etienne Roche, médecin,	2e id.
	Ariey Jouglar, consul forain. (Élections du 15 mai 1614).	
1614.	Pierre Brunet-Blocard, notaire et secrétaire de la ville.	
1618.	Le capitaine Georges Espie,	consul.
1622.	Jean Latelle.	id.
	Pierre Blanc.	id.
	François Leautier-Faure.	id.
1629.	Esprit de Cazeneufve.	id.
	Le capitaine Charles Espie.	id.
	Alexandre Villar,	consul forestier.
1629.	Jean Millon.	consul.
1629.	Allix, notaire et secrétaire de la ville.	
1629.	Rolland, notaire et secrétaire de la ville.	
1630.	Gaspard Juvenis.	consul.
	Jacques de Vellin, avocat.	id.
	Jean-Luc Eyraud.	id.
1631.	J..... Marchon.	id.

1632.	Etienne Roland, avocat.	consul.
	Esprit Gaillard.	id.
1644.	Raymond Juvenis IIIe du nom,	1er id.
	Laurent Bouffier,	2e id.
	Planche, notaire et secrétaire de la ville.	
1646.	Etienne Colomb.	consul.
	Antoine Vilari.	id.
	François Marchand.	id.
1649.	Noble François de Grilh, sieur de Saint-Michel.	id.
	Henri de Bremond, sieur de Rosset.	
	Louis de Vitalis, sieur de Beauchâteau.	id.
1671.	Noble Pierre de Ricou, avocat.	id.
1675.	Noble François de Grilh	id.
	Georges Bonnard-Mazet.	id.
1681.	Henri Philibert, avocat.	id.
	Jean Gelin-Saint-Georges.	id.
	Jean Combassive, conseiller en l'élection.	id.
1686.	N...... Faure.	id.
	N...... Benoit.	id.
1692.	Charles-Michel de Beauregard, sieur de la Pigne,	1er id.
	Pierre Sarrazin, avocat,	2e id.
	Etienne Chaix,	3e id.
1695.	Noble Antoine d'Abon,	1er id.

1695-1696. Jean Masseron, juge de Gap, maire perpétuel.

1706. { Georges Nas. consul.
       { François Leautier-Faure. id.

1707. { Jean Farnaud, droguiste. id.
       { Pierre Sarrazin. id.
       { Jean Eyraud, secrétaire de la ville.

1713. N..... Murat, maire alternatif.

1720. Jean Paul, 1ᵉʳ du nom, greffier de l'officialité, notaire et conseiller de la ville.

1737. { Noël Roubaud, avocat. consul.
       { N..... Tournu. id.

1740. { N..... Marchon, médecin.
       { N..... Corréard.   id.
       { N..... Magallon.

1741. { François Barbier, avocat,   1ᵉʳ id.
       { N..... Delafond,   2ᵉ id.
       { N..... Corréard, de Charance, 2ᵉ id.

1742. N..... Masseron, médecin,   1ᵉʳ id.

1743-1754. Pierre-Arthaud, conseiller-consul, nommé par le roi.

1754. { Noble François Blanc de Camargues, 1ᵉʳ consul.
      { François Vallon-Corse, 2ᵉ consul.
      { Honoré Guigues, de la Garde, 3ᵉ id.

1768.	N..... Roubaud,	id.
	N..... de Cazeneuve [1],	2e id.
1768.	Joseph-Augustin Marchon,	échevin.
	Blanc-le-Cadet, procureur.	id.
	Pierre Dhéralde, chirurgien.	id.
	N..... Blanchard, aîné.	id.
1788.	Laurent André.	id.
	N..... Joubert.	id.
	Jean Paul, IIe du nom, notaire et secrétaire de la ville.	
1789.	Joseph-Augustin Marchon,	maire.
1800.	Pierre Dhéralde, médecin.	id.
1807.	Etienne Blanc.	id.
1815.	Le colonel d'Abon.	id.
	Joseph Allier [2].	1er adjoint.
	Joseph Amat [3].	2e adjoint.
1843.	Elisée Roubaud.	maire.
	Alfred Allier.	1er adjoint.
	Prosper Disdier.	2e adjoint.
	Jean Paul, IIIe du nom, secrétaire de la ville.	

[1] En cette année le vieux système municipal est changé. Après MM. Roubaud et Cazeneuve, les derniers de nos consuls, viennent les maires et les échevins.

[2] Maire en 1832.

[3] Maire en 1821.

FIN.

TABLE DES MATIÈRES.

	Avant-propos.	v
	Situation et description de la ville de Gap.—Édifices publics.—Anciens noms donnés à la ville.	1
	Système de M. Pierquin sur l'antiquité de Gap.	4
Av. J.C. 218	Passage d'Annibal.	6
	Dominations successives.	7
Du Ier au VIIe siècle.	Prédication de l'Évangile.—Saint Demetrius et ses successeurs immédiats.	8
»	Conquêtes des Barbares.—Les Alpes sous les Burgondes et les Franks.	9
»	Sagittaire et les Lombards.	10
VIe et VIIe siéc.	Saint Arey.—Administration de la ville au temps de cet évêque.	11
719	Première invasion des Sarrazins.	14
879	Nouveau royaume de Bourgogne.—Birago, évêq. de Gap.	14
916—972	Nouvelles incursions des Sarrazins.—Leur expulsion.	15
1045	Vicomtes du Gapençais.	17
1050-1075	L'évêque Ripert et saint Arnoux patron de Gap.	17
1095	Croisades.—Excommunication et déposition de Hugues, comte du Gapençais.	19
1110	Souveraineté des comtes de Forcalquier.	19
XIIe siècle.	Fondation des couvents de Durbon et de saint Antoine.	20
1173	Origine de la souveraineté temporelle des évêques de Gap.	20
1176	Privilége des chanoines de la cathédrale.	21
1184-1186	Nouveaux droits concédés aux évêques de Gap.	21

25

1238	Confirmation des mêmes droits.—Châteaux épiscopaux.	
1240	Confirmation des privilèges et des libertés de la ville de Gap par l'empereur.	
1202	Réunion du Gapençais au Dauphiné.	
1232	Hommage rendu par le dauphin à l'évêque de Gap.	23
1206-1232	Fondation du couvent des Cordeliers.	24
»	État politique de la ville de Gap au XIII° siècle.	24
1251-1282	Différends entre l'évêque Othon II et la ville.—Première prise d'armes.—Traité entre la ville et la dauphine Béatrix, et entre l'évêque et Charles d'Anjou.—Note sur Montalquier.—Emprisonnement de l'évêque.—Nouvelle prise d'armes.—Traité entre la ville et le prélat.—Troisième prise d'armes.—Siége de Gap par le prince de Salerne.—Capitulation de la ville.	25
»	La ville de Gap protégée par le pape.	28
1283-1286	Elle rentre en possession d'une partie de ses biens.	28
1291	Traité entre la ville et Geoffroy de Lioncel.	29
1297	Traité entre cet évêque et le comte de Provence.	29
»	Prétentions du dauphin sur la ville de Gap et le Gapençais.	30
1300	Sentence arbitrale sur les différends élevés entre le prince Jean, l'évêque et la ville de Gap.	31
1303	Nouveaux différends entre la ville et l'évêque, terminés par une transaction.	32
1304	Le dauphin établit un juge dans Gap.—Hommage à lui demandé par l'évêque Gantelme.	33
1305	Les citoyens de Gap se déclarent hommes-liges de l'évêque.	34
1308	Le seigneur de Manteyer déclaré vassal de l'évêque.	34
1309	Acquisition par Geoffroy II du château de Charance.	35
1312-1313	Les chevaliers de Saint-Jean-de-Jérusalem s'établissent dans Gap.	35
1315-1318	Olivier de Laye et Bertrand de Lorincello.	35
1319	Procès entre Gap et Romette, au sujet de la montagne de Bayard.	36
1328-1346	Dragonet de Montauban.	36
1350	Assassinat d'Ismidon de Montauban.—Guerre entre les habitants de Gap et la famille de Poitiers.	36
1352	Guerre entre Arnaud de Triam, vicomte de Tallard, et Jacques de Déoncio, évêque de Gap.	37
1367-1392	Différends entre l'évêque Jacques Artaud et les habitants de Gap.—Grande charte du 7 mai 1378.—Nouveaux différends entre la ville et Jacques Artaud.—Traité de Tallard-le-Vieux.—Traité sur la dîme du vin.	38

1399	Entrée dans la ville de l'évêque Raymond de Baro.	43
1403	L'évêque Jean des Saints.	44
1412-1425	Querelles entre la ville et Lég..r d'Eyrargues.—Cet évêque déclaré félon par le comte de Provence.—Réquisitions faites à la ville par le comte et par le dauphin.	44
1441	Soulèvement des habitants de Gap contre Guillaume VIII.	46
1442	Gaucher de Forcalquier est élu évêque de Gap.	47
1444	Bons rapports de la ville avec le dauphin Louis II (Louis XI).	47
1447	Courroux du dauphin contre l'évêque et les citoyens de Gap.	48
1449	Lettre de Louis XI aux citoyens de Gap.	49
1450-1452	Canal d'Ancelle.—Prétendue reconnaissance des habitants de Gap envers l'évêque.	50
1455	Gui-Pape et le roi René à Gap.	50
1459	Refus fait au roi René par les consuls de Gap.	51
1460-1464	Guerre entre Gaucher de Forcalquier et la ville.—Sentence inique rendue contre les habitants de Gap.—Cruautés exercées envers eux.— Ils sont protégés par le parlement et par Louis XI.—Mort de Gaucher de Forcalquier.	52
1461-1462	Protection du pape Pie II.	56
1465	Louis XI et le roi René se disputent la souveraineté de Gap.	56
1480-1481	Hommage rendu par Gaucher à Charles d'Anjou.	57
1480-1484	Peste dans Gap.	57
1484-1493	Thibaud de la Tour et Gabriel de Sclafanatis, nommés en même temps évêques de Gap.	58
1494	Charles VIII dans Gap.	59
1496	Traité entre Gabriel de Sclafanatis et la ville.	59
1511	Empiètement des officiers delphinaux sur la juridiction de l'évêque.	60
1511-1513	Réunion de Gap au Dauphiné.—Traité entre les habitants de cette ville et Louis XII.—Traité entre l'évêque et le roi.	61
1513	Réunion de la vicomté de Tallard au Dauphiné.	63
1515	Passage de François Ier à la Rochette.	63
1525-1526	Arrêt du parlement contre Gabriel de Sclafanatis, *comte de Charance*.—Mort de cet évêque.	64
»	Hérésie de Farel et de Calvin.	65
1527-1531	Election de Gabriel de Clermont.—Premier traité entre lui et la ville.	65
1531-1544	Transaction entre la ville et l'université de la cathédrale.—Sentence arbitrale entre les mêmes.	66
1548-1558	Procès intentés par les inquisiteurs.	66

1558	La ville de Gap comprise aux rôles des tailles pour la première fois.	67
1560	Règlement politique de la ville de Gap.	68
1560	Règlement pour les honoraires des médecins.—Voie de fait commise par les protestants.	69
1561	Émeute dans Gap au sujet d'un impôt.	70
1561	Traité entre la ville et Gabriel de Clermont.	70
1561	Prédications de Guillaume Farel dans Gap. — Déluge de Sainte-Marthe.	71
1562	Apostasie de l'évêque.—Occupation de la ville par les Calvinistes.	73
1563	Le capitaine Furmeyer.—Combats de Romette.	74
1563-1564	Traité entre les protestants et les catholiques de Gap.—Nouveau règlement politique de la ville.— Population, (Note).	76
1565	Mort du capitaine Furmeyer.— Domination de Lesdiguières dans le Champsaur.	77
1565	Mariage de Lesdiguières.—Combat du Mont-Bayard.	77
1566-1567	Troubles excités dans Gap par la croix blanche des catholiques.	78
1568	Prise de Gap par les huguenots de Tallard.	79
1569-1571	Préparatifs de guerre.—Rentrée des huguenots bannis de la ville.—Sédition dans Gap.	80
1572	Massacre de la Saint-Barthélemy.	81
1572	Commencement de l'épiscopat de Paparin de Chaumont.	82
1572	Prise du château d'Avançon par les huguenots.	83
1573	Désastre du Buzon.	84
1574	Siège de Serres.—Défaite de Laborel, gouverneur de Gap.	85
1574-1575	Discord entre l'évêque et le gouverneur de la ville.—Tentative d'assassinat sur Paparin de Chaumont.—Prise de la Bâtie-Neuve par les huguenots.	86
1576	Violation de la liberté des votes pour l'élection des officiers municipaux de Gap.	88
1577	Surprise de Gap par Lesdiguières.—Destruction des monuments.	88
1577-80	Guet-apens du château de Tallard.	92
»	Combats entre Lesdiguières et Auriac.	92
1580-1581	Tallard secouru par Mayenne.	93
1579-1581	Actes de l'évêque Paparin pendant son séjour à la Baume.—Le duc de Mayenne à Gap.—Nouvelle fuite de l'évêque.	93
1582	Sinistre projet des catholiques de Gap.	95

1582-1583	Nouveaux actes de Paparin à la Baume.—Il usurpe le titre de comte de Gap.	95
1584-1588	Gap se déclare pour la ligue.— Reprise des hostilités.— Reconstruction de la forteresse de Puy-Maure.—Combats divers.—Trêve pour 6 mois.	96
1589	Les violons de M. des Diguières. — Soumission de la ville à Henri IV.	99
1594-1595	Rapports de l'évêque avec Auriac et Lesdiguières.—Mariage de la fille de ce dernier, célébré à Puy-Maure.	101
1596	Nouveau règlement politique de la ville.	102
1598	Traités entre l'évêque et la ville sur le fourrage et le consulat.—Visite pastorale dans le diocèse.	102
1599	Requête de l'évêque sur l'exécution de l'édit de Nantes.	103
1600	Mort de Paparin de Chaumont.—La vicomté de Tallard.	104
1601	L'évêque Charles-Salomon du Serre.—Nouveau règlement politique.	104
1603	Synode protestant tenu à Gap.	106
1604	Les pénitents de Gap vont à Marseille.	107
1613-1614	Établissement des Capucins dans Gap.	108
1614	Nouveau règlement pour l'exécution de l'édit de Nantes.	108
1615-1618	Les Capucins en Dévoluy.— 2° synode protestant de Gap.	108
1622-1630	Conversion de Lesdiguières, de la mère de l'évêque et de sa belle-sœur.—Procession de Gap à Embrun.	109
1604-1611	Situation financière de la ville.— Divers traités entre elle et le clergé.	111
1606-1612	Reprise du grand procès entre l'évêque et la ville.—Tremblement de terre de 1612.	112
1614	Nouveau règlement politique de la ville.	112
1622	Suite du grand procès.—Traité entre la ville et l'évêque.— Diverses conditions du traité.	113
1629	Entrée de Louis XIII et du cardinal de Richelieu dans Gap.	115
1629	Retour de Louis XIII du Pas de Suze.—Réquisitions frappées sur la ville.	116
1630	Peste dans Gap.—Dévouement des Capucins.	117
1633-1640	Destruction de la citadelle et du château de Puy-Maure.— Mort de l'évêque du Serre et de Bonne d'Auriac.—Entrée d'Artus de Lionne dans Gap.	117
1644	Refus de recevoir les Jésuites.	118
1650	Dernière voie de fait des protestants.	120
1662-1691	Événements divers.—Les évêques et le chapitre.—Notre-Dame du Laus.—Les protestants expulsés des fonctions publiques.—Destruction de leur temple.	121

1692	Invasion des troupes alliées.—Incendie et destruction de la ville de Gap et du château de Tallard.—Note sur les divers possesseurs de la vicomté de Tallard.	122
1693	Représailles du maréchal de Catinat.—Misère des habitants de Gap.	124
1693	Guerre des feux de joie.	126
1706-1738	Épiscopat de M. de Malissoles.—Peste de 1720.—Notables provençaux retirés à Gap.—Guérison miraculeuse de Lucrèce Despreaux.—Concile d'Embrun.—Mort de l'évêque.	127
1739-1754	Claude de Cabannes et M. de Condorcet.—La bulle *Unigenitus*.—Conversion des habitants de Gap.—Maladie contagieuse.—Fondation de la caserne.	129
1755-1773	MM. de Pérouse et de Narbonne.	130
1774-1777	M. de Jouffroy.—Ouragan de 1777.	131
1778-1784	M. de Maillé.—Illustration de sa famille.—Sa mort.—Ses obsèques.	132
XVIIIᵉ Sièc.	Ruine des libertés municipales.	132
1740	Droit accordé aux Consuls de Gap par le parlement.	133
1742	L'évêque Caritat de Condorcet et le 1ᵉʳ consul François Barbier.	134
1789-1791	Gap à l'aurore de la Révolution.—MM. de Leyssin et de Vareilles.	134
1793-1800	Gap pendant la Révolution.	136
1604-1807	Gap sous l'Empire.	137
1815	Passage de Napoléon à Gap.	138
1844	Situation actuelle de la ville.	139

REVUE RÉTROSPECTIVE.

1317	Chemin de traverse de Tallard à Montgardin.	141
1405	Règlement de police de la ville de Gap.	142
1632	Autre règlement de police.	143

BIOGRAPHIE.

Époques diverses.	Hommes remarquables nés à Gap.—Albert le Capençais et autres	145
1297-1308	Guillaume de Saint-Marcel.	147
1378	François Borelli.	148

1489-1565	Guillaume Farel.	149
1574	Jacques Hugonis.	149
1562-1638	Ignace Armand.	151
1578	Honorat Rambaud.	151
1663-1639	Pierre Gaillard.	152
1703	Raymond Juvenis.	155
1732-1807	Joseph-Dominique de Roohas-Aiglun.	156
1713-1791	François Vallon-Corse.	157
1751-1818	Laurent-Mathieu-Michel Manno.	158
1765-1810	Jean-Michel Rolland.	158
1768-1843	Pierre-Antoine Farnaud.	159

NOTES ET ÉCLAIRCISSEMENTS.

Note A, (ans 1600 à 218 av. J. C.) Alpyon et Brigion, Bellovèse, Brennus. — Combats auxquels prirent part les montagnards, et état de la civilisation dans les Alpes. 166

Note B, (an 218 av. J.C.) Passage d'Annibal dans les Hautes-Alpes. 169

Note C, (ans 557-565) Salonius et Sagittaire, et les incursions des Lombards. 171

Note D, (570-608) Saint Aroy, 10ᵉ évêque de Gap. 179

Note E, (916-978) Les Sarrasins et la captivité de saint Mayeul, abbé de Cluny. 189

Note F, (1064-1078) Saint Arnoux, évêque et patron de Gap. 192

Note G, (1231-1282) Traités intervenus pendant l'épiscopat d'Othon II. — Châteaux épiscopaux au XIIIᵉ siècle. 194

Note H, (1251-1258) Troubles survenus dans la Ville d'Embrun vers le milieu du XIIIᵉ siècle, et leurs suites. 204

Note I, (1250-1303) Les Chartreux de Durbon et les chartreusines de Berthaud. 213

Note J, (1378) Charte du 7 mai 1378. 219

Note K, (1394) Un ancêtre du connétable de Lesdiguières, et le point de départ de ce héros. 224

Note L, (1560) Règlement politique de la ville de Gap, du 1ᵉʳ février 1560. 227

Note M, (1577) Anciens monuments de la ville de Gap, détruits par les protestants. 229

Note N, (1572-1600) Paparin de Chaumont évêque de Gap. 231

Note O, (1614) Élections municipales du 15 mai 1614. 252

Note P, (1606-1622) Procès entre la ville et Charles-Salomon du Serre. — Transaction du 2 mai 1622. — Manière dont cet évêque parvint à l'épiscopat. — La Dame de Montgardin et le sieur de Château-Gaillard. 248

Note Q, (1665) Le sanctuaire de Notre-Dame du Laus. 255

Note R, (1784-1791) François-Henri de La Broue de Vareilles, évêque de Gap. 260

Note S, (1489-1565) Guillaume Farel, ses prédications, le supplice de Servet. — Légendes populaires de la Sainte-Croix de la Sanice, de la fontaine de l'Épine, de la chapelle de Sain-Main, et des casses de Faudon. 284

APPENDICE.

Notice sur les évêques de Gap depuis Saint-Demetrius jusqu'à nos jours. 287

Liste chronologique des consuls et secrétaires de la ville, cités dans les *Lettres inédites* sur l'histoire de cette ville. 377

FIN DE LA TABLE.

LISTE DES SOUSCRIPTEURS

AU PRÉCIS

DE L'HISTOIRE DE LA VILLE DE GAP.

MM.

AGARD (d'), chef d'escadron de gendarmerie à Grenoble,	1
ALBERT, percepteur,	1
ALLARD-THÉUS, avocat,	1
ALLIER, député,	1
ALLIER, conseiller de préfecture,	1
AMAT, avoué, ex-maire de la ville de Gap,	1
AMAT, avocat à Gap,	1
AMAT, maire à Laragne,	2
ANDRÉ, juge d'instruction,	1
ARNOUX, brigadier forestier à Gap,	1
AUBERT, Joseph, entrepreneur de diligences,	1
AUBERT, maître de poste, entrepreneur de diligences,	1
AUCEL, aumônier à l'hospice du Mont-Genèvre,	1
AUDEMARD, principal du collège de Gap,	1
AUGIER, notaire à Gap,	1
AUGIER, fondé de pouvoir et caissier de la recette générale de Laon,	1
AUVRAY, maréchal de camp, commandant le département des Hautes-Alpes,	1
BATSALLE (de), receveur général des Landes,	1
BALTHAZARD (de), percepteur à Briançon,	1
BALTHAZARD (baron de), receveur général à Rodez,	1
BARNÉOND, banquier à Gap,	1
BATISTE, juge de paix à Guillestre,	1
BAUCHER DE LA RUPELLE, ingénieur en chef,	1
BELLEGARDE (de), propriétaire à Embrun,	1
BELLIER, maire de Serres,	1
BERTHELOT, maire de Guillestre,	1
BERTRAND, docteur-médecin à Embrun,	1
BERTRAND, juge de paix à La Bâtie-Neuve,	1
BEYNET fils, à Gap,	1
BEYNET, receveur particulier à Briançon,	1

MM.

BIBAU, surnuméraire des contributions directes,
BIGILLION, à Gap,
BLANC, visiteur des douanes à Briançon,
BLANC-SURE, avoué à Gap,
BLANC, curé des Albert,
BLANC, notaire à Gap,
BLANC, conseiller de préfecture,
BLANC, employé à la préfecture,
BLANC, payeur-adjoint à Alger,
BLANC, conseiller à la cour royale,
BLANC, Xavier, avocat à Gap,
BLANC, directeur de l'École mutuelle à Gap,
BLANC (Baptiste), ex-avoué à Gap,
BLANC, capitaine à Gap,
BLANCHARD, chanoine honoraire, directeur du grand séminaire à Gap,
BLAYER, agent voyer,
BOISSARD, procureur du roi à Nyons,
BONNAVOUX, prêtre,
BONNARDEL, négociant à Gap,
BONNOT, curé à Valserres,
BONTOUX, président du tribunal à Vienne,
BOREL, banquier à Gap,
BOSC, sous-intendant militaire, adjoint,
BOSSE, commis-greffier du tribunal,
BOSSE, greffier idem,
BOUCHET, négociant à Sisteron,
BOURCK, maître de musique à Gap,
BOUANENA, propriétaire à Gap,
BRETTE (de), directeur de l'enregistrement et des dom. à Châteauroux,
BROCHIER, instituteur à Saint-Julien-en-Beauchêne,
BROCHIER, receveur général à Nîmes,
BRUNET, propriétaire à Lesdiguières,
BUCELLE, ancien directeur de l'enregistrement,
CAFFAREL, maire à   bottes,
CAILLET, employé   postes,
CALLANDRE, chanoine, supérieur des missionnaires,
CARLE, commis-greffier au tribunal de Gap,
CAZENEUVE (de), juge au tribunal de Gap,
CHABRE, avoué à Embrun,
CHASSAN, garde du génie à Embrun,
CEZANNE, notaire à Embrun,
CHAIX, ancien sous-préfet à Briançon,
CHAIX, agent-voyer chef à Gap,
CHAIX, Jean-Pierre, propriétaire à Chauvet,
CHARNIER, avoué à Gap,
CHAUTARD, inspecteur des écoles primaires,
CHAUVET, conservateur du bureau des hypothèques à Gap,
CHABRAND, chanoine honoraire, supérieur du grand séminaire,
CHARRE, capitaine en retraite à Embrun,
CHAMPSAUR, orfèvre à Gap,

MM.
CHÉRIAS, juge suppléant au tribunal de Gap,
CHEVALLET (de), garde-magasin du timbre,
CHEZ, chef de bureau à la préfecture,
CLAVEL, Jean-Auguste, employé à la préfecture,
CLAVEL, Jules, employé à la préfecture,
CLAVEL, chef de bureau à la préfecture, à Gap,
CLÉMENT, percepteur à La Saulce,
CLÉMENT, boulanger,
COLOMB, procureur du roi à Briançon,
COINTE, Joseph, tuilier,
COLLIN, ancien juge de paix,
COURTET, homme de lettres à Lisle,
COUTROLENC, directeur de l'École normale de Gap,
CRAPONNE DU VILLARD, juge à Grenoble,
CURAL, préfet des Hautes-Alpes,
DAVIN, Hippolyte, à Labâtie-Neuve,
DELAFOND, inspecteur des forêts à Gap,
DEPÊTRE, limonadier à Tallard,
DELACROIX D'AZOLETTE (Mgr.), archevêque d'Auch,
DELMAS, sous-préfet à la Châtre,
DESTANGES, négociant,
DIDIER, percepteur,
DIOQUE, idem à Saint-Bonnet,
DUCROS, maire à Lazer,
DUPUY, juge au tribunal de Gap,
DURAND, conseiller de préfecture à Grenoble,
DURAND, vicaire à Saint-Bonnet,
DYE-PELLISSON, instituteur à Théus,
ESCALLIER, employé à la préfecture,
ESMENJAUD, sous-préfet à Dôle,
ESPIR, receveur de l'hospice de Gap,
ESPIÉ, avocat à Gap,
EYNAUD, entrepreneur de travaux publics,
EYNAUD, conducteur des ponts et chaussées,
EYRIER, payeur du département,
EYNAUD, négociant à Gap,
FAURE, avoué,
FAURE, ancien employé des contributions indirectes,
FAURE, inspecteur des postes,
FAURE, maire à Chaillol,
FAURE, employé de la préfecture,
FAURE, avocat, ancien député,
FAURE, professeur de mathématiques,
FAURE, maître d'hôtel à Gap,
FAURE, notaire à Tallard,
FAURE, capitaine en retraite,
FERRARY, notaire à Embrun,
FERRARY, entrepreneur de travaux publics,
FERRON, receveur général du Loiret,
FERRÉOUD, pro-secrétaire à l'Évêché,

MM.

FILHOL, sous-préfet à Briançon,
FLEURY, brigadier forestier sédentaire à Gap,
FRANQUIN, négociant à Gap,
FROMENT, pharmacien à Gap,
GARUEL, avoué à Gap,
GAILLAUD, propriétaire à Embrun,
GAILLAUD, tailleur à Gap,
GALVIN, greffier du juge de paix,
GERARD, sous-inspecteur des Écoles primaires à Gap,
GARCIN, huissier à Laragne,
GARNIER, agent voyer à Gap,
GARNIER, directeur de l'enregistrement à Gap,
GAUJA, préfet de la Vendée,
GAY, employé à la maison d'arrêt de Gap,
GEVAUDAN, curé à Laragne,
GIVAUDAN, cafetier à Gap,
GOULAIN, architecte du département,
GRIMAUD, juge de paix à Serres,
GUÉRIN, cafetier à Gap,
GUIGUES, curé à Ventavon,
GUINEAU, sous-préfet à Embrun,
GUYON, propriétaire à Gap,
GUYOT, neveu, teinturier,
HAUTERIVE (d'), député,
HEILMANN, capitaine de recrutement,
HELLION, curé du Mont-Genêvre,
HERMANN, contrôleur principal,
HODOUL, employé à la préfecture,
HOULLIER, ingénieur ordinaire,
ISNEL, à Embrun,
IZOARD, ex-avoué à Gap,
IMBARD, économe de l'hospice à Gap,
JAMES, chanoine honoraire, secrétaire de l'Évêché,
JAQUIER, notaire à Embrun,
JEANNEAU-LAGRAVE, avoué, maire d'Embrun,
JEANSELME, propriétaire à Menteyer,
JEAN, juge de paix à Aspres-lès-Veynes,
JOBERT, premier commis des postes à Gap,
JOUBERT, notaire à Saint-Bonnet,
JOUBERT, curé au Monêtier-Allemond,
JOURDAN, géomètre en chef,
JOUVE, secrétaire de la mairie à Embrun,
JULLIEN, curé de la cathédrale de Gap,
JULLIEN, employé des ponts et chaussées,
KAISER, concierge des bâtiments militaires,
KRUGER, pasteur à Saint-Laurens-du-Cros,
LABATIE, vice-président au tribunal de Gap,
LACHAU, propriétaire à Laragne,
LADOUCETTE (baron de), à Paris,

MM.

Lavvany, maire à Lettret, 1
Lagier, chanoine honoraire, 1
Lagier, avocat à Saint-Bonnet, 1
Lagier, boulanger à Gap, 1
Laborte, chef de bureau à la préfecture, 1
Lamotte, juge de paix à Saint-Firmin, 1
Laplane (de), correspondant du ministère de l'instruction publique, membre de plusieurs sociétés savantes, à Sisteron, 1
Laplane (de) juge au tribunal de 1re instance de Sisteron, 1
Laplane (de), membre de plusieurs sociétés savantes, conservateur du musée de la ville de Saint-Omer (Pas-de-Calais) 1
Lavillette, percepteur à Gap, 1
Laurens, avoué à Embrun, 1
Léautier, propriétaire à Saint-Bonnet, 1
Léautier, instituteur à Gap, 1
Léautier, avocat à Gap, 1
Leblond, à Grenoble, 1
Liotard, avocat à Embrun, 1
Lecoque, employé à la préfecture, 1
Lebros, propriétaire à Gap, 2
Lenoir, vérificateur de l'enregistrement, 1
Lemaitre, lieutenant de gendarmerie, 1
Liouffar, propriétaire à Gap, 1
Long, maire à Saint-Firmin, 1
Magallon, employé à la recette générale, 1
Mangarel, employé à la préfecture, 1
Marin, instituteur à la Freissinouse, 1
Martin, ancien chef de division, 1
Martin, juge à Gap, 1
Martin, employé à la préfecture, 1
Martin, aumônier au collège de Gap, 1
Martin, maire de Saint-Bonnet, 1
Massot, propriétaire, 1
Mauraige (de), directeur des contributions directes, 1
Maurice, trésorier de la gendarmerie, 1
Maz, docteur-médecin à Laragne, 1
Meizeng, Esprit, limonadier, à Gap, 1
Meyer, inspecteur des enfants trouvés, 1
Meyère, à la Bâtie-Neuve, 1
Meynaud, agent voyer secondaire, 1
Monard, Inst. à Saint-Julien-en-Beauchêne, 1
Mondet, avocat, 1
Morgan, notaire et maire à la Faurie, 1
Mounier, contrôleur des contributions directes à Grenoble, 1
Mouraz, membre du conseil général, 1
Mourgue, ancien préfet des Hautes-Alpes, 1
Moynier-Durouag, président du tribunal à Gap, 1
Nicolas, docteur-médecin à Saint-Bonnet, 1
Ollivier, négociant à Gap, 1
Œuf, docteur-médecin à Gap, 1

MM.
PASCAL, négociant à Gap, 1
PASCAL, maire de Barcelonnette, 1
PASCAL, propriétaire à Rambaud, 1
PAUL, avocat à Gap, 1
PAUL, Eugène, propriétaire, 1
PAYAN, tuilier à Gap, 1
PELLEGRIN, chef de comptabilité à la recette générale, 1
PELLET, Auguste, propriétaire, 1
PERRIER, curé à Upaix, 1
PEYRONY, employé à la préfecture, 1
PINET DE MANTEYER, propriétaire, 1
QUEYREL, négociant, 1
QUEYREL, propriétaire, 1
QUINQUE, ancien inspecteur de l'enregistrement, 1
RAMBAUD, contrôleur des contributions directes, 1
RAMBAUD, maire à La Motte, 1
RAPELLIN, huissier à la Bâtie-Neuve, 1
REYMOND, boulanger à Gap, 1
REYNAUD, cafetier à Laragne, 1
REYNAUD, propriétaire à Aspres-lès-Corps, 1
REYNAUD, instituteur, 1
RICARD, idem, 1
RICARD, marchand de bois, 1
RICHAUD, principal du Collége de Sisteron, 1
RICHAUD, propriétaire, 1
RICHIER, directeur de l'Union des Familles, 1
RICHIER, propriétaire, 1
RICOU, propriétaire, 1
RIPPERT, avoué à Embrun, 1
RIVIER, membre du conseil général, 1
ROCHAS (de), juge au tribunal de Briançon, 1
ROCHE, agent voyer, 1
ROSSAT (Mgr., Évêque de Verdun, 4
ROSSIGNOL, curé à Embrun, 1
ROSTAN, conducteur des ponts et chaussées, 1
ROSTAIN, employé à la préfecture, à Gap, 1
ROUBAUD, docteur-médecin, 1
ROUBAUD, maire de la ville de Gap, 1
ROUBAUD, archiviste, 1
ROUBAUD, gardien chef, 1
ROUX, caissier du payeur, 1
RUELLE, payeur à Lyon, 1
SALADIN, préfet de l'Yonne, 1
SERRES, employé à Gap, 1
SERRES, curé à la Saulce, 1
SWENTON, ancien capitaine de recrutement, 1
TANC, receveur de l'enregistrement, 1
TANC, avoué, 1
TAULIER, chef d'institution à Saint-Martin-le-Vinoux, 1
TEMPLIER, vicaire de Gap, 1

MM.
Templier, avoué à Gap, 1
Thibesar, fondé de pouvoir de la recette générale de Chartres, 1
Thimhan et Diadira, négociants à Gap, 1
Thourret, fondé de pouvoirs de la recette générale du Loiret, 1
Toscan-Dutherrail, chef d'escdron d'état-major à Lyon, 1
Ventavon aîné (de), avocat à Grenoble, membre du conseil général, 1
Ventavon (de), idem, 1
Veyne, légiste à Gap, 1
Vinux, directeur des contributions indirectes, 1
Vivien, ancien chef de bataillon, 2
Vautier, directeur des postes à Uzès, 2
Ville de Gap (la), 10
Uhrich, ingénieur en chef, 1
Urtin, commandant du génie, 2

www.ingramcontent.com/pod-product-compliance
Lightning Source LLC
Chambersburg PA
CBHW052127230426
43671CB00009B/1156